复杂约束车辆路径问题及人工智能方案

刘亚晖　著

西安电子科技大学出版社

内 容 简 介

本书在简要阐述旅行商问题、车辆路径问题的基础上，介绍了复杂约束车辆路径问题及其研究现状，并补充了实际物流企业涉及的多种新型约束，完善了实际物流优化调度中的各类约束条件。针对复杂约束车辆路径问题，作者基于蚁群优化算法及各组成环节的核心思想，针对多个核心步骤改进了算法，并且结合相关的算法研究，建立了一个针对实际物流调度问题的统一应用框架，该应用框架较好地优化了实际物流企业调度。最后，笔者结合蚁群优化算法和强化学习算法的优点，并针对它们的缺点和痛点，根据市场经济自动优化资源配置的机制及反垄断、风险投资机制，开创性地设计和建立了市场经济优化算法。

本书可作为从事智能优化算法及其应用研究，特别是组合优化问题研究的相关科技工作者、专业技术人员的参考书，也可作为计算机、运筹学等专业本科生及研究生的参考书。

图书在版编目(CIP)数据

复杂约束车辆路径问题及人工智能方案 / 刘亚晖著
. -- 西安 ：西安电子科技大学出版社，2023.7
ISBN 978-7-5606-6739-3

Ⅰ. ①复… Ⅱ. ①刘… Ⅲ. ①人工智能—应用—物流—车辆调度—最优化算法 Ⅳ. ①F252.1-39

中国国家版本馆 CIP 数据核字(2023)第 001150 号

策　　划　秦志峰
责任编辑　秦志峰
出版发行　西安电子科技大学出版社(西安市太白南路 2 号)
电　　话　(029)88202421　88201467　　邮　　编　710071
网　　址　www.xduph.com　　电子邮箱　xdupfxb001@163.com
经　　销　新华书店
印刷单位　广东虎彩云印刷有限公司
版　　次　2023 年 7 月第 1 版　　2023 年 7 月第 1 次印刷
开　　本　787 毫米×1092 毫米　1/16　　印张　14
字　　数　222 千字
定　　价　68.00 元
ISBN 978-7-5606-6739-3/F
XDUP　7041001-1
* * * * * 如有印装问题可调换 * * * * *

PREFACE 前言

随着电子商务、快递、外卖、生产供应链等业务的迅猛发展，物流作为基础行业也得到了快速发展，伴随而来的是物流成本及规模的日渐扩大，于是物流成本优化问题亟待系统性地解决。

一方面，作为物流行业核心的车辆路径问题(VRP)，其主要目标是寻找一个成本最优路径。车辆路径问题属于组合优化问题，求解的难度随着规模的增大而急剧加大，称之为“组合爆炸”。另外，随着物流行业的发展，除了基本的车辆容量约束外，其他如异构车型、时间窗约束、甩挂运输、多仓库配送等新型的物流约束条件层出不穷，称之为复杂约束车辆路径问题(Rich VRP)。规模和约束的叠加使得复杂约束车辆路径问题的求解更为困难，更具有挑战性。

另一方面，随着计算机技术尤其是以5G通信为代表的通信技术及物联网技术的发展，物流、信息流、资金流中数据的收集、传输和处理的规模和速度也在不断增大，因此对物流运输优化提出了更高的效率需求。在物流运输过程中经常会出现各类突发事件，例如道路交通事故形成的交通阻塞，运输车辆发生事故或故障抛锚，以及客户现实情况的快速变化导致的加单、减单、取消、变更、延误等，这些意料之外的动态变化叠加近乎实时的数据信息收集及处理反馈要求，对解决复杂约束车辆路径问题算法提出了更高的要求。

笔者拥有25年以上的IT行业经验，长期在IT行业头部企业及500强外企工作，有着丰富的软件设计、开发和实践经验，且长期关注在蚁群优化算法及在复杂约束车辆路径问题方面的应用研究，笔者的研究均结合一些中大型物流企业的实际物流调度业务需求，并取得了20％～50％的实际优化效果。

在结合蚁群优化算法和强化学习算法的基础上，特别是针对蚁群优化算法的不足，笔者独自设计和实现了市场经济优化算法，并进行其在复杂约束车辆路径问题上的应用研究。市场经济优化算法的设计思想可有效解决易陷入局部最优和探索与利用困境的问题，其核心方法也适用于改进其他元启发式算法或强化学习算法。

学术研究只解决了核心问题解决方案的有无问题，实际应用研究还需要具备深厚的算法设计能力，以解决后续多个实际应用中的困难，这样才能将解决方案落地成为一个完整的可行性方案。

本书内容包括从学术层面介绍旅行商问题、车辆路径问题和复杂约束车辆路径问题，并综述了目前解决相应问题的各类算法，着重阐述了蚁群优化算法；最后针对复杂约束车辆路径问题，并结合实际物流企业的需求，实现及效果进一步展示了相关研究的实用价值。

本书结合笔者的IT企业经历及研究成果，综合学术研究和实际应用，具有较高的学术研究和实践参考价值，适合组合优化研究方向及实际物流优化的研究者参考。

著者

2023.02

目　录

CATALOGUE

第1章
绪 论

本章介绍了物流行业背景及现状，由此引出了通过人工智能算法解决复杂约束车辆路径问题的重大意义。

1.1 物流行业背景及现状

随着中国经济特别是电子商务、快递、外卖、邮政、制造业供应链等业务的快速发展，物流行业作为基础行业取得了巨大的发展。根据国家发展改革委和中国物流与采购联合会2022年3月发布的《2021年全国物流运行情况通报》，2021年中国社会物流总费用约为16.8万亿元，同比增长12.5%，占中国国内生产总值(GDP)的比例为14.6%，见图1.1。其中，运输费用为9万亿元，仓储费用为5.6万亿元，管理费用为2.2万亿元，占GDP的比例分别为7.9%、4.9%和1.9%。运输费用和仓储费用分别包括道路运输和仓库进出的运输，涉及物流运输过程及相应的物流运输费用约占物流总费用的28.4%，即物流运输的成本约占GDP的4.2%，约为4743亿元。在庞大的运输成本及GDP占比下，若能进行物流运输线路优化则可节约物流运输成本，且节约的经济成本会很可观，同时还能减少空气污染、噪音污染、气候变暖、交通事故等，带来一定的社会效益。

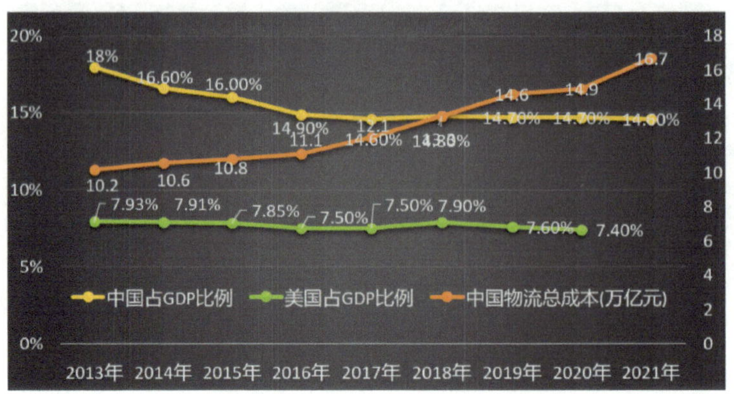

图 1.1　近年来中国物流总费用及中国和美国占 GDP 比例

根据美国 *Council of Supply Chain Management Professionals* 于 2021 年 6 月发布的 *32nd Annual State of Logistics Report*，2020 年美国商业物流费用为 1.56 万亿美元，占美国 GDP 的比例为 7.4%，仅为中国相应比例的 50.7%，这表明中国的物流费用仍有较大的优化空间。从图 1.1 中数据可以看出美国物流成本占 GDP 的比例是较为稳定的。中国是“世界制造工厂”，而美国 GDP 主要是以服务业为主，有学者对于中美两国物流占 GDP 比例的数据是否适合直接进行对比持有不同意见。制造业比重较大的德国和日本(由于缺乏具体数据，德国仅有个别年份的数据)，它们的物流总费用占 GDP 的比例均在 10%以下，其中德国 2018 年物流总费用占 GDP 的比例为 8.8%，日本占 5%左右。若参照美国的数据变化规律，可以认为它们的变化幅度应不会太大。2020 年服务业占 GDP 的比重，中国约为 53.3%，德国约为 63.3%，日本约为 70%，美国约为 77%。服务业本身也包括一些物资的运输，因为须考虑不同国家的人工成本、油价、信息技术水平、物流企业规模和高速公路费用等综合因素，因此，各个国家间物流成本占 GDP 的比例仍具有参照意义，即中国物流行业占 GDP 的比例相比美国、德国、日本高出约一倍，故应有较大的优化空间。

随着物流市场的快速增长，我国物流企业的利润却在不断下滑。根据国家邮政总局公布的 2021 年邮政行业运行情况，邮政寄递服务业务量累计完成 271.6 亿件，同比增长 6.2%；邮政寄递服务业务收入累计完成 394.4 亿元，同比下降 2.9%；全国快递服务企业累计完成 1083.0 亿件，同比增长 29.9%；业务收入累计完成 10332.3 亿元，同比增长 17.5%。从以上数据可以看出，业务收入的增幅 17.5%远低于业务量 29.9%的增长；若折算成单件平均收入，则每件从 10.55 元降到 9.54 元，降幅为 9.04%。快递业务量发展曲线及根据快递业务量与收入计算的单件收入曲线列在图 1.2 中。由图可见，随着邮政寄递业务量和快递业务量的逐年快速增加，带来的却是单件收入的持续下降，从 2014 年到 2021 年，单件收入的年平均降幅为 9%。由于物流运营成本随着经济的发展成本还在不断增加，因此单件收入利润必定是持续明显下降的。

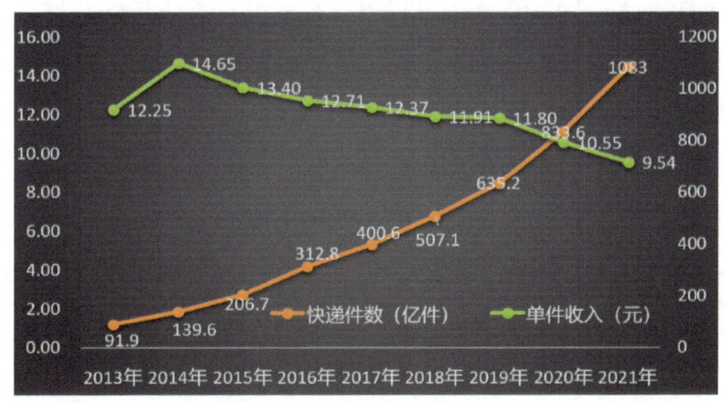

图 1.2　中国快递行业近年来累计业务量及单价数据对比图

从物流企业的财务数据可以清晰地看到物流企业的纯利润率较低，且仍在逐年下降。表 1.1 是根据上市公司顺丰控股和德邦物流的年报数据计算出的纯利润率数据。从表中可以看到，较具互联网思维的顺丰控股公司，其纯利润率是略高于较偏向传统企业的德邦快递，但总体来说，物流企业的纯利润率处在较低水平且仍在逐年下降。

表 1.1　顺丰控股和德邦物流企业的年纯利润率一览表

物流企业	纯利润率						
	2016 年	2017 年	2018 年	2019 年	2020 年	2021 年	平均值
顺丰控股	7.27%	6.71%	5.08%	5.17%	4.76%	2.06%	5.18%
德邦物流	2.23%	2.68%	3.04%	0.86%	1.72%	0.85%	1.61%

注：德邦物流 2019 年和 2021 年的纯利润率明显偏低且较异常，于 2022 年 3 月被京东物流收购。

1.2 解决车辆路径问题的意义

物流行业市场规模巨大，而且占GDP比例较高，从行业的角度来看，物流行业有较大的优化空间。近年来物流企业的规模及数量在不断增加，但单件利润在持续快速下滑，从物流企业的角度来看有较为强烈的成本优化需求。

物流运输包括道路运输和仓库进出运输。本书主要关注运输线路的优化，即通过运输线路的优化来降低物流运输成本，在学术方面即属于路径优化问题。

旅行商问题(Travlling Salesman Problem，TSP)(Flood，1953)及车辆路径问题(Vehicle Routing Problem，VRP)(Dantzig，1959)是物流运输线路优化中成本优化的经典问题，它们是一类组合优化问题，属于NP-hard问题(Dorigo，2007)，即无法在多项式时间内找到最优解，其解空间大小随着规模的增加急剧扩大，呈现"组合爆炸"的特征，即使在计算机硬件性能快速发展的今天，其最优化求解仍然是一个巨大的挑战。同时，随着物流行业的不断发展和业务范围的不断扩大，各类新的约束条件不断出现，使得VRP的解决变得更为困难且更具挑战性。相对而言，复杂约束车辆路径问题(Rich VRP)(CaCeres-cruz，2015；Lahyani，2015)综合了各类常见的约束条件，更能贴近物流行业的实际情况。

随着科技的进步和社会的发展，物流行业的节奏也在不断加速，而且随着计算机系统、物联网和以5G为代表的高速通信网络在物流行业的广泛应用和大量数据的实时收集、传输和处理，对于物流线路规划的时间要求也在不断提高，部分还达到了实时规划的要求。

一方面是物流行业的快递发展，使得物流的规模仍在快速增长，同时物流业务的复杂程度进一步使得物流的优化问题越来越困难。另一方面，随着信息、网络及物联网的普及，物流数据的收集、传输、处理规模和速度也在进一步提高。在这种情况下，可在较短的计算时间内有效地解决这类大规模且同时具有多种约束的Rich VRP就具有很高的学术研究和实际应用价值。

1.3 基本的旅行商问题和车辆路径问题

本节就物流优化调度中核心学术问题的旅行商问题和车辆路径问题进行详细说明。

1.3.1 旅行商问题(TSP)

TSP 最早是由 Merrill 和 Flood 在 1930 年提出的“48 sites problem”，并由 Flood 在 1956 年发表名为“*Traveling Salesman Problem*”的文章(Flood，1956)，其中定义的 TSP 是指一个旅行商从其所在城市经过 $n-1$ 个城市，最后返回其所在城市，已知其中每对城市间的距离或时间，能否找到一条总里程或总时间最短的线路，这是一个基本的成本最优化之路径优化问题。TSP 的 Miller - Tucker - Zemlin 数学模型公式如下：

以数字序列 0，…，n 标记 n 个城市，若定义：

$$x_{ij}=\begin{cases}1 & \text{if the path goes from city } i \text{ to city } j\\ 0 & \text{otherwise}\end{cases} \tag{1.1}$$

对于 $i=0$，…，n，令 u_i 为一个人工变量，c_{ij} 为城市 i 到城市 j 的距离，此时 TSP 就成为一个线性规划问题，其优化目标为

$$\min\sum_{i=0}^{n}\sum_{j=0,\ j\neq i}^{n} c_{ij}\,x_{ij} \tag{1.2}$$

同时需要满足以下约束：

$$x_{ij}\in\{0,1\}\quad i,j=0,\cdots,n \tag{1.3}$$

$$u_i\in\mathbf{Z}\quad i=0,\cdots,n \tag{1.4}$$

$$\sum_{i=0,\ i\neq j}^{n} x_{ij}=1\quad j=0,\cdots,n \tag{1.5}$$

$$\sum_{j=0,\ j\neq i}^{n} x_{ij}=1\quad i=0,\cdots,n \tag{1.6}$$

$$u_i-u_j+nx_{ij}\leqslant n-1\quad 1\leqslant i\neq j\leqslant n \tag{1.7}$$

$$0\leqslant u_i\leqslant n-1\quad 1\leqslant i\leqslant n \tag{1.8}$$

式(1.2)是定义最优解满足经过所有点的总距离最短的优化目标；式(1.3)表明可行解须满足两个城市间访问最多只有一次的约束；式(1.4)是所有城市集合的整数集；式(1.5)和式(1.6)表明可行解要满足任意一个城市只到达一次且只离开一次的约束；式(1.7)和式(1.8)则表明可行解要满足覆盖所有城市的一条完整路径，而不是由多条分离的路径组成的。

TSP是广泛研究的组合优化问题之一，对它的研究占据了运筹学的中心位置(Laporte，1992)。图1.3显示了TSP数据集pr76中各点的位置、分布及对应的TSP最优解。

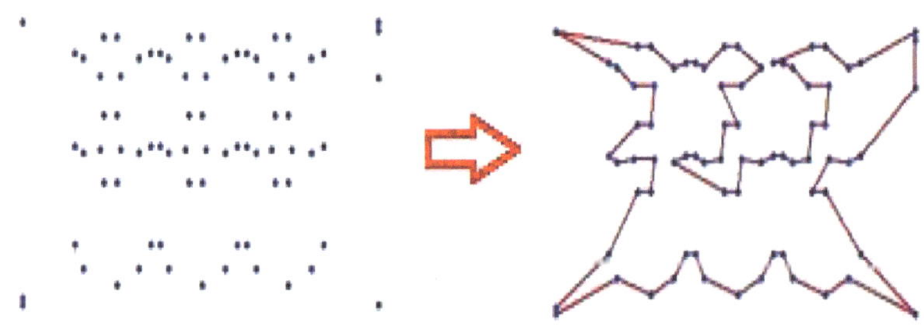

图1.3 旅行商问题(TSP)

TSP问题还有多个变种问题。按TSP图连通性可分为对称TSP和不对称TSP(Gambardella，1996)，即不同城市间的距离是否与方向有关。类似VRP，也有研究人员对有关TSP增加了不同约束，最常见的是时间窗约束(Matai，2010)，还有一些学者参考VRP，增加了如取送货约束的TSP(Gendreau，1999；Renaud，2000)。Dynamic TSP(Huang，2001；Li，2006)指城市间的距离/时间在动态变化，Multi TSP(Roehl，2012)指由多个旅行商统一完成所有城市的遍历，这个类似于VRP。考虑到TSP是VRP的一种特例(即容量无限的Capacitated VRP)，为避免不同名称带来的歧义，这些变种TSP在本书中均统一到VRP及Rich VRP中进行研究和分析。书中没有特别说明的TSP仍指基本定义的对称TSP。

NP-hard问题，即Non-deterministic Polynomial Hard问题，在计算复杂度理论中，非正式地被定义为一类“至少和NP问题中最难的问题一样难”的问题(Leeuwen，1990)。因为NP-hard问题的复杂程度及其挑战性，吸引了很多研究人员不断去研究并改进解决相应问题的算法。

TSP 在路径优化问题及相关应用算法上有一定的重要意义。

首先，相对于 VRP，TSP 较为简单，但其解空间大小是阶乘级别的，仍然是经典的 NP-hard 问题，因此，虽然 TSP 在实际应用中出现得相对较少，但仍作为一类经典的组合优化问题被广泛应用于评估相关算法的效率。近期发表的混合了粒子群优化算法/蚁群优化算法的 PSO-ACO-3-Opt 算法（Mahi，2015）和 PACO-3-Opt（Gülcü，2018）、离散蝙蝠算法（Osaba，2016）、蚁群优化算法＋人工蜂群算法的分层算法（Gündüz，2015）等仍使用 TSP 作为目标问题进行性能验证。

其次，TSP 有一个很重要的特性，即所有满足基本约束（即每个城市必须访问且只访问一次）的所有解都是可行解，虽然都是离散解，但解空间是连续的，不存在不可行解（Applegate，2011）。这也使得不同算法的比较目标简单且公平，因此是不同算法间性能比较的合适基准。

最后，TSP 还有一个作为各类算法性能验证首选的突出优势，因为它有一个应用非常广泛的符合 TSPLIB 95 标准的 TSPLIB 数据集（Reinelt，1991）及公开发布的通过精确算法找出的确认已知最优解，或者全局最优解。这个 TSPLIB 数据集及全局最优解可用于准确评估目标算法的性能，因此，可将 TSPLIB 作为大部分算法性能的标准验证数据集。

1.3.2 车辆路径问题（VRP）

VRP 是由 Dantzig 和 Ramser 于 1959 年首次提出的，之前称之为 Truck Dispatching Problem（Dantzig，1959），它是指给定一个运输请求集合及一个车队的车辆，确定一个最小成本的可行车辆路线集合，并使用给定车辆完成所有的运输请求，确切地说是找出哪辆车以什么顺序来执行哪个运输请求，其原理见图 1.4。图中中心仓库即车辆出发及结束的位置，客户即车辆需要访问的节点。最早的 VRP 是指 Capacitated VRP（简称 CVRP），即一个简单的容量限制会导致需要多辆相同的车辆完成所有的运输任务。CVRP 是一类较为经典的组合问题，但因其过于简单，故很少用于实际物流优化应用，而类似于 TSP，会更多地应用于相关算法的评估。

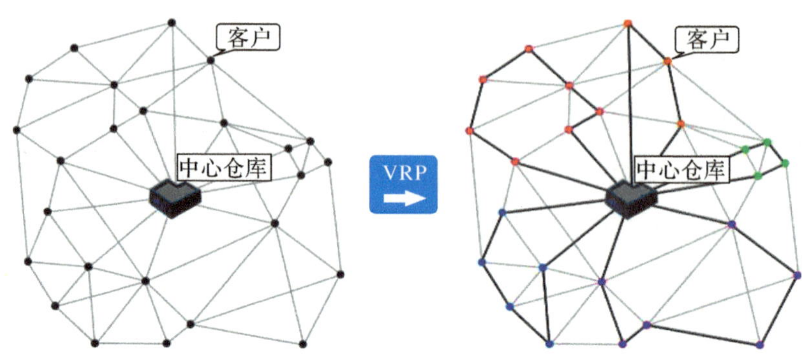

图 1.4 车辆路径问题(VRP)

CVRP 的整数线性规划的数学模型如下：

对于全部节点{0，1，…，n}，其中 0 为中心节点，1，…，n 为普通节点，S 定义为所有普通节点的集合，d_i定义为节点 i 对应的容量需求，c_{ij} 定义为 节点 i 和 j 之间的成本，车辆的最大容量为 Q，可用数量为 p，二进制决策变量 x_{rij} 定义为可行解中车辆 $r\in\{1, \cdots, p\}$是否经过节点 i 和 j 之间的边，优化目标为公式(1.9)且满足其他约束，见式(1.10)～式(1.15)。

$$\min\left(\sum_{r=1}^{p}\sum_{i=0}^{n}\sum_{j=0,\ j\neq i}^{n} c_{ij}\, x_{rij}\right) \tag{1.9}$$

还需要满足以下约束：

$$\sum_{r=1}^{p}\sum_{i=0,\ i\neq j}^{n} x_{rij} = 1,\ \forall j \in \{1, \cdots, n\} \tag{1.10}$$

$$\sum_{j=1}^{n} x_{r0j} = 1,\ \forall r \in \{1, \cdots, p\} \tag{1.11}$$

$$\sum_{i=0,\ i\neq j}^{n} x_{rij} = \sum_{i=0}^{n} x_{rji},\ \forall j \in \{0, \cdots, n\},\ r \in \{1, \cdots, p\} \tag{1.12}$$

$$\sum_{i=0}^{n}\sum_{j=1,\ j\neq i}^{n} d_j\, x_{rij} \leqslant Q,\ \forall r \in \{1, \cdots, p\} \tag{1.13}$$

$$\sum_{r=1}^{p}\sum_{i\in S}\sum_{j\in S,\ j\neq i} x_{rij} \leqslant |S|-1,\ \forall S \subseteq \{1, \cdots, n\} \tag{1.14}$$

$$x_{rij} \in \{0, 1\},\ \forall r \in \{1, \cdots, p\},\ i, j \in \{0, \cdots, n\},\ i \neq j \tag{1.15}$$

式(1.9)表示优化目标为经过所有节点的总成本最小；式(1.10)表示除中心仓库

外任意节点必须且只能由一辆车提供一次服务的约束；式(1.11)表示每辆车只从中心仓库出发一次的约束；式(1.12)表示针对每个节点每辆车其进出的次数要求相等的约束；式(1.13)表示所有车辆经过各点的容量需求不超过车辆的最大容量；式(1.14)表示所有闭环线路都经过中心节点的约束；式(1.15)表示任意两个节点间的边最多只能有一辆车经过的约束。

VRP是比TSP更复杂的一类问题，TSP可看作是车辆容量无限大的一类特殊CVRP(Toth，2002)。从解空间的大小来说，VRP比同规模的TSP复杂，以32个节点为例，TSP的解空间大小是32个节点的排列组合，即 $A_{32}^{32}=2.63\times10^{35}$。而同样32个节点，5辆车的VRP的解空间大小是 $C_{32}^{5}\times A_{32}^{32}=1.72\times10^{44}$，其解空间增加了约6.5亿倍，其中有部分解由于不能满足容量约束将成为不可行解。

对于VRP的研究，也有学者公布或发表了类似TSPLIB的VRPLIB标准(Toth，2002)，包括很多大学或研究机构也在推出自己的VRPLIB标准，这些VRPLIB标准格式基本是借用TSPLIB 95标准(TSPLIB 95标准支持CVRP)，但各自有了不同的扩充格式用来描述CVRP以外的一些约束信息，因为未统一标准，致使VRPLIB标准的使用受到了一定限制。这些VRPLIB标准促进了路径优化问题中VRP及相应算法的研究，很多论文也基于VRPLIB标准进行相关的实验(Adhi，2019；Oliveira，2015；Sripriya，2015)。

小　　结

本章通过统计数据展示了物流行业的规模和发展速度所带来的成本节约方面的急切需求，同时概述了旅行商问题(TSP)和车辆路径问题(VRP)的定义、特性及难点，为第二章复杂约束车辆路径问题的详细展开奠定基础。

第2章 复杂约束车辆路径问题（Rich VRP）

车辆路径问题原本是比较贴合物流发展现状的一类学术问题，随着各类约束条件的不断增加，使车辆路径问题更加贴近实际应用。本章将对复杂约束车辆路径问题进行详细阐述。

2.1 复杂约束车辆路径问题（Rich VRP）的具体内容

复杂约束车辆路径问题(Rich VRP)亦称 Real VRP，2015 年有学者在论文中有较为详细的介绍及分类(Caceres-Cruz，2015；Lahyani，2015)，早期还有学者称其为 General VRP(Goel，2008)，也有部分学者以 VRP 统一称谓(Braekers，2016)。虽然术语的名称各有不同，但内容类似，都是分析和列举了各类 VRP 的不同约束及相应的一些解决算法，本书以较为广泛使用的 Rich VRP 作为其正式名称，在没有特别说明时，VRP 仅指最简单的 CVRP。

Paolo Toth 等人编写的专著 *The Vehicle Routing Problem*(Toth，2002)和 *Vehicle routing*: *problems*, *methods*, *and applications*(Toth，2014)是研究 Rich VRP 的两本重要著作。

Rich VRP 包括很多从实际需求中总结出的约束条件，主要有以下内容。

❶ 时间窗约束

时间窗约束是指客户仅在特定的时间窗口内接受服务。若早于该时间窗，则需要等待；若晚于该时间窗，则在硬时间窗约束下可将当前解视为不可行解，而在软时间窗约束下可允许迟到但须增加惩罚成本。时间窗约束除了有软硬时间窗分类外，还有单时间窗和多时间窗之分。Potvin(1996)和 Bräysy(2015)等学者将带时间窗的 VRP 问题(Vehicle Routing Problem with Time Window，简称为 VRPTW)作为一大类问题进行了详细的分析和算法综述。无时间窗约束是时间窗约束为空时的一个特例。

❷ 取货和送货约束

客户的需求中如果只有取货或只有送货，那么计算相对较简单，即累加值不超出车辆限制(如容量、载重等)即可，但不同客户的需求若既包括取货也包括送货需求，由于取货和送货对于车辆限制的变化影响不同，因此不同的取送货顺序将会使得车辆限制的计算更为复杂。取送货问题(Pickup and Delivery Problem，简称为 PDP)作为一大类问题被学者广泛研究(Savelsbergh，1995)，其中电话叫车问题(Dial-a-ride Problem；Cordeau，1995)及 VRP 中的取货和送货约束(Chen，2006；Subramanian，2010)是两类较为典型的 PDP 的具体形式，区别主要在于起点和终点的要求不同。本书主要讨论 Rich VRP 中的取货约束和送货约束。只取货约束或只送货约束可以视为取货和送货约束中的特例。

❸ 单仓库和多仓库约束

一般情况下，一个区域只有一个仓库负责该区域内的运输请求。但当区域面积比较大，客户分布较为连续，且无法简单分隔成多个独立小区域时，一般会在当前区域内设置多个仓库，例如物流公司在上海一般会设置浦东和浦西两个仓库来服务整个上海市。多仓库车辆路径问题(VRP with Multi-Depot，简称为 MDVRP)作为一大类问题，吸引着大量的学者进行研究，Montoya Torres 发表了 MDVRP 的专题综述文章(Montoya-Torres，2015)。单仓库约束可视为多仓库约束中仓库数为 1 时的特例。

④ 回程运输约束

回程运输约束即运输的需求包括时间较早的运输及稍后的回程运输，例如满瓶牛奶的运输及稍后的空牛奶瓶的回收即属于此类约束。有学者针对回程运输约束作过较为系统的分析及相关算法的研究(Goetschalckx，1989)，这类问题既有取货和送货约束的问题，又有时间窗约束的问题，即送货必须早于取货，因此其具有一定的研究难度和研究价值，这也是某些业务形态(例如有回收容器或回收载具需求的物品的运输)的常见约束。

⑤ 同构车队和异构车队约束

同构车队约束是指 Rich VRP 中涉及的车辆只有一种车辆型号。异构车队约束是指车辆型号不止一种，包括不同的车辆限制(载重或容积)、可用时间、可用里程、移动速度、出发时间、运输成本费率、出发仓库等，任意一种不同的选择都会导致不同的车型在运输中面对不同的约束条件，从而带来运输调度上的差异，并最终影响车辆的使用和优化。有学者将异构车队约束称为混合车队车辆路径问题(Mixed Fleet VRP)，并对此类问题的解决方法进行了综述(Baldacci，2008；Shlesinger，1986)。这类约束是常见约束，将在本书中进行相应的建模和解决。同构车队可以看作是异构车队中车辆型号只有一种时的特殊情形。

⑥ 单次运输和多次运输约束

单次运输和多次运输约束也可称为车辆重用约束(Brandao，1998；Cattoruzza，2014；Cattaruzza，2016)，是指同一车辆在特定的运输时间段内，是否只返回中心仓库一次，或者因为可用时间或可用里程较多，可以往返中心仓库多次完成多次运输任务。同一车辆在单次运输和多次运输中，容量等固定属性是相同的，主要的差别在于时间，同一车辆每次返回的时间是不同的。若无时间窗约束，则可简单地视为是多辆车；若有时间窗约束，则需要计算每次往返中心仓库时的不同时间。涉及时间窗约束时计算较为复杂。

7 开放线路约束

开放线路约束即是否从中心仓库出发或全部客户访问结束后是否返回中心仓库。第三方物流是目前物流行业较为常见的业态，对于送货业务，一般对应车辆的客户送货完毕是不需要再返回中心仓库的；对于取货或揽货业务，一般对应车辆并不是从中心仓库出发的，而是直接先去客户处，全部取货完毕后再送回中心仓库。因此，开放线路约束一般对应只取货或只送货约束。

8 节点和车辆间特定依赖的约束

节点和车辆间特定依赖的约束一般是指不同的节点对于访问的车型有一定约束，只有特定的车型才能服务指定的节点。这类约束常见于不同节点对车辆的特殊需求，若产品有特定的车型运输要求，比如运输汽油的车辆无法运输柴油，因此无法服务有柴油需求的节点，大部分食品需要冷链运输，故只能使用冷链车辆而不是普通货车。再比如有些节点有场地限制，如场地较小，无法停靠较大型的车辆等。此类约束和具体业务有关，较具个性化，是一类常见的约束类型。

9 动态车型约束

正常情况下车型是固定不变的，但在一些特殊情形下，比如挂车运输包括半挂车、全挂车运输，挂载不同挂车后的车辆其装载容量或移动速度等都发生了变化，从而增加了优化的复杂度。有些学者也将这类问题定义为卡车和挂车路径问题(Truck and Trailer Routing Problem，简称为 TTRP)，并且研究了一些算法来解决它(Derigs，2013；Lin，2011；Villegas，2013)，也有部分学者称其为车体交换车辆路径问题(Swap Body Vehicle Routing Problem)(Huber，2014)。由于挂车运输这类业务类型有一个较显著的优点，即牵引的车头或卡车简单卸下或拖上挂车后就可以继续运输，无须等待较长的装卸货时间，能有效地提高车辆的运输效率和使用效率，具有较高的经济性，而且半挂车(全挂车)相对车头或卡车成本较低，可以大量采购和配置，容易满足这种模式下半挂车(全挂车)的数量要求。这种模式也称之为甩挂运输，在一些物流行业得到了快速发展及广泛应用。

⑩ 装载可拆分约束

正常情况下每个节点只访问一次，且该节点的装载或订单是不可拆分的，即须一次性装卸完毕。但在实际业务操作中，可能会出现需要拆分的情况，比如某节点的装载量超过了车辆的最大容量，此时需要多辆车进行运输，称为多次访问约束。当涉及拆分装载时，由于装载或订单的情形千差万别，故拆分的组合数量随着订单数量的增加也会急剧增加，而且影响拆分原则的信息和因素可能很多，难以罗列和定义清楚。一种可行的简化操作同时也是实际操作中的原则，是先按整车最大容量装载订单，直到最后剩余不足整车的订单，再统一按 VRP 问题进行优化。本书不考虑装载可拆分约束。

前面列出的 Rich VRP 约束条件中，数据都是静态固定的或事先预知的，称之为静态 Rich VRP。除此之外，Rich VRP 的研究人员还列出其他一些较为随机或动态的环境，如随机需求(比如随机的叫车需求)，动态或变化的交通拥堵状态，不断新增、调整、取消的订单等，这些约束由于难以量化，因此在实际需求中一般是通过预测或近似估计(比如拥堵系数)来进行设定的，通过一些需求预测或历史数据分析得到评估数据，相应的动态或随机约束就转化成了固定数据下的静态 Rich VRP。如果 Rich VRP 问题处理速度较快，接近实时，那就可以将动态或随机的 Rich VRP 按业务上可接受的较小的时间间隔比如 1 min、5 min、30 min 等，转换成多个较小的时间间隔下的静态 Rich VRP。为了进一步提高物流运行效率，还可以充分利用多个连续静态 Rich VRP 间的连续性，形成物流行业管理者所期待的连续调度，即根据业务的随时进展动态调整物流调度，从而最大限度地满足客户需求。同时，这种连续静态 Rich VRP 的调度对智能算法提出了一些新的需求，比如如何充分利用原有信息的同时还要考虑新增变化信息的影响，这也是算法设计中的难点和价值所在。

有部分研究者对另外一类 Rich VRP 进行了研究，称之为周期车辆路径问题(Period VRP)(Francis，2008)，即在周期车辆路径问题中，所有需求并不需要在单个特定的连续时间段内完成，而是在多个连续时间段中其中一个完成即可。这类需求常用于一部分对于时间较不敏感的业务场景中，比如饮用水的运输，只要在整个时间段内不发生缺货或满货等必须运输的情形即可。而且，随着时间段的延长，运输需求或车辆等运输条件发生变化的可能性也越大。周期车辆路径问题在实际中应用相对较少，因此本书暂不考虑。

在环保问题日益严重，环保需求日益严苛的现在，考虑到车辆运输排放尾气或消耗能源的影响，目前在物流优化上有一类绿色车辆路径问题(Green VRP)(Bektas，2016；Erdoĝan，2012；Lin，2014；Toro 2016)。绿色车辆路径问题也是一种 VRP 问题，只是其优化目标并非成本最优，而是根据环保要求，须达到尾气排放最低或能源消耗最少。在传统的 Rich VRP 研究基础上，Green VRP 更注重车型、车速、载重、路况等因素对于车辆尾气排放或能源消耗的影响，并通过优化线路和运输方式来减少尾气排放或能源消耗。在考虑车辆匀速行驶的情况下，将原有按照距离计算的物流成本转换成对应的尾气排放量或能源消耗，即可解决绿色车辆路径的优化问题。

2.2 复杂约束车辆路径问题(Rich VRP)在实践中的新增约束

在与物流企业的沟通中，笔者总结了一些还未能在 Rich VRP 文章中列出的新约束，主要包括以下内容。

① 可选访问约束

可选访问约束中较常见的情形是，若一个订单(也可以是原材料或零部件)由多个供应商提供，则只需要访问其中的一个供应商即可。这时，只要考虑不同供应商的位置或其他因素，并选择其中一个对于运输最优的供应商即可，其他供应商则无需再访问。另外一种情形是，在一些大型仓库内，某些主要商品数量较多，而且与其他不同商品的搭配也较多，需要分开多处存放，为了尽量减少与搭配商品一并拣选的成本，经常根据与搭配商品同时拣选的频率分散多处相邻放置主要商品，并在拣选时从多处存放位置中选择最优的一处进行拣选。也有一些学者研究了可选车辆路径问题(Optional Visit VRP)(Vargas-Suarez，2016)，虽然使用名称相同，但含义却不同，在这些文献中，可选车辆路径问题是指由于车队容量限制导致无法访问全部节点时，可舍弃部分节点或运输订单的一类逻辑，一般偏向于只服务利润较大的运输订单而舍弃一些利润较小的订单，或可将订单转给第三方物流企业，即在有限的运输资源下利润最大化的优化选择。在这种情况下仍可以按全部订单进行全局最优化，然后根据每条线路的利润排序后，选择总利润最大的线路进行运输。

2 访问顺序约束

访问顺序约束中常见的情形是多个订单或客户需要由同一车辆来访问。如复合订单，即多个订单属于同一个最终客户，需要由同一辆车统一运输；比如有一个银行网点，处理完 ATM 机(自动柜员机)，如果里面有吞没的银行卡，则需要将银行卡交付后面指定的吞没卡处理的银行网点，这里存在明显的访问顺序约束。当然，也有物流企业考虑到调度的难度和效率，会将同一客户的多个订单分别运输，即不考虑访问顺序的约束，例如某客户在同一电商订单中的多个商品会分多次收货，这就是物流企业将不同商品的子订单分拆后单独运输而不是统一运输造成的，这种方式简化了物流调度的复杂度，但用户体验较差。

3 车型比例约束

实际物流业务中，大部分都是异构车队，但在车辆的使用逻辑上会出现不同车型间比例限制的要求。例如相同的车辆同时服务于上午和下午两个不同的工作时段，车辆一般按天计算成本，为了节约车辆的成本，上午和下午的车辆数相差应不超过 1 辆，这样就避免了因车辆闲置带来的额外成本。有的物流企业为了保证运输供应商的稳定性和多样性，避免垄断或过于依赖某一供应商，不同运输供应商之间会事先设定不同的业务比例，如不同运输供应商会设置不同的最少业务车辆数量比例。

4 强制休息或充电约束

对于新能源车有一定的行驶里程限制，并需要到除中心仓库外的指定地点充电或补充燃料，如在欧美等国家，他们有较为严格的运输法规，需要司机定时休息或换班。在新能源车辆日渐普及的情况下，如何有效规划这类需求是当前较为热门的一类约束。早期有部分学者将其命名为换班或工作期监管问题(Driver Shifts / Working Regulations)(Ren，2010；Zangeneh-Khamooshi，2013)，后期有学者因为电动车充电，故将此类需求命名为电动车车辆路径问题(Recharging VRP)(Conrad，2011)，也有较多的学者提出了一类电动车车辆路径问题(Electric VRP)(Hiermann，2016；Keskin，2016；Lin，2016；Montoya，2016；Schneider，2014)。这类问题除了关注本处提到的充电站及充电里程约束外，还考虑了充电容量与充电时间的关系、运输载重与用电量的关系等较为全面的电动车车辆路径问题，由于涉及较热门的新能源车辆，因此近年来研究者众多。

5 不同车型的限行道路约束

不同车型的限行道路约束主要是指根据道路对于不同车辆行驶限制的不同，会导致同样两个节点间必须走不同的线路，对应不同的运输里程、运输时间等。比如现在常见的一线城市的外地车牌限行，中心城区的货车限行，一些道路、桥梁对于车辆限高、限宽、限重的要求，特定车辆如运输危险化学品车辆的限行线路等。这类约束在相关论文中较少提及，可以认为是两个节点有多条连接路径，或者两个节点针对特定车型无连接路径。在实际应用中，这类约束可以通过电子地图的导航功能来提供，比如汽车、货车、自行车导航可以根据不同车型规划两点间的不同线路。

6 同一城市不同区域通行证约束

同一城市不同区域通行证约束主要是一些较大城市包括多个区域(一般是对应行政区域)，不同区域划分在不同的通行证的限定范围，这会导致虽然是同一城市的客户，但因为分布在不同区域及受到相应区域通行证的限制，无法使用同一车辆去运输。通行证是针对固定车辆的，通行区域有固定的区域，也有动态的区域但需要提前申请，但不会包括所有区域，因此其限制往往导致同一车辆无法同时对同一城市的多个客户进行运输。如果再考虑多个城市间的配送，这种通行证约束增加了车辆调度的复杂性。

7 多个分布的仓库间的协调运输

笔者在与一家全国行业头部的商品车运输企业交流时，发现这家物流运输企业在全国有3200多辆商品车运输车，支持的业务主要是分布在全国的汽车整车厂与4S店。单从某个整车厂来说，这是一个Rich VRP问题，但全国多个整车厂之间还存在一些协调约束，包括：① 只有甲地汽车厂到乙地4S店的整车运输完毕，该车才能被用于乙地或附近的汽车厂运输回甲地或甲地附近的4S店，此时存在车辆调度的衔接关系约束，还要尽可能避免车辆空驶和无效等待；② 运输车辆和司机及其归属地，在安排相应车辆或任务时，需要考虑目标地与实际车辆归属地之间的关系，以便于相应的司机顺道回家休息的需要；③ 不同汽车厂和4S店之间的运输需求是不同的，而且也是在不断变化的，但运输又有时间要求，如何尽可能保证车辆运输效率同时又兼顾车辆运输时效，是一个较为困难的优化问题。

在这些约束及新出现的一些约束中，任何单个的一类约束比如时间窗约束、取货和送货约束等都有大量的分析研究及实际的应用价值。其中少数几个约束的混合分析和研究也吸引了很多研究人员和学者，并能找到大量的学术文章及算法研究方案。不过，物流企业的实际业务千差万别，可能同时包括上述各类需求中的很多种，单纯地解决某一类或少数几类约束，其实际应用意义有限，如果能建立一个同时支持上述各类Rich VRP约束的统一应用框架，同时满足不同客户的不同需求，将具有非常广泛的应用价值和应用前景。建立Rich VRP统一应用框架，不但是基础算法层面要解决的问题，也是应用算法及软件设计上要解决的难题，具有较高的挑战性和实际应用价值，因而也成为了本书的研究目标。

VRP规模的增加会导致其复杂程度呈“组合爆炸”式增大，故Rich VRP中所有的主要约束组合在一起的复杂程度，也将远大于单个不同约束的复杂程度的简单累加，其难度可想而知。

随着世界和中国经济的快速发展，Rich VRP的规模和复杂程度也在快速增大，因此建立一个包括本章全部主要约束在内的Rich VRP统一应用框架也就具有较高的学术价值和经济价值。而且目前智能算法、机器学习、深度学习、强化学习等获得了较大发展，这为解决Rich VRP奠定了坚实的理论基础和技术基础。

本书的研究目标之一就是尝试基于主要的Rich VRP约束，进行有效的分析和建模，据此建立一个统一应用框架，通过参数的设置来同时满足或支持众多用户的不同需求或约束，以充分发挥应用框架软件的规模效应。这是一个颇具挑战的目标，因此具有较高的学术意义和现实意义。

2.3 其他车辆路径问题的研究现状

本章研究的 Rich VRP 属于有中心仓库的一大类物流优化问题，也是末端运输或最先(或最后)一公里运输的主要形式。除了 Rich VRP，在物流路径问题的形式上，还有以下其他几大类不同的物流线路问题。

① 干线运输

干线运输主要是指多个对等节点间相互进行物流运输，此时没有中心和非中心的分类。同时干线运输量较大，很多是整车运输，考虑的重点是提高满厢率或装载率，较多使用固定线路，有些运输企业甚至建立了诸如货运定时班车这类固定运输机制，不足整车时，可采用多家物流公司之间的协作机制，通过拼货来凑足整车运输，但是在这种情形下，需要优化调度的空间是有限的。干线运输的另一个痛点是避免返程空载，这种情况主要通过车货匹配来解决。

② 巡行运输

巡行运输主要是指在路网中不断移动的多台车辆，根据不断出现的物流运输需求，通过规划合适的线路来最优化成本。这类物流模式以出租车、共享汽车(专车、快车、顺风车、货运出租等)、外卖等第三方运输形式为主。巡行运输考虑的重点首先是响应时间，其次才是成本优化，而且不同的车辆所处的位置随时间一直在变化，需要基于不同的车辆分别进行调度，因此，此类调度与有中心的 Rich VRP 有较大的不同。

上述两大类运输模式与 Rich VRP 有较大的差异，但经过处理后也能部分利用 Rich VRP 的调度模式，如可将干线运输扣除较为简单的整车运输后的零散运输视为 Rich VRP 优化，巡行运输可先转换为较为特殊的开放 VRP 再进行优化。

物流运输优化涉及的信息量从维度上来说还是很多的，而且可以衍生出很多的约束组合。从 Rich VRP 的概念来看，仍然保留了 VRP 定义中的一些基本要素，包括所有车辆都有一个或多个统一中心，所有节点必须且只能访问一次。从调度需求的数量和比例方面而言，Rich VRP 显然是更为现实和急迫的一大类优化需求。因此，本书的重点仍是建立一个同时满足主要约束的 Rich VRP 统一应用框架。

2.4　车辆路径问题关联装载问题概述

装载问题(Dowsland，1992；Eilon，1971)，是一类独立的组合优化问题，即如何合理有效地利用有限的车辆空间，装载尽可能多的货物，这是吸引很多学者去研究的一类重要问题，它包括二维装载和三维装载等问题。同时，装载和运输有着一定的关联，因此，很多研究 VRP 的学者也关注如何同时解决装载和运输问题(Fueuerer，2009；Fuellerer，2010；Hokama，2016；Iori，2016；Wei，2018；Zachariadis，2009)。

装载问题目前有着很多的不确定信息，从实际装载问题需要解决的目标来说，合理利用空间只是装载可行解的一个基础条件，即能装得下。但是还有以下其他几个基础条件是单纯的数学计算难以完全解决的，下面分别列述。

① 重心安全

重心安全是指按照物流运输的标准，装载后的货物重心应符合一定的安全标准，比如中轴线标准和高度标准，否则容易导致行车的安全事故。重心的计算依赖于所有货物的体积、形状、密度等基础信息，很多货物可能是由多种密度不同的材料制成的，而且形状不规则，其密度可能无法准确度量。故重心的数据无法保证精确，有些甚至无法得到。

② 异形件

货物或外包装除了常见的长方体外，还有很多其他形状，大多数汽配件就是各类异形件(比如前后保险杠、发动机等)，这类异形件很难描述其外部形状，同时车厢也可能不是标准的长方体，因此较难计算相应的装载问题。笔者在亲自参与的一个运输优化项目中，使用商品车运输车(见图 2.1)来运输商品车，不同的商品车(见图 2.2)有着不同的长、宽、高、重量，外观形状也不是标准的几何图形，运输车底部因为需要考虑节约空间及车轮布局的原因，它是一个曲面而非平面，一种称为“飞机跳”的可倾斜的装置使得商品车可以半立起来从而进一步利用空间。因此如何在商品车运输车上能妥善装卸且不超出相应的限制(如不超长、不超高、不超重)及满足运输要求(如保证运输途中因刹车或转弯导致的商品车的移动或擦碰而设置必要的间距，商品车车轮必须固定在底板上，不同型号车辆重量差别较大，较重车辆应放在下层，较轻车辆应放在上层)，同一目的地的车辆也应顺序放置，便于上下车或避免挪车，这都是装载商品车时必须要考虑的因素。

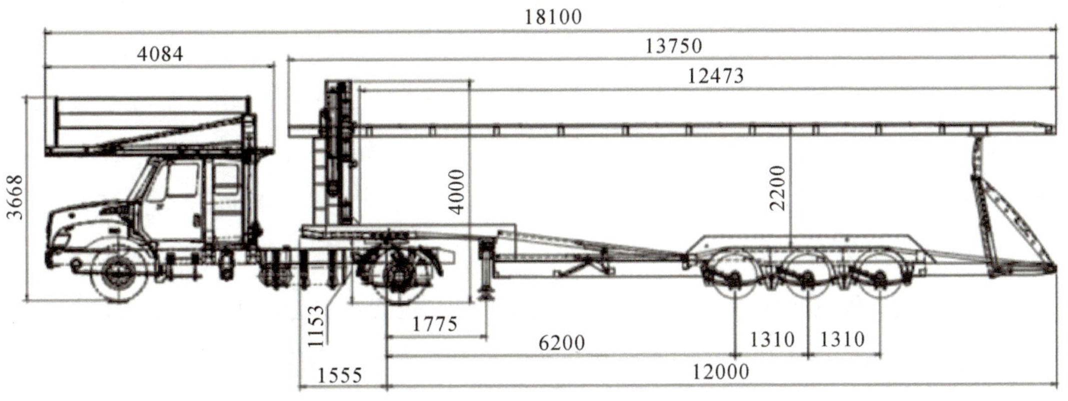

图 2.1　商品车运输车尺寸图

图 2.2　商品车轮廓图

③ 重力影响

货物都是实际物体，其外包装或外形都存在一定的重力变形，特别是叠加或密集堆放时，变形的数据较难量化。如果不考虑这类重力变形，即使货物能放进去，因为重力变形后，也可能根本无法取出。另外，货物堆叠时还需要考虑重力承托的问题，在物品材料、体积差别较大时，与重力相关的计算比较复杂。

④ 轻泡货物与重货

不同货物因为组成的材料不同，会形成不同的质量，为了行车安全，一般要求较重的货物放在下面，较轻的货物放在上面，这种约束使得原来因为考虑形状和重力支撑导致的计算复杂度进一步提高。

⑤ 先进后出约束

在取送货约束时，多个节点分别会有货物装载或卸下，在狭小的车辆空间内特别是只有尾门能打开时，需要考虑装载和卸载货物的摆放位置对于装卸操作的影响以减少无效的货物搬运成本，这也是装载问题需要考虑的约束之一。这个问题可以通过采用一些新手段如飞翼式车厢部分解决，飞翼式车厢可以从左右及后面分别打开，方便不同货物从各个方向快速装卸。

综上所述，装载问题是一类数据无法完全量化，也无法完全使用算法解决的问题，相关算法只能是辅助手段。从实际应用来看，装载问题更适用于装卸频率较低、对重心不太敏感及对重力计算可以简化的装载场景，如集装箱装载、品种较少且密度相近的批量货物装载等都可以简化为平面装载的相关装载业务。

从车辆路径问题的角度来看，每个节点都涉及装载和卸载，装卸频率较高，装载优化问题是一个组合优化问题，需要较大的计算量和计算时间，如果与复杂的车辆路径问题特别是本书中的 Rich VRP 组合在一起，会造成求解过程的极端复杂。因此，实际上在解决车辆路径问题的过程中，装载问题可以简化考虑，一般包括下面几种情形。

(1) 装载货物使用标准的集装箱、集装板等标准容器或统一包装，可以快速计算车辆的容量，并判断是否可以装载。

(2) 只需要考虑货物重量或性状(如液体类型)的情形，可以直接简单计算其重量或体积即可确定是否可以装载。

(3) 可以根据经验或历史装载记录，计算货物的装载系数或平均装载率(即货物累计体积之和与最大容积的比例)，来估算当前运输的货物是否可由指定的车辆装载，一般经验值在 85%左右，可根据需要适当调低装载系数，以便留出更多空间余量以确保能完全装载货物。

从物流实际操作来看，在确保能装载的前提下通过简化装载问题和车辆路径问题来解决节点的访问顺序，节点的访问顺序确定后，在哪些节点装卸哪些订单的货物就已确定，此时再根据装载的实际货物单独进行装载优化即可，这也是运筹学中的分而治之思想的体现。

小　结

本章承接上一章介绍的物流行业现状及作为学术问题基础的旅行商问题和车辆路径问题，详细介绍了贴合物流行业实际情况的复杂约束车辆路径问题的最新研究及实际物流行业企业面临的各类新的约束条件，通过分类汇总的方式展现了该问题的全景，并为后面解决复杂约束车辆路径问题的统一应用框架勾勒出详细和明确的需求范围。

第3章 复杂约束车辆路径问题的算法现状

前两章主要描述了 TSP、VRP 及 Rich VRP，其中 TSP 是 VRP 的一个特例，即容量无限的 CVRP，Rich VRP 则进一步扩充了 CVRP 中更多类型的约束，因此可以认为解决 VRP 的算法适合 TSP，解决 Rich VRP 的算法也适合于 VRP 和 TSP。

本章主要汇总解决 Rich VRP 的相关算法的研究现状。

3.1 解决 Rich VRP 的算法研究概述

在 Rich VRP 的综述文章(Bell，2004；Iori，2016)中，不仅汇总描述了 Rich VRP 的一些文章，还汇总了相关的算法，该论文中的常见算法分类见图 3.1。

图 3.1 中列出的具体算法只是一些较为常见的算法，分类仅可作为参考。随着算法的研究进展特别是近年来大量机器学习的研究成果，机器学习也开始从基于大量数据的统计机器学习延伸到尝试解决组合优化问题。从算法大类上来说，算法应该包括精确算法、近似算法、元启发式算法、机器学习算法和强化学习算法五大类。

另外，启发式算法是一个容易混淆的概念，特别是启发式算法与元启发式算法的区别，有部分论文将近似算法归为传统启发式算法，这些概念在不同的论文中有较为模糊及有争议的讨论。近似算法、启发式算法、元启发式算法可能都涉及一些随机机制，在本书中将随机机制未使用或只在主循环外使用的算法称为近似算法，随机机制在主循环内使用的算法则称为元启发式算法。

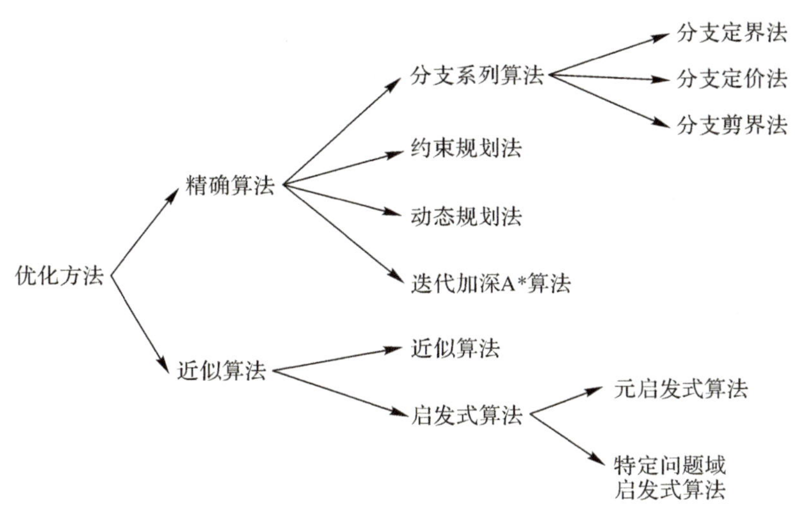

图 3.1 Rich VRP 常见算法分类

也有很多学者尝试将不同的算法进行融合，研究并设计了很多混合算法。本书尝试列出各类基础算法，并分析它们的原理及其优缺点，这有助于后续分析不同混合算法的混合原理。

3.2 解决 Rich VRP 的精确算法

精确算法是指基于传统运筹学和数学公式或模型计算最优解（Ta，1993）。鉴于组合优化问题中的"组合爆炸"特性，此类方法仍只适用于较小规模的 TSP 和 VRP。当规模较大时，相应算法的运行时间远超可接受的时间。因此，针对大规模及多种约束的 Rich VRP，一般都会采用其他方法。

精确算法最早随着 TSP 和 VRP 等问题的深入研究就已经广泛应用，基于精确数学的方法展开研究，其算法可解释性很强。同时，TSP 和 VRP 也是传统组合优化问题，是传统运筹学的主要研究目标之一（Laporte，1992）。这类方法主要包括以下内容。

❶ 分支定界法算法

分支定界法算法是由 Land（2010）和 Doig 等人提出并由 Lawler（1966）进行总结

的，它采用了类似分治的算法策略，在解决组合优化问题时，针对所有可行解采取了必要的限制条件，设法排除了可行解中大量非最优解区域，简化了求解空间大小，有效地提高了搜索的速度，从而能够有效求解一些稍大规模的组合优化问题。分支定界法的算法流程图见图 3.2，它是分支剪界法、分支定价法、分支剪界定价法等剪枝系列算法的基础算法。

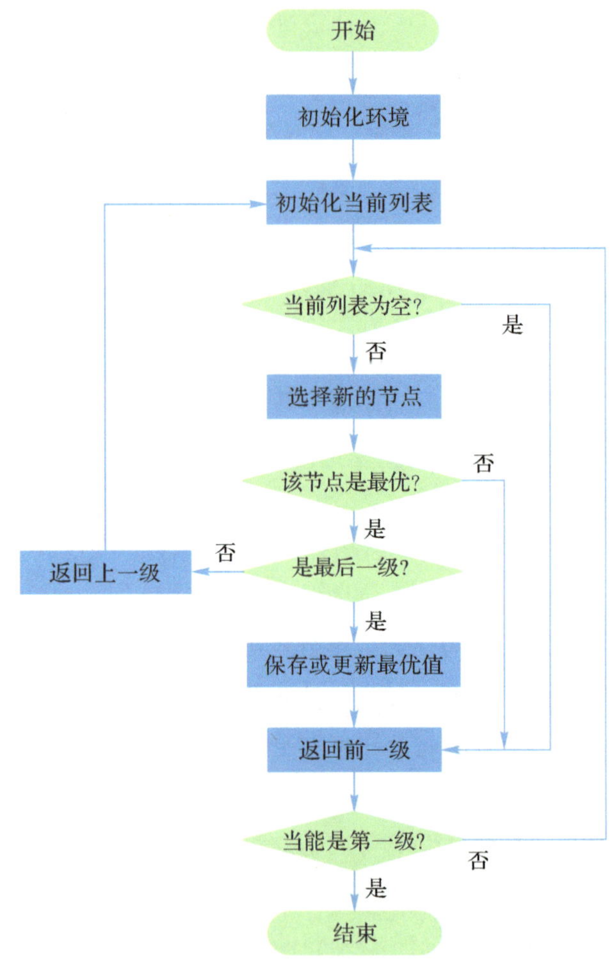

图 3.2　分支定界法算法流程图

分支定界法很早就应用于 TSP(Pekny，1992；Poikonen，2019)，但因为算法性能的限制，较少用于解决 VRP。

② 分支剪界法算法

Grötschel(2019)及 Padberg(2019)在分支定界法的基础上增加了割平面法，通过进一步去除不包含最优解的区域，有效地减少可行解的搜索范围，从而进一步提高搜索速度，该方法最早就是应用于 TSP 的。因为是它在分支定界法上进一步改进，因此有研究人员将其应用于 VRP 的求解(Henke，2019；Lysgaard，2004)。

③ 分支定价法算法

分支定价法是分支定界法和列生成算法融合后的方法，也被应用于 VRP (Dellaert，2004；Dell'amico 2006；Gutierrez-Jarpa，2010；Jozefowiez，2018；Ozbaygin，2017；Yu，2019)。

④ 分支剪界定价法

分支剪界定价法进一步融合了分支定界法、割平面法和列生成法，广泛应用于 VRP(Bettinelli，2011；Fukasawa，2006；Gauvin，2014；Munari，2018；Pecin，2017；Pessoa，2009；Pessoa，2018；Tilk，2017)。

⑤ 列生成算法

列生成算法(Desaulniers，2006)是单纯形法的一种形式，基变量只与约束的个数相关，每次迭代只会有一个新的非基变量进基。列生成算法通过求解子问题找到可以进基的非基变量，该非基变量可以看成是生成了一个变量，每个变量其实等价于一列，所以该方法被称为列生成算法，如果找不到一个可以进基的非基变量，那么就意味着所有的非基变量的检验数都满足最优解的条件，也就是说，该线性规划的最优解已被找到，见图 3.3。这种将较复杂问题分解为相对简单的问题，即分而治之的思路，是传统运筹学中常见的研究思路。列生成算法已被应用于求解如下著名的 NP - hard 优化问题：机组人员调度问题(Arabeyre，1969；Caprara，1998；Kohl，2004；Stojković，2016)、切料问题(Gilmore，1961；Gilmore，1963；Poldi，2016)、车辆路径问题(VRP)(Beheshti，2015；Choi，2007；Fink，2019)等。

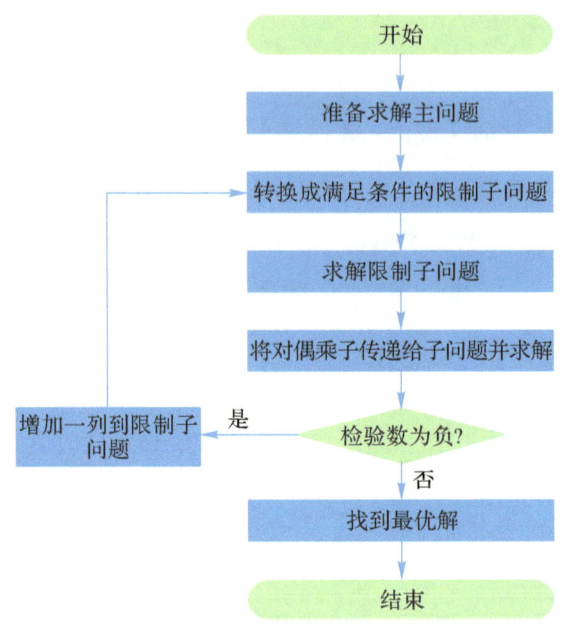

图 3.3　列生成算法流程图

以上这些精确算法至今仍广泛应用于 TSP 和 VRP 等问题的研究，并借助于目前的 GPU 并行计算、分布式计算、多线程并行等并行机制来提高其计算速度，支持稍大规模的 TSP 和 VRP 的优化。精确算法还有很多种，它只适合于解决较小规模的 VRP (Laporte，1992)。Toth 在他 2014 年的文章中提到，精确算法在过去 10 年其处理能力仅从 50 个客户增加到了 200 个客户，这个规模显然也不大。随着组合优化问题中“组合爆炸”的特性，这类精确算法的计算速度在随着规模的增大而导致的庞大计算量面前显得杯水车薪，从而致使其在大规模多种约束下的计算时间仍然较长，故相关的应用相对较少。

3.3　解决 Rich VRP 的近似算法

近似算法是鉴于组合优化问题的组合爆炸特性，大规模的 VRP 问题解空间巨大，精确算法无法在可接受的时间内找到精确最优解，因此，通过简化问题并在可接受的时间内找到一个近似解成为一种替代方案，这是传统运筹学研究的内容(Laporte，1992)。

近似算法主要包括贪心法、最近插入法、扫描法、节约法等。这类算法可解释性很强，较为简单，可以快速得到可行解，适合人工处理或简易处理，但解的质量较差，仍有较大的提升空间，一般会增加一些可行解的改进处理步骤，比如线路交换或本地搜索等(Laporte，1992)来提升解的质量。

近似算法主要包括以下几种。

① 贪心算法

贪心算法是指随机选择一个初始节点，然后每次选择距离当前节点最近的一个节点作为下一节点，直到所有解合并到 TSP/VRP 的解中，故该法也称作最近邻法。

② 最近插入法

最近插入法是指随机选择 2 个初始节点，即每次在当前已有点中插入一个导致当前路径增加最少的位置并插入该节点，直到所有点合并到 TSP/VRP 的可行解中。

③ 扫描法

扫描法是指选择中心节点和随机 1 个非中心节点，每次按中心仓库和当前节点对应的边，并按极坐标特定方向(比如顺时针或逆时针方向)最近的角度选择下一个候选节点，如果超出车辆容量等约束，则应返回仓库并启动新的车辆，继续前述逻辑，直到所有节点均合并到 VRP 的可行解中(Gillett，1974)。

④ 节约法

节约法即计算所有节点与中心仓库之间通过合并任意两节点能节约路径的值，选择节约值最大的候选节点进行合并，直到所有节点合并到 VRP 中得到可行解。这个方法由 Clarke 和 Wright 在 1964 年提出并由 Passens 在 1988 年进一步明确，该算法开始就是针对 VRP 问题进行相关设计和优化的。节约法是基于三角形两边长之和大于第三边的原理，但在一些实际应用情形中，如单行道、封闭的高速公路或道路中间有隔离设施等而导致节点之间的边长未必满足三角形相关原理的特殊情形下是无法应用的。

为了解决 VRP 问题，根据运筹学经典的分而治之的策略，将 VRP 问题简化为 TSP 问题，也有研究人员分别提出了先分类再寻路（Fisher，1981）和先寻路再分类（Beasley，1983）两类不同的解决方案，前者先将 VRP 问题中的节点聚类，再将每个聚类作为 TSP 问题解决，后者先将所有节点视为一个较大的 TSP 问题解决，再根据节约法等将较大的 TSP 路径拆成多个较小的可行路径组成 VRP 可行解。这两种方法都是通过近似简化问题来提高处理速度的。在解决实际大规模的问题时，运用精确算法难以应对，而应用近似算法则是可行的解决方案之一。

近似算法计算量小，能快速地解决问题，并得到一个可行解，因此在一些简易物流线路安排中时经常被使用，但解的质量不高且无法进一步改进。计算时可能先简化或忽略某些约束，后期可能还需要相应的人工调整，故不是一种理想的主体算法。

近似算法作为一类简单的实用算法且具备一定的理论基础，可解释性强，故可以作为较复杂的元启发式算法的有效步骤或组成部分。比如初始化时得到一个基础的可行解，或在 TSP/VRP 构造可行解中增加相关计算并考虑适当偏向较优值以加快搜索速度（Dorigo，1996）。又比如在 ACO 算法中，有一个吸引因子，就是考虑下一个候选边长度的倒数，优先选择较短的候选边，从而提高搜索效率，此即贪心法的一个具体应用和体现。

3.4 解决 Rich VRP 的元启发式算法

元启发式算法一般包括启发式算法机制与随机算法机制。其中，启发式算法机制可保证算法的收敛性，随机算法机制能提供一定的多样性，通过多次迭代，从而提高算法找到全局最优解的能力。严格来说，元启发式算法的设计目标是通过在可接受的时间内得到近似最优解。

元启发式算法主要包括以下几种算法。

❶ 蚁群优化算法(ACO 算法)

蚁群优化(Ant Colony Optimization，ACO)算法是本书的一个研究重点，在第四章将会详细阐述。

❷ 遗传算法(GA 算法)

遗传(Genetic Algorithm，GA)算法是由美国 Michigan 大学的 John Holland 在 1975 年首次提出的，它的基本思想是基于 Darwin 的进化论和 Mendel 的遗传学，即生物的遗传和变异在生物的进化过程中起着重要的作用，它使得生物不仅能够保持自身固有的特性，同时还能够不断地改变自身以适应新的生存环境。遗传算法是一种基于群体进化的计算模型，它通过群体中个体之间的繁殖、变异、竞争等方法进行的信息交换去优胜劣汰，从而一步步地逼近问题的最优解。对个体的遗传操作主要是通过选择(繁殖)、交叉和变异这三个基本的遗传算子来实现。

标准遗传算法的主要过程如下：

(1) 随机产生一些初始个体，形成初始种群。

(2) 判断算法的迭代结束条件是否达到，如达到，则跳到步骤(8)；否则继续以下步骤。

(3) 评价现有种群中每个个体的适配值。

(4) 根据不同个体的适配值，以一定方式执行繁殖操作，生成新的个体。

(5) 根据交叉概率对上述的新个体进行交叉操作，提高个体的多样性。

(6) 根据变异概率对上述的新个体进行变异操作，提高个体的多样性。

(7) 返回步骤(2)，检查是否完成迭代结束条件。

(8) 输出当前已知适配值最大的个体，即当前最优解。

这里面的启发式算法机制就是繁殖，通过将高适应性的个体设置较高的繁殖率，使得其后代不断优化，保证收敛性；而交叉和变异则体现了随机算法机制，尝试生成各种不同组合的新解，提高算法的多样性。

遗传算法很早就被学者广泛应用于解决组合优化问题，针对 TSP/VRP 的应用也很多(Baker，2003；Biesinger，2018；Mohammed，2017；Wang，2017；Wunder，

2010)。

③ 模拟退火算法(SA 算法)

模拟退火(Simulated Annealing, SA)算法最初是由 Metropolis 在 1954 年提出的，其基本思想是把优化问题的求解过程与统计热力学中的热平衡问题进行对比，试图通过模拟高温物体退火过程来找到优化问题的全局最优解或近似最优解。Kirkpartrick 在 1983 成功地将模拟退火算法应用在了组合优化问题上。

模拟退火算法是受到了金属加工中的退火过程的启发。一个金属工件的退火过程大体如下：首先应对该工件进行高温加热，达到一定温度，然后以适宜速度冷却的一种金属热处理工艺。即在退火的初始状态温度较高，工件处于高能状态，随着温度的逐渐降低，工件内部原子的运动趋于低能状态，这种由高能向低能逐渐降温的过程称为退火。

标准模拟退火算法的主要过程如下：

(1) 给定初始温度 T_0 及初始点，计算该点的函数值 $f(x)$。

(2) 判断是否达到了迭代结束条件，如已结束，跳转到步骤(6)；否则继续第(3)步。

(3) 温度 T 下降一个值，在当前点随机生成各种不同新的状态，并计算在不同状态下新的函数值 $f(x')$ 及与 $f(x)$ 的差值，$\Delta f = f(x') - f(x)$。

(4) 根据不同状态对应的 Δf 值，以与温度 T 有关的玻尔兹曼(Boltzmann)概率公式(3.1)计算出来的概率 P 随机选择其中一种状态，并将该状态作为当前的状态，Δf 值越大，说明该状态被选择的概率越高。

$$P = \frac{1}{1 + \mathrm{e}^{-\Delta f/T}} \tag{3.1}$$

(5) 返回步骤(2)。

(6) 输出当前最优解。

此处的启发式算法机制就是式(3.1)中的玻尔兹曼概率公式，通过该公式将能量下降最多的状态优先选择，使得新的状态能量不断降低。而随机生成新的不同状态体现了随机算法机制，尝试生成各种不同组合的新解，以提高算法的多样性。这里的玻尔兹曼概率公式与强化学习中包含玻尔兹曼分布的 Softmax 策略有很大的相似性。

4 禁忌搜索算法(TS 算法)

禁忌搜索(Tabu Search，TS)算法是一种全局性邻域搜索算法，它模拟了人类具有记忆功能的特征。禁忌搜索算法最早是由 Glover 在 1986 年提出的，在 1998 年进行了进一步总结。

禁忌搜索算法采用禁忌策略(禁忌表)尽量避免已搜索过的对象，除非此对象获得比当前最优解更好的解，从而保证了对不同搜索路径的探索。在禁忌搜索算法中会涉及邻域、候选集、禁忌对象、禁忌表、禁忌表规模、评价函数等内容，禁忌表特别指禁忌对象及其被禁的长度。禁忌对象多选择造成解变换的状态。候选集中的元素依评价函数来确定，根据评价函数的优劣来选择一个可能替代被禁对象的元素，是否被替代取决于禁忌的规则和其他一些特殊规则，如特赦规则。

禁忌算法的主要步骤如下：

(1) 给定算法参数，随机产生初始解 x，置禁忌表为空。

(2) 判断算法终止条件是否满足？若是，则结束算法并输出优化结果；否则，继续下面步骤。

(3) 利用当前解的邻域函数产生其所有(或若干)邻域解，并从中确定若干候选解。

(4) 判断藐视准则对候选解是否满足？若是，则用满足藐视准则的最佳状态 y 替代 x 成为新的当前解，即 $x=y$，并用与 y 对应的禁忌对象替换最早进入禁忌表的禁忌对象，同时用 y 替换当前最优状态，然后跳到步骤(6)；否则，继续下面的步骤。

(5) 判断候选解对应的各对象的禁忌属性，选择候选解集中非禁忌对象对应的最佳状态为新的当前最优解，同时用与之对应的禁忌对象替换最早进入禁忌表的禁忌对象元素。

(6) 返回步骤(2)。

此处的启发式算法机制是通过禁忌表减少较差解的选择概率，提高较优解的选择概率，使新解的质量不断提高。随机生成新的不同状态及藐视准则体现了随机算法机制，通过尝试生成各种不同组合的新解来提高算法的多样性。

5 粒子群优化算法(PSO 算法)

粒子群优化(Particle Swarm Optimization，PSO)算法是美国心理学家 Kennedy 和电气工程师 Eberhart 受鸟类觅食行为的启发在 1995 年提出的，Kennedy 在 2010 进一步进行总结。粒子群优化算法是一种基于群体智能的全局随机寻优算法，它模仿鸟类的觅食行为，将问题的搜索空间类比于鸟类的飞行空间，将每只鸟抽象为一个粒子，用以表征问题的一个候选解，需要寻找的最优解等同于要寻找的食物。算法为：将每个粒子，给定位置和速度，并通过全局最优解和自身最优解来更新速度及其自身的位置。通过迭代搜索，种群可以不断地找到更好的粒子位置，从而找到优化问题的较优解。

进行粒子群优化算法的主要步骤如下：

(1) 给定算法参数，随机初始化粒子群。

(2) 判断是否满足算法终止条件？若满足，则结束算法并输出优化结果；否则，继续下面的步骤。

(3) 计算每个粒子的适应度。

(4) 根据当前粒子的适应度及全局最优解、自身最优解，更新当前粒子的位置和速度。

(5) 更新当前粒子的自身最优解。

(6) 更新所有粒子的全局最优解。

(7) 返回步骤(2)。

此处的启发式算法机制是通过全局最优解和自身最优解，经过迭代搜索，不断提高自身解的质量。随机初始化的粒子群体现了随机算法机制，提高了算法的多样性。

6 邻域搜索算法

邻域搜索算法是一大类算法，其核心原理是在当前最优解的一个指定邻域中，不断搜索或交换是否有新的解优于当前最优解，如有，则将该解更新为当前最优解，并重新进行新的邻域搜索，直到满足迭代中止条件。常见的领域搜索算法有 2-Opt、2.5-Opt、3-Opt、变邻域搜索、大邻域搜索、自适应大邻域搜索等，这些算法的核心原理都是邻域搜索，但通过调整不同的搜索方式都产生了新解。严格来说，禁忌搜索算法也是一种邻域搜索算法。

其中的 K 交换法或称 K-Opt，是指在一个可行解中，同时任意交换 K 个边，观察交换后的新解是否比现有解更优，通过不断迭代，从而不断提高当前解的质量，最常见是 2 交换法(也称为 2-Opt，即二元优化)、3 交换法(也称为 3-Opt，即三元优化)等。一般需要通过其他方法如前面提到的近似方法得到初始解，再通过本方法进一步提高当前解的质量，也常用作其他算法，如 ACO、粒子群优化算法等迭代中间解的改进算法。图 3.4 即是一个 2 交换算法的示意图，通过同时交换 2 条边，来提高当前解的质量(总长度更短)。

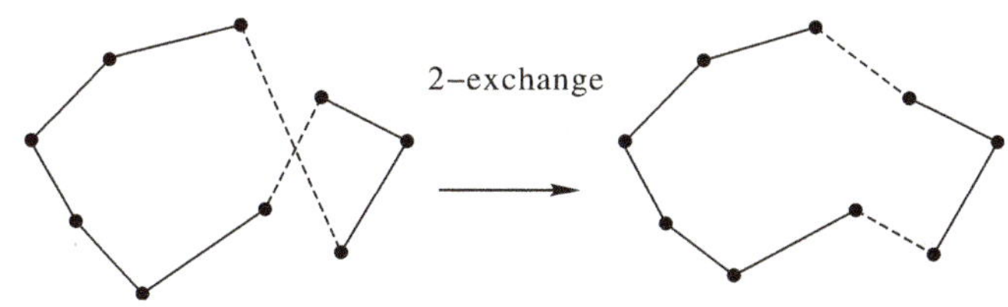

图 3.4　2 交换算法的示意图

⑦ LKH 算法

LKH 算法是由 Keld Helsgaun 在 2000 年时设计的基于局部搜索的 LKH 及 LKH2，主要用于解决 TSP 问题，改进的 LKH3(2017 年)则进一步提供了 CVRP 及增加一些约束的解法，并取得了非常成功的测试效果，且将相关实验结果作为很多经典的运筹学方法的算法性能比较的基准。LKH 算法来源于 λ-Opt，也可以说是 K-Opt 的增强版本，它增加了一些约束规则，用于更好地且更准确地找到能提高解质量的候选交换边。

⑧ 其他元启发式算法

除了上述列出的主要元启发式算法，还有很多基于各类生物行为总结而提出的算法，如人工蜂群算法、人工鱼群算法(Neshat，2014；Shen，2011；Zhang，2006)、布谷鸟搜索算法(Gandomi，2013；Yang，2009)、鸽群优化算法(Duan，2014)等。这类算法有学者将之统称为群体智能算法，粒子群优化算法和蚁群优化算法也属于这一类，其中粒子群优化算法是直接通信，蚁群优化算法是间接通信（通过路网中的信息素）（Dorigo，2007）。笔者在阅读其他群体智能算法的论文后，认为其他群体智能算法在本质上类似于上述两者，只是借助于不同生物行为的特征定义了性质相似但方式略不同的寻优公式或模型，从而实现了不同的优化目标，更像是上述两者针对不同问题建模后的算法。

也有研究人员将神经网络（Kohonen，1988）列入元启发式算法，但随着后面机器学习、深度学习、强化学习等知识的快速发展，神经网络算法也得到了快速发展，形成了自成体系的机器学习算法，本书将神经网络单列为机器学习算法和强化学习算法。

3.5 解决 Rich VRP 的机器学习算法

随着机器学习、深度学习、强化学习等算法的广泛研究和应用，相关人工智能的方法也开始逐步尝试应用于组合优化这一大类问题。

❶ 人工智能路线的分类

人工智能是近期研究的重点，很多学者将人工智能路线分为以下三个大类。

1）符号主义学派/逻辑学派

符号主义学派的原理基于人的认知基元是符号，认识过程即符号操作过程，主体内容包括物理符号系统假设和有限合理性原理，并认为人工智能源于数理逻辑，用逻辑方法来建立人工智能的统一理论体系，人工智能的核心是知识表示、知识推理和知识运用。符号主义学派或逻辑学派现阶段主要的研究方向包括专家系统和知识图谱。

2）连接主义学派/仿生学派

连接主义学派的原理是基于人类的神经网络及其连接机制与学习算法，主要内容是人工智能源于仿生学，特别是人脑模型研究，神经网络及神经网络之间的连接机制和学习算法，认为人的思维基元是神经元，而不是符号处理过程。连接主义学派或仿生学派现阶段主要的研究方向是形式化神经元模型、人工神经网络、深度学习及认知科学。

3）行为主义/进化主义/控制论学派

行为主义学派的原理是基于控制论及感知—动作型控制系统，其主要内容是人工智能源于控制论、进化、学习。行为主义学派现阶段的主要研究方向是强化学习、多智能体强化学习、进化学习等。

从人工智能的基础原理上来看，以人工神经网络为代表的连接主义学派与以强化学习为代表的控制论学派还是有较为明显的差异的。但由于目前主流的强化学习主要基于人工神经网络来存储状态，深度神经网络与强化学习结合成深度强化学习等，也有部分学者将控制论学派归并到连接主义学派中，特别是较多学者在提及机器学习时，也不明确区分强化学习与人工神经网络之间的差别，而是将其视为两类并列的机器学习算法。

目前的机器学习在基于统计数学和大数据的统计机器学习方面取得了重大的进展，比如在语言、语音、图像、视频等人工智能应用方面取得了的重大成果，但在机器学习的另一个分支——符号机器学习方面的进展相对较慢(周志华，2016)。

2 机器学习算法在 TSP/VRP 方面的应用

近年来随着人工智能特别是机器学习、深度学习、强化学习等算法理论和开源框架的快速发展，一些学者和研究人员也将相关机器学习算法尝试应用于 TSP/VRP 问题。

目前具有影响力的 5 篇论文包括 2014 年的序列到序列(Sequence2Sequence)(Sutskever，2015)、2015 年的指针网络(Pointer Network)(Vinyals，2015)、2016 年后基于指针网络的循环神经网络(Recurrent Neural Networks，RNN)(Bello，2016；Kool，2018；Nazari，2018)，其中后 3 篇是尝试将循环神经网络应用于组合优化问题，是基于指针网络理论，而指针网络理论又是基于序列到序列这一基础设计的。

序列到序列这篇论文主要是解决自然语言处理问题(简称 NLP)(该文以英语到法语的翻译为研究任务)，即将语言中字或词视为组合中的一个单元，再通过多个单元的组合顺序定义输入和输出，再通过长短期记忆(简称 LSTM)模型和深度神经网络(简称 DNN)完成机器学习，从而建立输入和输出之间的逻辑关系，即语法单元组合间的联系，比如词组或长语句间的对应关系。图 3.5 即是序列到序列论文(Sutskever，2014)中的一个的插图，将输入量中的A、B、C三个语法单元组合与输出中的X、Y、Z语法单元组合，尝试通过LSTM和DNN建立对应组合之间的关系，比如某些固定的词语组合会经常出现，通过机器学习来判断这些语法单元间的联系，从而让机器学习理解这些单元是否可以作为一个组合进行理解，这样就可以更正确地理解较长的词组或语句了。

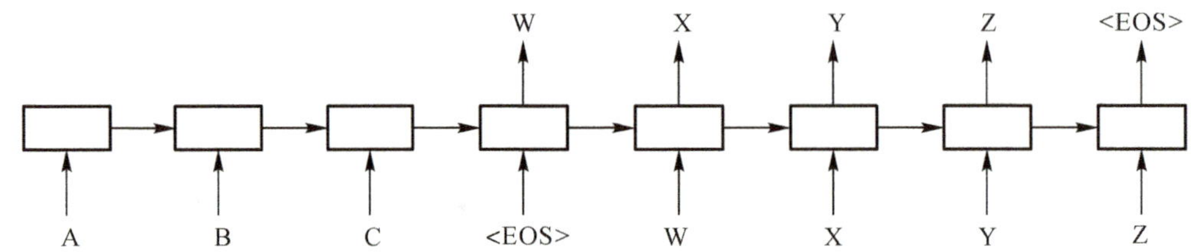

图 3.5　序列到序列(Sequence2Sequence)神经网络结构示意图

序列到序列中的组合关系模型被指针网络这篇文章加上神经图灵机(Graves, 2014)，尝试用于解决多个组合优化问题包括TSP问题，即可将不同边的组合视为输入值，相应组合对应的解的顺序或将不同顺序上节点对应的概率视为输出值，并通过神经网络进行处理，从而获得输入值和输出值之间的关系，进而得到其中的较优解。指针网络这篇文章(Vinyals, 2015)中提到的神经图灵机，可将其视为一个改进版本的循环神经网络，论文中的附图见图3.6。

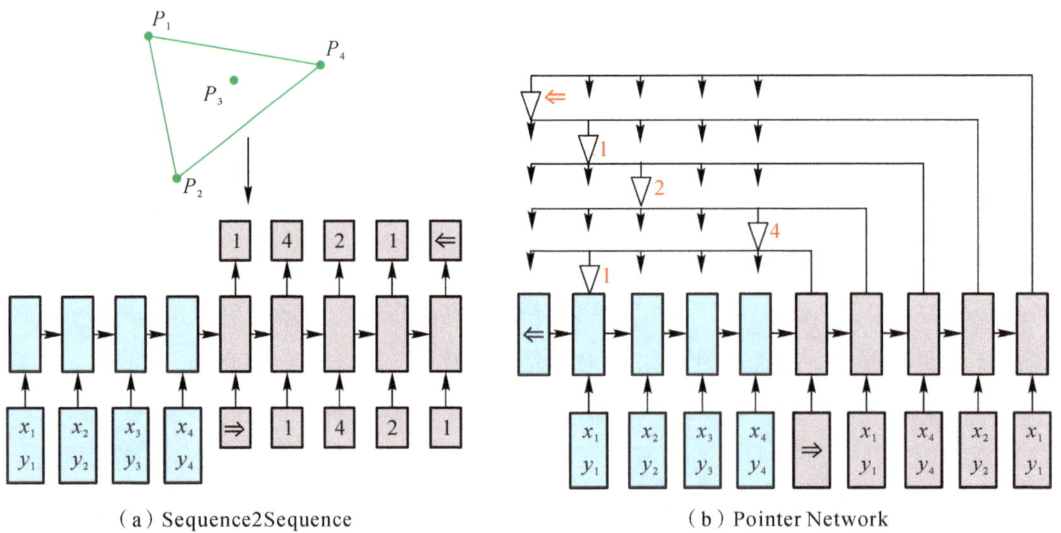

图 3.6　序列到序列(Sequence2Sequence)与指针网络(Pointer Network)改进示意图

2016年，Bello基于指针网络进一步对TSP进行了分析及尝试解决，2018年Nazari尝试解决CVRP，Kool则更进一步尝试解决CVRP和可拆分VRP问题，并都在解决方案中增加了2017年提出的注意力机制(Attention Mechanism)(Vaswani，2017)以提高其性能。注意力机制最初是在图片识别中总结提出的，根据人的视觉原理，通过关注图片中的主要物体和细节，从而快速识别图片中的主要内容。这一机制通过增加一个注意力层来记录相关系数，并且因为这一机制能加快人工智能算法的速度，因此被广泛应用于图像、语音、视频等已被人工智能处理的且数据间有明显权重的各类应用场景中。从作用上来看，该注意力机制与蚁群优化算法中的吸引因子η相似，其取值是候选边长的倒数，即边越短其吸引当前蚂蚁选择的概率就越高，或者说关注程度越高。

陆汝钤教授在周志华教授2016的著作《机器学习》序言中提到，“机器学习是人工智能领域最能够体现智能的一个分支，从历史来看，机器学习似乎也是人工智能中发展最快的分支之一，在20世纪80年代，符号学习可能还是机器学习的主流，而自20世纪90年代以来，就一直是统计机器学习的天下了。”“符号机器学习时代以离散方法处理问题，统计机器学习时代主要以连续方法处理问题。”从上述内容来看，基于统计学和大数据的统计机器学习，与基于离散方法的符号机器学习面向的对象不同，因此，在能处理的问题类型方面也显现出了差异。由于计算能力的大幅提高，基于统计学和大数据的统计机器学习取得了令人印象深刻的成果。组合优化问题显然是偏向于离散方法的，因此，目前较成熟的统计机器学习在组合优化问题方面的研究进展较为缓慢。

这类机器学习算法虽然能充分利用人工智能成熟算法及框架的支持，但在其原理模型中仍需要将所有可能的组合展开并作为输入数据的设计，限于组合优化中的“组合爆炸”特性，在较大规模时穷举所有组合将因为巨大的组合数而无法实际使用，指针网络即使借助于高算力的计算环境，其文章中列举的TSP测试案例在2014年也仅达到了50个点的规模(Graves，2014)，2018年基于指针网络的循环神经网络也只是达到了125个点的规模(Kool，2018；Nazari，2018)。这个问题的规模与相对较为成熟的元启发式算法相比其性能是很低的，甚至相对精确算法也是较低的，因限于“组合爆炸”这一特征而很难进一步快速提高其处理规模，因此，目前的统计机器学习还很难直接应用于Rich VRP这类大规模、多约束的组合优化问题。

3.6 解决 Rich VRP 的强化学习算法

Sutton 在他 2018 的著作 *Reinforcement Learning: An Introduction* 中定义强化学习为：通过不断试错和奖励及策略自行生成相关动作，并从动作序列对应的奖励中总结及优化策略，最终通过不断优化策略得到更优解，见图 3.7。强化学习不同于统计机器学习，它不需要大量的历史数据，或者说强化学习比较适合 Rich VRP 这类组合优化问题。基于强化学习的 Alpha Zero 和基于统计机器学习的 Alpha Go 之间的算法代差和性能差别也显示出了强化学习相对于机器学习强大的算法优势。

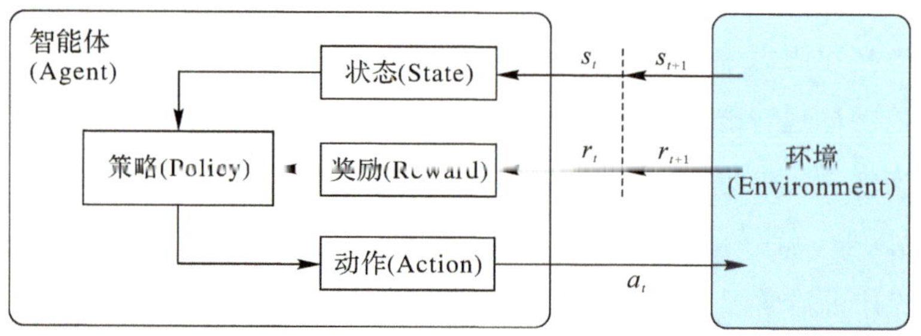

图 3.7 强化学习原理

强化学习中较为经典的基础算法有蒙特卡洛树搜索、Q-learning、SARSA、时序差分学习(TD Learning)等。强化学习算法中，需要记录环境的状态、智能体的状态及上述状态与下一步动作之间的策略信息，当问题规模及可选动作较大时，存在如何存储和管理这些数据的问题，而机器学习中的神经网络，因为可以模拟任意一个与策略对应的函数，因此主流强化学习使用神经网络进行存储，进一步衍生出了深度强化学习，即将深度神经网络结合强化学习的研究方式。虽然结合神经网络的强化学习或深度强化学习在一些问题的研究方面取得了较大的成就，但神经网络基于序列到序列的设计无法有效应对“组合爆炸”对应的组合优化问题也同样延伸到这类算法中。

Q-learning 是一类数据和算法较为简单的强化学习算法，其核心包括一个存储状态和对应动作的 Q 表及一个策略(一般使用 Epsilon-Greedy 或 SoftMax)，每次根据策略选择一个动作，达到目标并更新奖励为止，如此反复，直到找到一个累计奖励最大的序列。上述处理逻辑和解决 TSP/VRP 这类寻找最优序列问题比较类似。

ACO 算法就是这样一类强化学习算法，有研究人员参照 Q-learning，针对 ACO 算法略加修改推出了 Ant-Q(Gambardella，1995)。蚂蚁作为智能体不断在多个节点组成的路网上尝试构建可行解，借助信息素机制，通过不断试错来更新最优路径。同时 ACO 算法在 1992 年首先被应用于 TSP 问题(Dorigo，1992)，这也验证了 ACO 算法在 Rich VRP 这类路径优化问题上的优势。

通过对机器学习特别是强化学习的进一步研究，充分利用成熟的人工智能理论和框架，并结合 ACO 算法，将是解决大规模、多种约束的 Rich VRP 问题的有效研究途径。

3.7 单智能体强化学习与多智能体强化学习

强化学习是通过智能体在环境中不断试错获得奖励并不断优化策略来得到更优解的。根据智能体的数量和类型，可将强化学习分为单智能体强化学习和多智能体强化学习[(Busoniu，2010；Shoham，2003)]。

单智能体强化学习算法是强化学习的基本类型，是指只有一个智能体根据马尔科夫决策过程进行不断学习。

多智能体强化学习算法包括两个或更多的智能体，且各智能体还可能会有一些策略和行为上的差异。

多智能体强化学习，根据不同智能体的合作策略，可将其分为完全竞争、完全合作及介于两者之间的部分竞争部分合作三种类型。完全竞争的典型代表是很多博弈类人工智能，比如棋类的强化学习，智能体一般是采用不同类型或不同策略以体现竞争性或零和博弈，如著名的 Alpha Zero 和生成对抗性网络(GAN)；完全合作的多智能体强化学习一般是由所有的智能体共同完成相同的学习目标(Busoniu，2010)。目前强化学习在游戏领域取得了惊人的进展(Silver，2018)，因此在游戏领域对应的完全竞争或部分竞争所对应的博弈策略研究是较为深入的。

在 Rich VRP 中，只有一个共同的学习目标，即找到最优解，不存在博弈性，因此，它是一类适合完全合作的多智能体强化学习的目标问题。

相比单智能体强化学习，多智能体强化学习有以下优点(Busoniu，2010)：

(1) 不同智能体之间的关联性和耦合性较低，适合应用分布式或并行运算等加速机制，以提高算法的运行效率。

(2) 不同智能体之间的分享能有效提高整体的学习效率，比如表现好的智能体通过共享其经验或策略，可以被其他智能体模仿和学习，从而提高整体的学习效率，并进而提高整个算法的学习效率。

(3) 系统提供了灵活的高扩展性，可通过简单复制或插入新的智能体充分有效地利用计算资源。

(4) 在多个智能体中，即使有个别智能体表现不佳或异常，也不影响系统整体的算法性能，有较高的系统鲁棒性。

蚁群优化算法(ACO)是一类基于智能体完全合作的多智能体强化学习算法，比较适合 Rich VRP 这类具有单一共同目标(成本最优化)的问题。

3.8 主流强化学习与组合优化问题

以人工神经网络记录强化学习中的状态，并通过训练得到模型是目前主流的强化学习算法中常见的方法，也是目前机器学习概念中强化学习的主要方式。这种强化学习的理论基础是马尔科夫链及相应的动态规划理论。同时，基于人工神经网络的强化学习一般需要在一个模拟环境中进行长时间的强化学习并得到一个学习后的人工神经网络形式的模型，再基于该模型针对实际问题进行计算得到结果，比如 Alpha Zero 基于其强化学习得到的模型再与其他对手博弈，包括人类棋手和其他 AI 棋类程序，如早期的 Alpha Go 比赛下棋。

以本书中的 VRP、Rich VRP 为代表的组合优化问题与现有强化学习方式和目标的不同之处如下：

(1) VRP、Rich VRP 中一般存在较多的约束，从而使其可行解并非是标准的马尔科夫链和动态规划类问题，即可行解中当前状态与历史状态是相关的，比如已经访问过的节点不应在后面被再次访问。

(2) 实践中的 VPR、Rich VRP 问题是一个动态的环境，随着业务的不断变化，VRP、Rich VRP 中的节点数量、需求等基础信息也在不断变化，几乎不会重复，因此，现有强化学习要求环境是固定的前提假设是无法满足的。

(3) 实践中的 VRP、Rich VRP 对于求解的时间要求较高，一般是在 5 min 以内。现有强化学习方式早期需要经过长时间的模型训练，再基于训练得到的模型才可进行实际应用，从求解时间长短方面并不可行。

(4) 常规的基于人工神经网络的强化学习一般是端到端的方式，在对应组合优化问题时，人工神经网络的输入端是直接地组合展开，其输出端则是强化学习的结果，也就是序列到序列的主流方式。显然，这种方式无法有效解决较大规模下的组合优化问题中的“组合爆炸”而导致的组合数量巨大的问题。

综上所述，目前以人工神经网络为基础的主流强化学习方法并不适合 VRP、Rich VRP，而以信息素网络为基础的蚁群优化算法则可以有效应对上述多个问题。

3.9 各类算法的比较

1 五种算法的特点及趋势

从解决 Rich VRP 问题的算法来看，本章列述的算法分别具有一定的优缺点，总结如下。

1) 精确算法

优点：具有能找出全局最优解的特点，且算法的可解释性较强。

缺点：算法速度受限，只适用于较小规模的 Rich VRP。

趋势：精确算法结合统计机器学习、深度学习、强化学习等算法，将会是未来的一个发展方向。

2) 近似算法

优点：具有算法简单、运算迅速，算法可解释性较强。

缺点：算法质量较低，且无法不断改进，只适于简单应用。

趋势：近似算法一般可为其他算法如元启发式算法提供初始解，或者可作为元启发式算法中的一个机制，引导元启发式算法不断收敛到最优解。

3）元启发式算法

优点：具有算法简单、收敛迅速，适于大规模、多种约束的 Rich VRP。

缺点：算法可解释性较弱，收敛性难以证明，需要很好地解决探索/利用困境，尽量改进其容易陷入局部最优的缺点。同时算法中较多参数的设置对算法性能的影响较大，找到并设置合理的参数或参数集是一个较为艰巨的工作。

趋势：元启发式算法结合深度学习、强化学习等将是未来的一个发展方向。

4）机器学习类算法

优点：具有先进的人工智能理论基础和大数据并发处理能力，同时具有合适的成熟算法框架，使用方便。

缺点：目前的研究重点是数据间的关系，或称统计机器学习，对于具备“组合爆炸”特征的组合优化问题，很难简单地将巨大的组合优化问题的解空间映射为有限的输入数据，再依托相关人工智能框架进行有效处理。

趋势：解决组合优化类问题与基于大数据推理的问题模型类似，即符号机器学习或强化学习，借鉴并融入启发式算法原理，才能有效地解决 Rich VRP 问题。

5）强化学习类算法

优点：强化学习的核心思想是通过不断试错，尝试找到累积回报最大的序列决策，这与求解 TSP/VRP 等最优序列问题是类似的，因而建模较为简单。

缺点：主流强化学习类算法结合了神经网络模型，因而也具备了神经网络模型在解决组合优化问题上的劣势。

趋势：使用 Q 表等简化方法简化了策略的复杂度，保证了算法的整体效率；同时，结合一些有效的局部搜索，如 2-Opt、LKH 等算法对解的质量进行优化，这样才能有效解决 Rich VRP 问题。

前面已列举了解决 Rich VRP 的各种算法，其中精确算法及统计机器学习类算法目前的研究受限于“组合爆炸”的特征，很难处理大规模的 Rich VRP 问题，而近似算法虽然能处理大规模问题，但解的质量不高，在实际过程中，单独应用时其结果不甚满意。在目前的研究状态(理论和算力限制)下，处理大规模 Rich VRP 问题的可行方案仍是元启发式算法及元启发式算法与强化学习的融合。

② 各种算法在求解问题时遇到的障碍

综合评估这些算法，考虑到 Rich VRP 这样一类组合优化问题，涉及较大规模及多种约束，下面列出这些方法在求解此类问题时可能遇到的障碍。

(1) 精确算法和近似算法，因为计算速度或计算精度达不到要求，不列入基本算法的考虑范围。

(2) 元启发式算法中，根据解决方案的操作方式，可分为三种基本的元启发式算法:局部搜索元启发式，迭代地对单个解决方案进行更改；构造元启发式算法，从它们的构成部分开始不断构造，最后构成完整解；基于种群的元启发式算法，迭代地将解决方案组合成新的解决方案(Glover，2015)。Dorigo 在 2019 年将元启发式算法分为构造元启发式算法和局部搜索元启发式算法。构造元启发式算法是指每次从头生成新的可行解，这类算法主要包括蚁群优化算法。局部搜索元启发式算法则是在现有解的基础上不断生成差异较小的新解，这类算法主要包括遗传算法、禁忌算法、粒子群优化算法、模拟退火算法、邻域搜索算法。基于种群的元启发式方法是通过组合种群内不同个体不同的解，更多的是在并行机制中增加了种群内部的协作，其基础的解决方案还是构造元启发算法或局部搜索元启发算法。局部搜索元启发算法是经过不断细小的改进，最后趋近于最优解，这是一种常规的思路，但对于 Rich VRP 中众多的约束来说，有着以下五种不太适合的情形。

① 由于众多不同的约束可能会使整个解空间中充满了不可行解，这意味着很多随机的改良解可能因为不能同时满足众多的约束而变成不可行解，当前大量尝试的改良解的计算因此会变成无效计算，从而影响算法的效率。如需避免无效的改良解，至少需要针对多种约束的大量计算来进行检查和判断，这样会影响算法的效率。局部优化类算法更适合解空间是连续的问题域。

② 更为重要的是，改良解的影响可能不只涉及当前节点，比如改良解即使只调整

其中个别节点，但因为该节点的时间或容量等的变化会影响之后所有节点的时间或容量，还需要与后面一系列节点的时间窗或容量等约束进行计算比较等，这样带来的计算成本及当前改良解因为众多约束变成不可行解的概率都会大大增加，从而降低了算法的计算效率。

③ 在最优化问题中，很多解空间不是凸集，见图 3.8。单纯的局部搜索一般很难挑出局部最优解，需要补充一些额外的方法或策略(Dai，2015)。而构造型算法每次从头构造新解，每次只需关注当前节点是否可行，通过不断构造符合全部约束的新的节点，直到构造完成，此时可以确保每次构造的解都是可行解，这样有效避免了不可行解和无效计算，从而保证了算法的效率，是更为适合的一类算法。

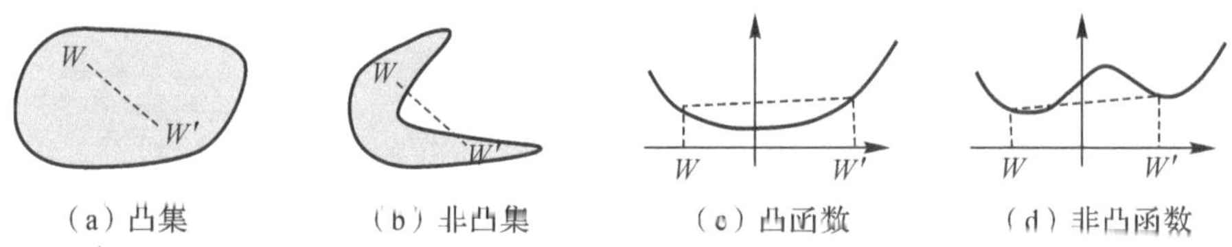

图 3.8 凸集与非凸集，凸函数与非凸函数

④ 单纯的局部搜索元启发式算法的结果较为依赖于初始解的质量(Dorigo，2019)，这使得局部搜索元启发式算法首先需要其他算法如贪心法生成一个初始解，其次还需要其他的一些随机方法或机制来增加初始解的多样性，从而减少过分依赖初始解带来的限制。

⑤ 在 TSP 或 Rich VRP 等问题中有一类动态 TSP 或动态 VRP 问题，随着时间的变化，会导致 TSP 或 VRP 中一些变化，比如阻塞、施工或是其他原因造成的道路临时性关闭，这类情形可能会导致原有的可行解变成不可行解，从而导致局部搜索元启发式算法的初始解及依赖于初始解的后续改良解都可能变成不可行解，影响算法的使用。而构造型算法则不受此影响，只要相关变化能及时感知，新的构造可行解将会自动避免此类动态问题，且仍然能确保新的优化解为可行解。真实的蚁群在觅食过程中，当遇到动态的障碍物时会自动绕过障碍物继续寻找最短路径，这显示出了蚁群对于动态环境的适应性。

(3) 根据机器学习的分类，机器学习/深度学习/强化学习可分为统计机器学习、符号机器学习和强化学习。从前面的论述可知，统计机器学习是基于统计学和大数据，但对于组合优化问题中的“组合爆炸”特征，统计机器学习显得无法有效应对。符号机器学习目前的主要研究方法是知识图谱。强化学习原理与 TSP/VRP 等求解最优序列是类似的，因而是更为适合解决 TSP/VRP 的一类算法。

③ 总结

综合所有算法的分析，构造元启发式算法和强化学习算法是更为适合 Rich VRP 的算法，而蚁群优化算法(ACO)恰好是同时属于这两类算法，这也是本书选定蚁群优化算法作为基础算法的原因。当然这也不意味着其他算法没有意义，或者无法解决 Rich VRP 问题，只是相对而言，蚁群优化算法(ACO)解决更为简单或更为适合这类问题。作为多个算法比较基础的最大/最小蚁群优化算法(Max-min ACO)，包括近似算法和局部搜索元启发式算法，如后面用于实验对比的 Max-min ACO 中就融合了最近邻搜索这类近似算法和 3-Opt 这类局部搜索元启发式算法，并取得了较好的优化效果。笔者尝试以 ACO 算法作为算法主体，不断融合其他算法中的一些优秀设计，进一步改进 ACO 算法，从而获得更好的算法。

小　结

本章分析了解决复杂车辆路径问题的各种算法及其主要研究内容、特点及研究趋势等。

在对比各种算法的优缺点后，笔者重点阐述了解决复杂车辆路径问题的元启发式算法和强化学习算法。

第 4 章
蚁群优化算法及其改进研究

第三章主要阐述了解决 TSP、VRP 及 Rich VRP 问题的各种算法。本章主要介绍本书核心内容——蚁群优化算法及其相应的改进研究。

4.1 蚁群优化算法（ACO）原理

蚁群优化算法（Ant Colony Optimization，ACO），由 Dorigo Marco 于 1992 年在他的博士论文中首次提出，用于解决 TSP 问题，并在其论文（Dorigo，1996）中进一步细化和完善。Dorigo Marco 在 2010 年的论文中 ACO 算法的伪代码如下：

```
Procedure ACO meta-heuristics
Schedule Actives
    Construct Ants Solutions
    Update Pheromones
    Daemon Actions % optional
End Schedule Actives
End Procedure
```

其中，守护进程是可选的，它是指单只蚂蚁无法处理，需由具有全局信息的守护进程进行集中化处理，比如首先对所有蚂蚁找到的最优路径进行全局分析，然后根据路径的优劣，给予全局最优路径额外的一些信息素进行奖励。

ACO 是基于蚁群在觅食行为中通过随机搜索、信息素奖励和正反馈原理，不同的蚂蚁通过随机搜索将路径的质量信息以信息素的形式体现在路网中，从而吸引其他蚂蚁倾向于选择当前的最短路径，最终找到蚁巢和食物源之间的最短路径，其原理图见图 4.1，ACO 算法如下：

$$p_{ij}^{k}=\frac{[\tau_{ij}]^{\alpha}[\eta_{ij}]^{\beta}}{\sum\limits_{l\in N_i^k}[\tau_{il}]^{\alpha}[\eta_{il}]^{\beta}}\quad \text{if}\quad j\in N_i^k \tag{4.1}$$

$$\tau_{ij}=(1-\rho)\tau_{ij}+\Delta\tau_{ij}^{k} \tag{4.2}$$

$$\Delta\tau_{ij}^{k}=\begin{cases}\dfrac{1}{C^k},\ \text{if arc}(i,j)\ \text{belongs to}\ T^{\text{best}};\\ 0,\quad \text{otherwise.}\end{cases} \tag{4.3}$$

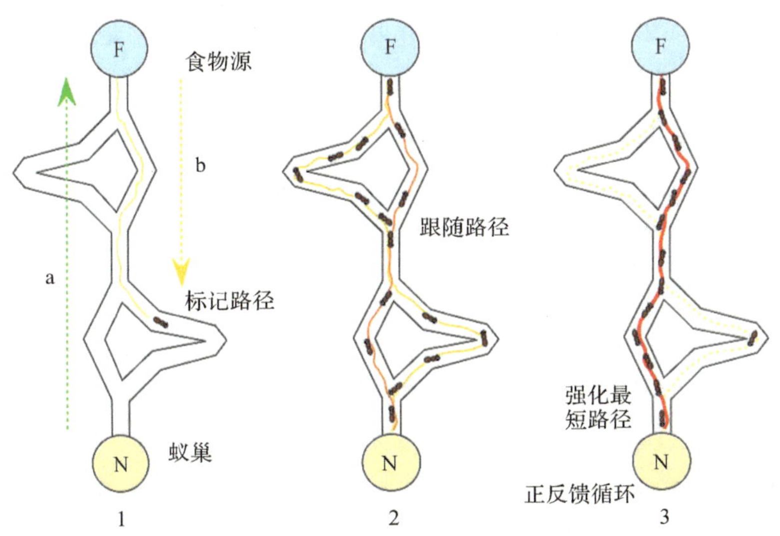

图 4.1 蚁群优化算法原理图

ACO 算法中，每只蚂蚁按式(4.1)选择下一个候选边。其中，τ_{ij} 是节点 i 和节点 j 对应边上的信息素值；η_{ij} 是节点 i 和节点 j 对应边上的吸引因子值，一般为边长的倒数；α 和 β 是相应的参数；p_{ij}^{k} 是第 k 次对应节点 i 和 j 之间的边被选择的概率。

通过对应均匀分布的一个选择概率来选择相应的边，并将该边的另一个节点作为下一个节点。信息素和吸引因子值越大，该机制越倾向于选择这些节点；选择的节点越多，相应边上的信息素也增加得越多。这一正反馈机制将会使蚂蚁不断倾向于选择信息素值较大的边，从而引导蚂蚁不断地去接近最优解。

ACO算法中，每只蚂蚁都先通过式(4.1)不断选择下一个候选点，构建了当前可行解后，再根据式(4.2)和式(4.3)进行信息素的更新。其中，式(4.2)表示对应节点 i 和 j 之间边上的信息素 τ_{ij} 先以固定比例 ρ 进行挥发(这有助于蚁群减少对过去信息素或历史解的影响，更注重较新解的影响)，再增加信息素的累加值 $\Delta\tau_{ij}^k$，该累加值只有针对较优解的边时才可增加，增加值为较优解总长度的倒数(即总长度越短的解，解的质量才越好，也才会增加更多的信息素)。如果所选的边不在较优解中，则不会增加信息素，而是通过信息素挥发机制不断降低信息素，从而减少对后续蚂蚁选择的吸引，让更多蚂蚁倾向于对更优解的搜索。

式(4.1)是ACO算法中的重要公式，是上述ACO算法伪代码中第一个主要步骤即构造可行解的核心内容，也是构建蚁群可行解循环中的核心步骤，即不断通过式(4.1)选择合适的候选点，从而完成可行解的构造。式(4.1)是ACO算法中的经典设计，虽然后面有很多学者尝试改进各种ACO算法，或是将ACO和其他算法混合，但是都没有涉及对式(4.1)和式(4.2)这两个重要公式的改进。本书后面讲述的两个改进算法——Levy ACO和Greedy Levy ACO将会对这个重要的经典公式(4.1)进行改进，并通过实验证明改进后的效果。

式(4.3)是ACO算法中的另一个重要公式，它使最优解的信息素根据式(4.3)进行累加，这个公式针对最优解上所有边都增加相同的信息素增量，并没有考虑不同边的差别。很多ACO的改进算法均没有尝试改进这个公式。本书后面有一个Contribution-based ACO改进算法将会尝试改进公式(4.3)。值得一提的是，Q-learning算法中有一个折扣率参数 γ 尝试对同一个解中顺序不同的边予以不同的信息素奖励，这可以视为针对式(4.3)的另一个改进思路。

4.2 选择蚁群优化算法(ACO)的原因

前面描述的旅行商问题(TSP)、车辆路径问题(VRP)及复杂约束车辆路径问题

(Rich VRP)都是网络优化问题，在符合条件的约束下，找到一个最优路径或最短路径。

从蚁群优化算法的原理可知，蚁群优化算法是指源自蚁群自然觅食行为中，多只蚂蚁通过信息素机制在自然界的各种障碍物和地面中寻找一个从蚁巢到食物之间的最短路径，从而召唤其他蚂蚁尽快将食物搬回蚁巢。这是自然界进化过程中出现的智能行为，帮助蚂蚁作为一个种群在残酷的进化竞争中存活了下来，可见蚁群优化算法的作用是较为显著的。

从车辆路径问题及蚁群优化算法可以看出两者的相似性，蚂蚁对应车辆，蚁群中由障碍物组成的路网与车辆路径问题中的路网一致，蚁巢及食物源对应车辆路径问题中的站点，蚁群的目标是找到最短路径，车辆路径问题则是找到成本最低的路径。蚁群优化算法发布的首个应用问题即是以 TSP 问题为应用场景。因此，两者的模型是高度相似的，蚁群优化算法可简单快速地应用于解决车辆路径问题。

另外，蚁群优化算法还有其他一些特点，包括：

(1) 蚂蚁是智力及体力非常低的一类生物，它们只有简单的规则，因此，在计算机中实现蚁群优化算法是非常简单的。计算机中的代码越简单，相应的系统也就越稳定，执行效率也越高。

(2) 蚁群优化算法是一类群体算法，多只蚂蚁各自按照自己的规则运动且互不干扰。蚁群优化算法很容易借助于现有的并行机制包括 GPU 等高算力设备，进一步提高算法的运行效率。

(3) 多只蚂蚁间仅通过信息素作为媒介进行间接通信。蚂蚁间无须直接进行通信，避免了因为并行规模导致的通信复杂性和通信量的快速增长，从而在充分利用并行机制优势的同时，避免了大规模并行导致的通信复杂及通信量增长对系统带来的不利影响。

(4) 蚁群优化算法也是一类多智能体算法，多只蚂蚁各自行动，但是可以通过信息素机制相互学习，因此具有多智能体算法的优势：多只蚂蚁的相互学习能快速提高整体学习的效率；个别蚂蚁的异常或低效行为，并不会影响整体的效率，具有较强的鲁棒性，以保证蚁群优化算法的整体性能。

(5) 大部分智能算法都是局部改进性算法，蚁群优化算法是一类构造型算法，即每次每只蚂蚁都是从头开始构造一个可行解。在自然界中常能观察到这种现象，即使蚁群找到一个最短路径，如果在其中临时加入一些障碍物如石头、木块等，蚁群经过短时间的混乱后，仍能很快地找到绕过障碍物的新的最短路径。这种特点对于动态车辆路径问题是非常有帮助的。在现实的复杂约束车辆路径问题中，经常会存在一些变化的因素，导致原有的结构或路网发生了部分变化，可参照蚁群绕过障碍物找到新的最短路径现象，使蚁群优化算法也能轻松地解决动态车辆路径问题的难点。

(6) 作为强化学习算法，蚁群优化算法不需要像以神经网络为基础的机器学习算法那样将海量的历史数据作为前提。因为海量的历史数据会带来较大的存储、处理及训练成本，而且对于目前以“江浙沪包邮”为特征的物流低成本优化运算是不太适合的。另外，在实际物流中经常会有新开拓的区域和客户，这些全新且变化的数据对于以固定数据训练为核心的机器学习是不适合的。而作为强化学习的蚁群优化算法不存在这类问题，它可以快速应用于新的区域或新客户。

综上所述，蚁群优化算法是一种非常适合车辆路径问题，尤其是复杂约束车辆路径问题的算法。当然这也不意味着其他算法无法完成这个目标，只是不同算法都有各自的优势和劣势。

4.3 蚁群优化算法（ACO）研究现状

Dorigo 于 1992 年提出 ACO 的基本算法称为基础 ACO，后续有较多的改进算法，主要包括以下内容。

1 精英蚁群算法(Dorigo，1996)

精英蚁群算法是 Dorigo 在 1996 年提出的改进蚁群优化算法，它借鉴遗传算法中的精英策略，即针对已找到的最优解给予更多的信息素，从而快速收敛到最优解上，其算法代码如下：

$$\tau_{ij} = (1-\rho)\tau_{ij} + \Delta\tau_{ij}^{k} + \Delta\tau_{ij}^{*} \tag{4.4}$$

$$\Delta\tau_{ij}^{*}=\begin{cases}\sigma\cdot\dfrac{Q}{L}, & \text{if arc}(i,j)\text{ belongs to }T^{\text{best}};\\ 0, & \text{otherwise.}\end{cases} \tag{4.5}$$

式(4.4)和式(4.5)是精英蚁群算法中的公式，相比式(4.2)，式(4.4)中增加了针对式(4.5)中的最优解的信息素更新量 $\Delta\tau_{ij}^{*}$ 。式中，σ 是精英蚂蚁的数量，Q 是固定常数，L 是最优路径的长度。在当前可行解中，若包括最优解的边，则可额外增加一部分信息素，从而使得后面的搜索更倾向于当前最优解。当前最优解是属于探索与利用困境中的应用，因此这是一种通过快速收敛提高算法性能的方法，从相关算法的实验结果可以看到算法性能提升的效果。

② 基于排序的蚁群优化算法(Bullnheimer，1997)

精英蚁群算法主要针对当前最优解进行额外信息素累加，这种方式更容易使ACO算法快速收敛到局部最优解上。因此，基于排序的蚁群优化算法尝试增加多样性，即将当前最优的 N 个可行解进行排序，根据排序序号给予不同的信息素增量，可行解质量越高的信息素增量也越大，相比精英蚁群算法通过多个最优解的信息素更新，增加不同最优解的多样性，其算法代码如下：

$$\Delta\tau_{ij}^{*}=\begin{cases}(\sigma-\mu)\cdot\dfrac{Q}{L}, & \text{if arc}(i,j)\text{ belongs to }T^{\text{best}};\\ 0, & \text{otherwise.}\end{cases} \tag{4.6}$$

式(4.6)与式(4.3)的不同之处在于根据解质量排序后的序号 μ 调整了增加的信息素。排在前面的全局最优解序号较小，信息素增加值较多；排在后面的全局最优解序号较大，信息素增加值较小。一般精英蚂蚁数 σ 取值建议为 6，即取全局最优解排序后的前 6 个最优解，可分别进行信息素值额外增加(Beasley，1983)。排名最前的解属于探索与利用困境中的利用，因此这是一种通过快速收敛提高算法性能的方法，从相关算法的实验结果也可以看到该机制对于算法性能提升的效果。

③ 最大/最小蚁群优化算法(Max-min ACO)(Stützle，2000)

ACO算法中有较强的正反馈机制，即将当前找到的最优解赋予更多的信息素值，更多的信息素也会吸引更多的蚂蚁选择当前解，这使得ACO较容易陷入局部最优解，因此有必要增加多样性，从而提高找到全局最优解的能力。Max-min ACO 是通过设置信息素区间 $[\tau_{\min}, \tau_{\max}]$，将同一点的候选点集合中的信息素限制在一个合适的范围及相应的比例上，降低该点与当前访问次数最多导致的信息素过多的候选点之间对应边上的信息素的吸引作用，减少这些候选点的被选择概率，将部分选择机会留给其他的候选点，从而增加选择的多样性。这是一种通过增加多样性来提高算法性能的方法。

④ 蚁群系统算法(ACS)(Dorigo，1997)

蚁群系统算法借鉴了强化学习中的 Epsilon Greedy 策略，见式(4.7)，将经典的随机选择改进成式(4.8)，称为伪随机选择公式。

$$k=\begin{cases}\operatorname{argmax}(Q_i), & \text{if rand()} < \varepsilon \\ K, & \text{otherwise.}\end{cases} \tag{4.7}$$

$$s=\begin{cases}\operatorname{argmax}([\tau_{ij}]^{\alpha}[\eta_{ij}]^{\beta}), & \text{if } q < q_0 \\ S, & \text{otherwise.}\end{cases} \tag{4.8}$$

式(4.7)中有一个参数 ε，随机产生一个 0～1 随机数，若该值小于 ε，则可选择当前最大选择概率 Q_i 的动作，否则按均匀分布的概率 K 平均选择任一个动作。式(4.8)在式(4.1)的基础上增加了一个与参数 ε 相同作用的参数 q_0，如果当前均匀分布的选择概率 q 小于 q_0，则会选择所有候选边中被选择概率最大的候选点，否则按式(4.1)中的生成随机概率在候选点之间进行概率选择。这一算法的思路是基于当前最好的边是全局最优解的可能性较高，因此，更多地倾向于选择当前最优解，以便有效地提高收敛速度。参数 q_0 类似于 Epsilon Greedy 中的参数 ε，一般建议取值为 0.9，属于一个较大的选择概率，即大部分选择仍倾向于当前最优解(即利用)，少量选择倾向于随机选择(即探索)，从而均衡地解决探索/利用困境，将有限的搜索资源合理地分配在探索和利用上，可提高探索的效率并改善算法性能。

根据 2019 年最新的 ACO 算法综述文章(Dorigo，2019)，以上的 ACO 改进算法主要是在 2005 年及以前提出的，之后很少有学者提出新的单纯基于 ACO 的改进算法了。后面对 ACO 改进算法的研究偏向于 ACO 与其他一些算法的整合，包括与模拟退火算法(Azar，2016；Mohsen，2016；Moussi，2015)、遗传算法(Dai，2015)、禁忌算法(Drias，1992)、粒子群算法(Gülcü，2018；Mahi，2015)的整合。通过将多个算法的核心机制进行整合，从而提高整合后算法的效果，使找到的最优解质量有所提高。

这类整合算法不可避免地会带来计算上的成本增加，假定算法 A 和算法 B 分别对应效果 P_a 及效果 P_b，计算成本 C_a 及 C_b，算法 A 和算法 B 整合后的算法 AB 对应的效果 P_{ab} 一般大于 P_a 及 P_b，同时，整合后的计算成本 C_{ab} 一般也大于 C_a 及 C_b。也就是说，合理的算法整合会使效果有所提高，但计算成本也相应增加(每个算法逻辑都有相应的计算步骤和计算成本)。如果算法 A 和算法 B 对应的 Pa 与 Ca 之比及 P_b 与 C_b 之比处在同一级数量级，则整合后的算法 AB 对应的 P_{ab} 与 C_{ab} 之比也应该是同一数量级的。忽略计算时间和计算成本，只单纯考虑整合后的算法效果，对于算法性能的比较是不全面，也是不公平的。

本书后面介绍的 Greedy Levy ACO 与 Contribution-based ACO 都具有通过加强利用来快速收敛的机制，整合后的效果并不如单纯的 Greedy Levy ACO 这一机制，这也表明，类似的优化机制(比如同是加大探索或加大利用)经过整合后，可能会加剧该机制的作用，从而破坏探索和利用的平衡，并可能导致整合后算法性能的下降。因此，整合的多种算法需要根据不同算法的机制进行合理选择和有效设计，这样才能充分发挥不同算法的优势，否则，可能会影响合并后的算法效果。笔者也认为作为两种大类的独立算法，比如 ACO 算法与粒子群 PSO 算法，都具有完整的探索和利用的机制，简单地将两大类算法整合在一起，可能会导致多种探索和利用机制间的冲突和相互影响，不能简单地视为算法性能的直接累加，更为合理的改进方法应该是取长补短，将其他算法的一些优秀设计增加到当前算法中，或改良现有算法中的一些设计。

另外，相关的论文中对于整合算法很少公开源代码或可执行程序，即使有些文章中出现了相关算法的时间或迭代次数等衡量算法性能且与计算成本相关的数据，如果考虑到不同文章中算法实验所采用的软硬件平台及开发语言、并行方式、每个迭代内进行的计算步骤等导致的性能差异，也很难判断不同文章中采用不同整合后算法的计算时间和计算成本的变化情况，也就很难全面公正地评估很多整合算法的真正性能改进效果。

算法性能改进的对比可分为纵向比较和横向比较。纵向比较即算法改进前后的对比，横向比较则为不同算法间的对比。纵向比较相对较简单，在同一环境中运行也相对比较公平，如果能公开源代码，则可以方便其他研究者重复和使用。横向比较受限于不同算法中的源代码或可执行程序难于获得，无法在相同或类似的环境（软硬件相同的配置）中重复运行，而显得较为困难或无法公平进行对比。

笔者的主要研究目标放在ACO算法的持续改进上，基于提出Max-min ACO算法的作者Stützle发布的开源ACO算法源代码实现各类改进算法，并通过在同一台计算机环境下的相同数据集进行改进前后性能的评估，相关源代码开源并公布在GitHub共享网站上，以方便其他研究者使用。

本书中的两个ACO改进算法都是基于标准的Max-min ACO，再加入各自的改进机制，在同一台计算机上使用相同的开发语言（标准C语言）编译源代码后运行，将得出改进前后的实验结果进行对比分析，先通过算法改进前后的纵向比较，再尝试与其他算法进行横向比较。

ACO算法除了应用于TSP问题（Ariyasingha，2015；Dorigo，1996；Dorigo，1997；Dorigo，2019；Gambardella，1996；Li，2003；Wei，2018），还被广泛应用于其他组合优化类问题，包括VRP问题（Bell，2004；Dorigo，1996；Gambardella，1999）；（Reed，2004；Senth：lnath，2013；Yang，2014），二次分配问题（Demire 1，2006；Gombardella，1999）和车间调度问题（Heinonen，2007；Huang，2013；Zhuang，2014）等。2018年以来，仍然有不少将ACO算法应用于TSP（Eskandari，2019；Karaboga，2019；Lo，2018；Ozbaygin，2017）及VRP的相关论文（Goel，2018；Tirkolaee，2019；Zhuang，2006）。

笔者主要关注ACO算法在TSP、VRP、Rich VRP方面的应用。

ACO算法作为一类智能算法，有多本专著系统地介绍了ACO算法及其相关应用，这些内容是本书写作及研究时的重要参考（Dorigo，2010；段海滨，2005；马良，2008；李士勇，2004；柯良军，2018）。

4.4 蚁群优化算法在Rich VRP的研究现状

蚁群优化算法（ACO）于1992年发表时就是针对TSP进行求解的，并展现了其良好的性能（Dorigo，1992；Dorigo，1996）。随后ACO算法被研究人员用于解决CVRP

问题，包括 1999 年基于排序的改进 ACO 算法，并整合了贪心算法的排序蚁群优化算法(ASrank-CVRP)(Bullnheimer，1999)，及 2002 年提出的继续整合近似算法中节约算法的排序节约蚁群优化算法(ASrank-CVRPsav)(Reimann，2002)。在这两个 CVRP 问题的 ACO 算法中并未体现最少车辆这个优化目标，只是针对与 TSP 问题相同的最短路径来进行优化，在某种程度上，最短路径也对应较少的车辆。这两个算法为实现从 TSP 问题到 VRP 问题的跨越，它们已实现了多个车辆间的协调，即前一辆车返回中心后，后一辆车才可以出发(Reimann，2002)，但由于没有公布源代码或详细逻辑，有一阶段的文章中很多研究人员一直尝试研究将 TSP 问题中不同蚂蚁找到的部分可行解如何有效地或近似地拼成一个完整的 CVRP 可行解，走了很多弯路(段海滨，2005；李士勇，2004)。

根据 Dorigo 于 2019 年的 ACO 综述文章相关研究文章中提到使用蚁群优化算法早期解决 VRP 问题最好的方式仍是多蚁群解决带时间窗的 VRP 问题中的 ACO 算法设计(Favaretto，2007；Favaretto，1999)，该算法通过两个不同的独立蚁群优化算法分别解决 VRP 的两个优化目标：最少车辆和最短路径。其中，最少车辆算法尝试找到比当前车辆数量少一辆的可行解(最少车辆为优化目标)，最短路径算法尝试在当前最少车辆时找到最短路径的可行解(最短路径为优化目标，同时考虑时间窗约束)，通过设计分解为多个优化单一目标来简化算法的复杂度。当最少车辆算法找到一个较当前车辆数更少的解时，最短路径算法将需要重新初始化，以便在新的最少车辆下重新搜索并优化最短路径。显然，在这种算法框架中，两个互不通信的蚁群优化算法的搜索信息并未共享，利用率较低。本书中的 Rich VRP 统一应用框架建成后，也针对该问题提出了改进型的信息素机制加以解决，参见 8.1.6 节内容。

随后应用 ACO 算法解决 VRP 或 Rich VRP 问题的文章中，基本都是针对其中一项或两项 Rich VRP 约束进行建模求解的(Chávez，2016；Jünger，1995；Tirkolaee，2019；Zhuang，2006)。另外，也有很多学者整合了其他算法，如粒子群算法(Gigras，2015)、模拟退火算法(Mukhairez，2015)和遗传算法(Liu，2017；Rao，2018)等改进 ACO 算法的文章。

从学术调研来看，仅有一篇 2017 年的文章(Pellegrini，2007)在名称上提到了 Rich VRP。这篇文章针对一个多车型、多时间窗约束的实际案例进行了分析，重点介绍了相关算法，而非针对 Rich VRP 这个大类问题进行分析和建模。

采用蚁群优化算法以外的其他算法在解决 Rich VRP 时也有类似的现状，即采用多种不同的算法在解决一项或少数几项 Rich VRP 约束时(Munari，2018；Ozbaygin，2017；Pessoa，2018；Sripriya，2015)，欠缺一个针对大部分 Rich VRP 复杂约束的统一应用框架，于是笔者尝试建立一个 Rich VRP 统一应用框架，与其相关的文章很多，表 4.1 列述了部分主要算法。

表 4.1　近期部分相关算法解决的 Rich VRP 约束类型

论文作者(年份)	主要算法	解决的 Rich VRP 约束	备　注
Chávez(2016)	ACO	多仓库，回程运输约束	
Kalayci(2016)	ACO＋变邻域搜索	取送货约束	ACO 整合其他算法
Tirkolaee(2019)	ACO	车辆多次运输约束	
Zhang(2019)	ACO	多仓库运输约束	
Sripriya(2015)	遗传算法	时间窗约束	
Ozbaygin(2017)	分支定价法	异构车队约束	
Munari(2018)	分支剪界定价法	时间窗约束，多次运输约束	
Pessoa(2018)	分支剪界定价法	异构车队约束	

4.5　蚁群优化算法与强化学习算法的结合

❶ 两种算法的核心原理

蚁群优化算法的核心原理是多只蚂蚁在一个包括蚁巢、食物源及其地形和障碍物联结组成的路网中，多次尝试寻找可行路径，使用信息素机制来评价当前路径的质量，并将其用于引导后续蚂蚁寻找更优的路径。

强化学习算法的核心原理：一个或多个智能体在环境中不断观察获得环境信息，通过一个策略决定下一步的动作，这个动作会影响环境，同时也会获得环境中的奖励；智能体能观察到奖励及动作之后新的环境信息。重复上述步骤，直到学习到一个累积奖励最大的最优动作序列。

从上述原理描述可以看到蚁群优化算法和强化学习算法的相似性，蚂蚁类似于智能体，信息素类似于奖励，路网及累积的信息素类似于环境，蚂蚁根据累积信息素的轮盘赌策略与强化学习中的策略一致。笔者结合蚁群优化算法与强化学习算法，研究二者共有的一些难点和痛点及其研究目标与解决方向，因此有了后续解决探索与利用困境的莱维飞行机制及进一步结合市场经济中的反垄断机制和风险投资机制。

2 机器学习与强化学习的关系

目前研究人员将强化学习视为机器学习的一个子范畴，见图 4.2。这是由现实中的研究方法自然而然产生的问题，即强化学习中的策略对应当前环境与下一步动作的对应关系，而对应关系的处理是神经网络最擅长的部分，即对应输入和输出，找出其中的模式。

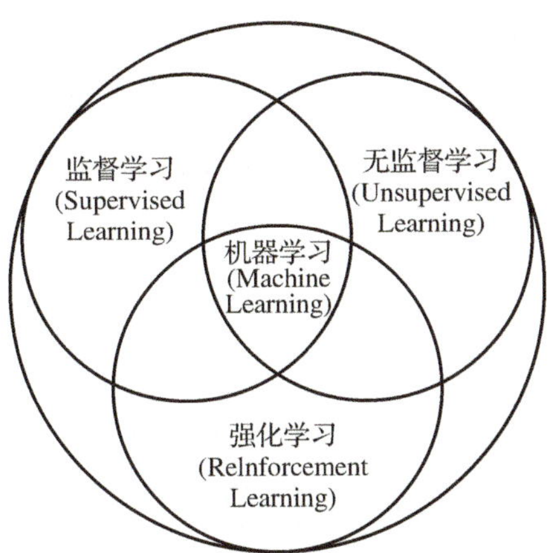

图 4.2　机器学习与强化学习的关系(中间的机器学习是指最大的圈)

目前人工智能有三条研究路线:以知识图谱为代表的符号主义，以神经网络为代表的联结主义，以强化学习为代表的行为主义。机器学习是对以联结主义为代表的神经网络的研究，强化学习主要是对以行为主义为代表的马尔科夫决策过程的研究。笔者个人认为，强化学习是在产生增量知识的过程中进行学习，机器学习是学习存量知识，知识图谱是连接增量知识、存量知识并产生更高阶的知识体系，未来三者的高度融合是建立一个强人工智能的可行性途径。

虽然强化学习和神经网络的强强联合在很多问题上都获得了可喜成果，但是神经网络所需的海量数据及其对应的较高存储和处理成本，较长的训练时间，以及问题域中静止不变的环境前提要求，对于一个既关注优化时间，又对优化成本较为敏感，且对环境又有不断变化需求的现实中的复杂约束车辆路径问题，则并不适合。

③ 强化学习的分类

强化学习主要包括基于模型（Model-base）和免模型（Model-free），基于价值（Value-base）和基于策略（Policy-base），同策略（On-policy）和异策略（Off-policy）等。

（1）基于模型和基于免模型：是指环境是否有明确的模型，这对应智能体的奖励是自己计算的还是依靠环境反馈得来的，类似测试中的黑盒和白盒：黑盒是指对于测试对象内部逻辑一无所知，只能通过接口来测试功能，对应免模型；白盒是指了解测试对象内部逻辑，可以准确地评估其功能，对应基于模型。基于模型能利用模型信息更准确地评估环境，效率更高；基于免模型虽然效率略低，但不需要模型信息，通用性更佳。对于复杂约束车辆路径问题而言，可以建立完整的路网信息，更适合使用基于模型的方式。

（2）基于价值是指在环境中会记录相应的值，并通过该值来决定下一步的行动，比如取最大值的候选项作为下一步的选择；基于策略是指根据环境的整体信息对可能的奖励进行估计，并根据估值进行选择。基于价值较为简单，效率较高；基于策略中的估计操作较为复杂、耗时，但较准确。Epsilon-Greedy 及后面结合莱维飞行的相关机制，可以认为是基于价值的改进，既利用了基于价值中简单的数据信息存储，比如用 Q 表来简化算法设计，提高了算法效率，又通过如 Epsilon - Greedy 和莱维飞行机制提高了搜索效率。

（3）在强化学习中，做出策略决定的智能体和后面采取行动获得奖励的智能体是同一个智能体的为同策略，否则为异策略。同策略的优点是策略和奖励是一致的，可避免两者的偏差影响学习的正确性；异策略的优点则是效率高，减少了前面根据策略采取行动的训练时间，如果能保证解的质量和正确性，则可以提高学习效率。在蚁群优化算法中，有多只蚂蚁在寻找最优路径，蚂蚁之间既可以自己生成路径，也可以参照其他蚂蚁生成的较优路径(经过排序后排名靠前的路径),借助多智能强化学习中多个智能体之间的协作机制,将可行解的训练生成和可行解排序后的更新奖励分开,则能充分使用同策略和异策略的优点,从而进一步提高学习效率。

综上所述,强化学习中的基于模型结合基于价值,并融合同策略和异策略,是较为适合解决复杂约束车辆路径问题的方式。因而,笔者的核心研究方向则聚焦在属于强化学习的 Q-Learning 算法及相应的改进算法上,使用 Q 表来存储环境信息与动作之间的关系,这与信息素网络原理一致,同时蚁群优化算法中的轮盘赌策略也是强化学习中的基于价值这一类型,这是本书第 10 章市场经济优化算法研究的基础。

小　结

本章针对蚁群优化算法(ACO)进行了较为完整的分析,包括将现有 ACO 算法应用于 Rich VRP 问题的研究现状及进一步研究的技术路线和改进方向。

后面将详细阐述蚁群优化算法的改进算法,这是提高 ACO 算法性能并保证解决大规模、多种约束的 Rich VRP 统一应用框架性能的基础保证。

第 5 章 Levy ACO 算法

前面介绍了蚁群优化算法及其在 TSP、VRP、Rich VRP 方面的相关应用。本章将阐述蚁群优化算法三种改进算法之一的 Levy ACO。先讲述 Levy ACO 改进原理的莱维飞行机制及其特点，再介绍将其经过特别设计后应用于蚁群优化算法中探索与利用困境的解决，所进行的实验确定了优化改进的性能。

5.1 莱维分布和莱维飞行模式概述

Levy ACO 是指集成了莱维飞行模式的 ACO 改进算法。

在 ACO 算法及其他基于搜索的强化学习算法中，有一个重要的探索与利用困境(Dorigo，2019；Sutton，2018；周志华，2016)，即有限的搜索资源将受限于搜索和利用的矛盾选择，增加探索资源虽然可以提高搜索范围，有助于发现全局最优解，但须付出较长的搜索时间，增加利用的资源则偏向于在已知最优解附近继续寻找更优解，从而有助于加快搜索速度，但容易陷入局部最优解困境的。因此，在有限的搜索资源或搜索步数下，如何有效地分配给探索和利用，这是提高算法性能的关键。

在 ACO 算法中，构建可行解时对于候选节点的选择是轮盘赌，即将产生一个在 0 和 1 之间均匀分布的概率作为选择概率，并在候选节点间根据不同节点的值转换成该节点的被选择概率，即各节点的值占所有节点值之和的比例即为该节点在所有节点中的被选择概率，所有节点的被选择概率累加之和为 100%，即公式(5.1)，与前面的公式(4.1)相同。

$$p_{ij}^{k}=\frac{[\tau_{ij}]^{\alpha}[\eta_{ij}]^{\beta}}{\sum_{l\in N_i^k}[\tau_{il}]^{\alpha}[\eta_{il}]^{\beta}}\quad \text{if}\quad j\in N_i^k \tag{5.1}$$

式(5.1)与式(4.1)相同，列出了在第 k 次循环中，当前节点为 i 时选择候选节点 j 时的概率 p_{ij}^{k} 的计算公式。式中，τ 为信息素值；η 为吸引因子，一般为节点 i 和 j 之间边的长度的倒数；α 和 β 是预定义的参数。通过式(5.1)可以看出，所有候选点的被选择概率都在 0 和 1 之间，且累加之和为 100%，这样就能匹配一个 0～1 之间均匀分布的随机选择概率值，并将其应用于选择下一个节点。

式(5.1)中，吸引因子 η 呈参数为 β 的幂函数分布，这就决定了同一起点连接不同候选点对应的不同候选边有着差别较大的吸引值。在信息素值相同时(如在 ACO 初始阶段)，会导致不同长度的候选边对应的吸引值差别很大，从而使得选择范围会较小。图 5.1 是一个具有 100 个节点的 TSP 数据集，从中选择 5 个节点，计算出来排序后的候选节点的被选择概率值曲线，所有候选节点的被选择概率累加值为 100%，为了更好地显示，将纵坐标改成对数坐标。由图 5.1 可以看出，排在前面的候选点(即离当前点越近的点)的被选择概率值远大于排在后面的候选点(即离当前点越远的点)的被选择概率值，大部分节点的被选择概率值小于 1%。在均匀分布的选择概率下，排在后面的候选点被选择概率值很小，这就较大地限制了搜索的多样性。式(5.1)的逻辑经典有效，很难进一步改进被选择概率，因此，为了提高搜索的多样性，笔者尝试寻找比均匀分布更为合适的选择概率的分布，即莱维分布。

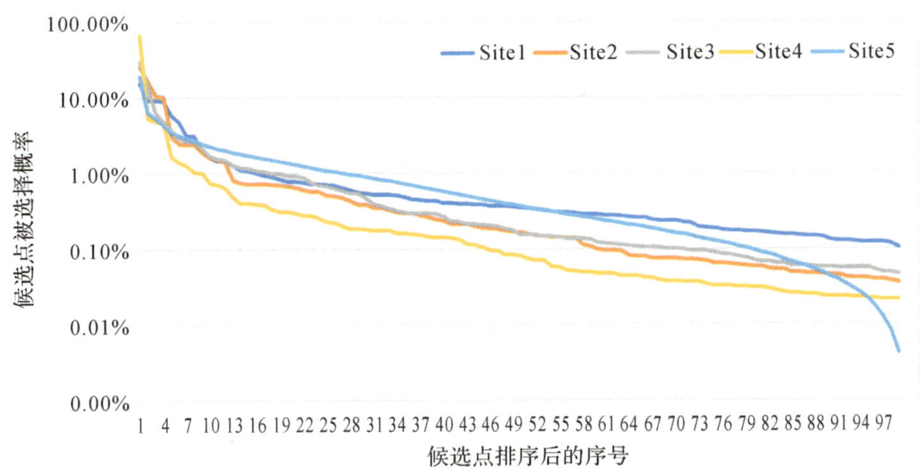

图 5.1　100 个节点的数据集中，第 N 个候选点的被选择概率值曲线

莱维分布，是以法国数学家 Paul Levy 命名的一类概率分布，最早用于研究现金钞票的流动轨迹。莱维分布具有肥尾分布特征，也称重尾分布特征。对于相同的选择概率分布，莱维分布尾部的被选择概率值要比其他类型分布的尾部的被选择概率值大一些，因此莱维分布的特性有利于扩大搜索范围和多样性。由图 5.2 可以看出，莱维分布的尾部要明显厚于正态分布和柯西分布，即呈现明显的肥尾分布特征。

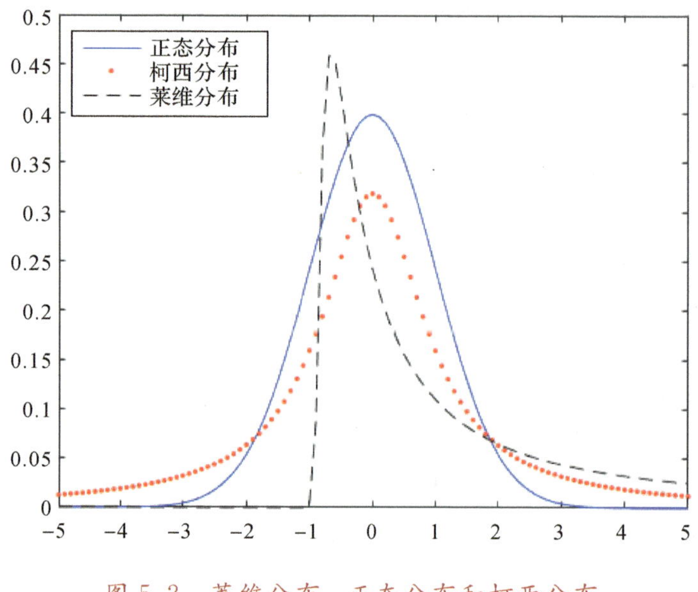

图 5.2　莱维分布、正态分布和柯西分布

莱维飞行模式是基于莱维分布的一类行走模式，与之对应的是随机行走模式，是基于均匀分布的一类行走模式，也称为布朗运动的随机行走模式。图 5.3 是自然期刊(*Nature*)中的插图(Viswanathan，2002)，图(a)是 1000 步的莱维飞行模式和 1000 步的随机行走模式搜索所对应的线路，图(b)是图(a)中随机行走模式线路的放大图，显示随机行走模式主要集中在小块区域内的密集搜索。莱维飞行模式和随机行走模式都包括步长和方向两部分，其方向都是各方向均匀分布。莱维飞行模式的步长符合莱维分布，最小值是 1，最大值没有上限，可能会很大，同时保持方向不变，类似飞行航线，因而被形象地称为莱维飞行模式。随机行走模式的步长都是 1。

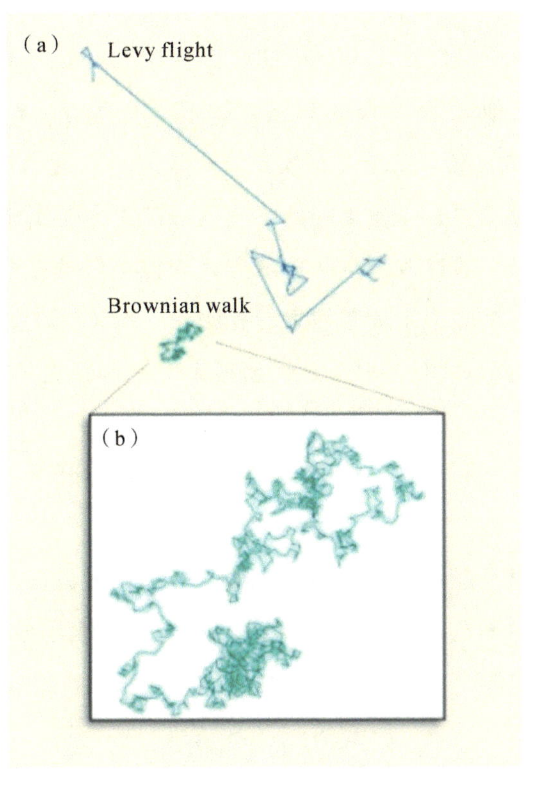

图 5.3 莱维飞行(Levy Flight)模式与随机行走(Brownian Walk)模式

由图 5.3 可见，同样 1000 步的莱维飞行模式所搜索的区域要远大于同样步数的随机行走模式，因此莱维飞行模式相比随机行走模式能有效地增加搜索的区域，从而提高搜索的多样性。莱维飞行模式也常见于很多动物的觅食行为中(Stanley，1996；Viswanathan，1996；Viswanathan，2000；Viswanathan，2010)，通常动物在已有食物源附近随机搜索，偶尔远距离移动以有效搜寻下一个食物源，这也是很多动物经过长期自然进化后的优秀觅食搜索方式，能在最少的移动或能量消耗下，在搜索新的食物源和充分利用现有食物源之间取得良好的平衡，获得最大的觅食效率，从而在残酷的生存竞争中存活下来。

莱维飞行模式吸引了其他智能算法研究者的广泛兴趣，并将莱维飞行模式用于其他智能算法的改进，包括粒子群算法(Chen，2006；Hariya，2015；Huang，2011；

Jensi，2016；Xiao，2017)、布谷鸟搜索算法(Roy，2013；Senthilnath，2013；Yan，2017；Zangeneh-Khamooshi，2013)、人工蜂群算法(Aydougdu，2016；Rajasekhar，2011)等，也被用于其他较为小众的算法，如萤火虫算法(Yan，2017)、蝴蝶算法(Arora，2015)等。总的来说，莱维飞行模式可有效地提高搜索效率，原始的莱维飞行模式适合连续空间搜索方式的改进，因此莱维飞行模式主要用于改进基于连续空间搜索优化的智能优化算法，通过改进空间搜索方式获得更好的搜索效果，从而提高相应算法的性能，但无法直接应用于离散搜索的算法——ACO 算法。下一节通过改进莱维飞行模式，并将其应用于 ACO 算法，从而使搜索效率得到提升。

5.2 Levy ACO 的算法设计

莱维飞行模式是基于莱维分布实现的，它包括步长和方向两个属性。莱维飞行的方向是完全随机均匀分布的，步长符合式(5.2)对应的莱维分布，步长的计算公式则由式(5.3)确定。

$$L(S)=|S|^{-1-\beta} \tag{5.2}$$

$$S=\begin{cases}\dfrac{\mu}{|v|^{\frac{1}{\beta}}}, & \text{if } S>1\\ 1 & \text{if } S\leqslant 1\end{cases}\quad \mu\sim N(0,\sigma_\mu^2),\ \nu\sim N(0,\sigma_\nu^2) \tag{5.3}$$

式(5.2)是步长 S 莱维分布的公式。式(5.3)中，S 为莱维飞行模式中的步长，参数 μ、ν 是符合正态分布的两个变量，参数 β 是一个预先定义的莱维分布的参数。步长 S 的最小值是 1，当 $S>1$ 时，S 的分布符合式(5.2)。

由式(5.3)可知，莱维飞行模式的步长 S 是由两个正态分布函数及一个幂函数生成，而 ACO 算法中涉及大量的循环，需要多次计算步长 S，因此，为了减少步长的计算时间，Levy ACO 将两个正态分布变量计算简化成一个均匀分布的变量计算，即式(5.4)，它在形式上与式(5.3)是类似的。

$$S_{\text{new}}=\begin{cases}\dfrac{1}{A}*\dfrac{1-P_{\text{threshold}}}{1-P_{\text{levy}}}, & \text{if } S_{\text{new}}>1\\ 1 & \text{else}\end{cases} \tag{5.4}$$

式中，S_{new}表示 Levy ACO 中的步长；P_{levy}表示 Levy ACO 中选择候选点的均匀分布的被选择概率；$P_{threshold}$为莱维飞行阈值参数，是一个预先设定的大小在 0 和 1 之间的固定参数；A 表示莱维飞行放大系数，是预先设定的大于等于 0 的参数。参数 $P_{threshold}$ 和 A 用于调整莱维飞行模式的效果，并经过多次实验，对比不同参数的算法效果后给出它们的建议值。

由式(5.4)可知，S_{new} 的最小值为 1，最大值可能大于 1，因此该公式无法直接应用于取值范围要求在 0 和 1 之间的选择概率值。在其他利用莱维飞行模式改进的智能算法中（Chegini，2018；Hariya，2015；Huang，2011；Jensi，2016；Roy，2013；Senthilnath 2013；Xiao，2017；Yan，2017；Zangeneh-khamooshi，2013），都是直接使用式(5.3)作为步长计算使用，这些算法是基于连续空间的搜索优化，可以直接使用莱维飞行的步长来实现莱维飞行。ACO 算法的步骤 2 即候选点的随机选择机制是一个范围在 0～1 之间的选择概率，因此，在应用莱维飞行机制前，需要将莱维飞行公式的结果转换成 0～1 之间的选择概率。因此，笔者设计了莱维飞行公式(5.5)，并将式(5.4)代入，通过莱维飞行模式的 S_{new} 来放大莱维飞行的步长，同时确保莱维飞行模式前后的选择概率值 P_{now} 和 P_{new} 都处于 0～1 之间。式(5.5)～式(5.7)是 Levy ACO 改进算法的核心。

$$1-P_{new}=\frac{1}{S_{new}}\cdot(1-P_{now})=A\cdot\frac{1-P_{levy}}{1-P_{threshold}}\cdot(1-P_{now}) \tag{5.5}$$

$$P_{new}=1-A\cdot\frac{1-P_{levy}}{1-P_{threshold}}\cdot(1-P_{now}) \tag{5.6}$$

$$P_{new}=\begin{cases}1-A\cdot\dfrac{1-P_{levy}}{1-P_{threshold}}\cdot(1-P_{now}), & \text{if } P_{levy}>P_{threshold}\\ P_{now}, & \text{else}\end{cases} \tag{5.7}$$

式(5.6)为式(5.5)转换后的表示形式。根据式(5.4)可知 $S_{new}\geqslant 1$，从式(5.5)可以看出，S_{new} 越大，$\frac{1-P_{new}}{1-P_{now}}$ 越小。这样，经过莱维飞行模式新步长 S_{new} 的放大，放大后的值 P_{new} 比 P_{now} 更接近于 1。其中，P_{now} 表示莱维飞行前的当前选择概率，P_{new} 表示莱维飞行后的新选择概率，两者都在 0～1 之间。综合莱维飞行步长的公式(5.3)，可得到莱维飞行后的新选择概率 P_{new} ，即式(5.7)，其含义是通过 2 个均匀分布的 P_{levy} 和 P_{now} 来计算本次莱维飞行后的新选择概率 P_{new} ，其中 P_{levy} 是新增的一个均匀分布的概率取值，通过与预设参数 $P_{threshold}$ 和 A 的计算得到放大系数来启用莱维飞行模式，而 P_{now} 则是原有的一个均匀分布的选择概率值，用于从候选节点中通过轮盘赌方式选择下一个节点。

另外，为了确保莱维飞行放大后的选择概率倾向于原来被选择概率较小的候选点，还需要将候选点按被选择概率值由大到小进行排序，如图 5.1 所示，排序后被选择概率值较小的候选点排在后面，这样放大后的选择概率对应原来被选择概率值较小的候选点，从而增加了多样性。否则，如果候选点未经排序，则候选点列表中的数据是乱序的，放大后对应的数据仍是乱序的，且不能体现放大的效果。

Levy ACO 算法的核心公式(5.7)的意义在于，P_{now} 越大，P_{new} 越大，这是原来轮盘赌的基本原理，而 P_{levy} 越大，P_{new} 也越大，这是通过莱维飞行模式放大了选择概率。P_{new} 越大，则越容易选择排在后面原来被选择概率值较小的候选点，从而增大了搜索的多样性。同时，莱维飞行模式也能保证排在前面原来被选择概率值较大的候选点仍保持较大的被选择概率，从而在提高多样性的基础上保证了收敛速度，改善了搜索效率。

对应的 ACO 算法的流程图见图 5.4。图中灰色的步骤是候选点排序及使用莱维飞行放大选择概率新增的四个步骤，分别是：

(1) 新增通过调用均匀分布的概率函数，获取莱维飞行随机概率。

(2) 新增通过生成莱维飞行随机概率，并与预定义的莱维飞行阈值进行对比。

(3) 若莱维飞行概率小于莱维飞行阈值，则保持原样；否则可根据上述两者的比值，来确定莱维飞行后的新概率。通过此步可获得 Levy ACO 中新的随机选择概率值。

(4) 当新增排序候选列表中的节点，确保选择概率值较大时，应选择排在候选列表尾部的被选择概率较小的节点。

上述四个新增步骤完成即表明完成了莱维飞行模式，然后可以执行原来的流程，如通过正常的随机选择对应的候选节点。

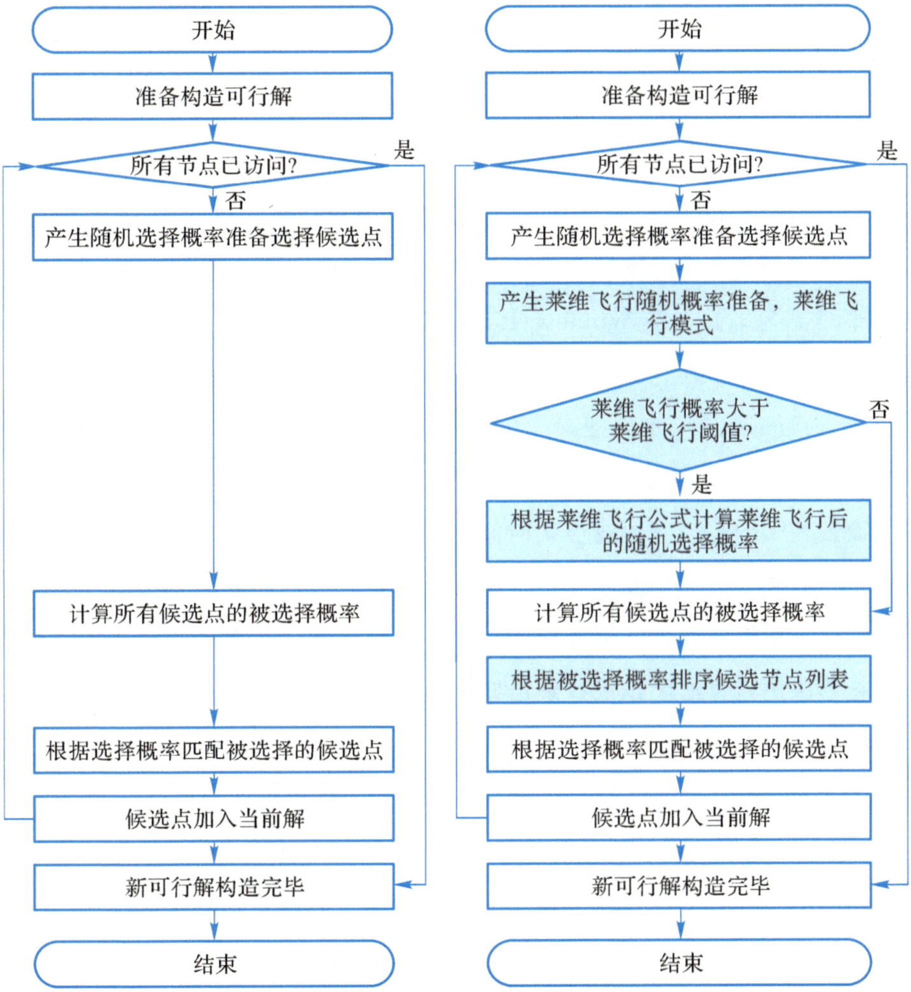

开始
准备构造可行解
所有节点已访问?
是
否
产生随机选择概率准备选择候选点
计算所有候选点的被选择概率
根据选择概率匹配被选择的候选点
候选点加入当前解
新可行解构造完毕
结束

开始
准备构造可行解
所有节点已访问?
是
否
产生随机选择概率准备选择候选点
产生莱维飞行随机概率准备，莱维飞行模式
莱维飞行概率大于莱维飞行阈值?
否
是
根据莱维飞行公式计算莱维飞行后的随机选择概率
计算所有候选点的被选择概率
根据被选择概率排序候选节点列表
根据选择概率匹配被选择的候选点
候选点加入当前解
新可行解构造完毕
结束

图 5.4　Levy ACO 与改进前 ACO 的流程图对比

5.3　实验环境说明

为了有效评估 ACO 算法加入 Levy ACO 机制后的优化效果，需要选取一个有完整源代码的 ACO 算法，并在它的基础上增加 Levy ACO 中的莱维飞行模式。这些 ACO 算法还要支持常见的组合优化标准数据集，用于对比评估实验效果，这样，可以在同一台计算机上使用相同的软硬件环境、编程语言和同样的测试数据集，公平、直观地对比改进前后的算法性能。

在完整源代码 ACO 算法的选择上，笔者选择了 ACO 算法著名学者，同时也是 Max-min ACO 提出者 Thomas Stützle 开发并开源的 ACO 算法源码（网址：http://www.aco-metaheuristic.org/aco-codel），该源代码提供 C 语言和 Java 语言两个版本，另外该源代码同时支持各类主要 ACO 改进算法的实现。其中，C 语言版本使用标准 C 语言编写，并支持 Window/Linux 不同环境下使用符合 C 语言标准的 GCC 编译器进行编译运行。在该 ACO 算法中，可通过内置信息素软重置机制(参见后面的详细描述)、最近邻机制、本地搜索优化（2-Opt、2.5-Opt、3-Opt)等方法来提升 ACO 算法性能的机制，在针对已知最优解的规模不是特别大的 TSPLIB 数据集进行实验时，只要设置较大的迭代次数或搜索时间即可确保找到已知最优解。此时，在软硬件环境完全相同的同一台计算机上，若采用 Levy ACO 改进前后的算法均可找到已知最优解，则不同算法性能评价的标准即为对比后找到已知最优解的迭代次数，迭代次数越小，意味着采用该算法能越快找到已知最优解，算法性能也就越好，同时对比分析 Levy ACO 改进前后的迭代次数，还可以评估 Levy ACO 算法的改进效果。

通过对不同 ACO 改进算法的性能对比，笔者选择了性能较好且广泛用于比较的 Max-min ACO 作为对比基准算法，并与在 Max-min ACO 基础上增加莱维飞行模式后的 Levy ACO 改进算法进行实验，最后分析改进前后的性能提升效果。

最大/最小蚁群优化中设计了一个有效的信息素软重置机制，能确保该算法在判断可能陷入局部最优解时通过重启跳出，其逻辑如下：

(1) 经过一定迭代次数后(默认为每 100 次迭代)，可启动一个函数统计所有节点对应其他各边的信息素值。

(2) 统计时须包括这些节点对应所有边上信息素的最大值、最小值，并根据预定义参数计算一个截止阈值。

(3) 统计所有节点中信息素值超过截止阈值的相邻节点的数量，即有较大信息素值的节点数量。

(4) 当所有节点中有较大信息素值的节点数占节点总数的比例小于预定义值时，

即认为所有节点中的信息素过于集中在少量节点上，可能陷入了局部最优解，这时需要重置信息素。

（5）当前最优解并未达到终止条件时，将重置所有信息素值作为当前最大信息素值。这样，通过重置为相同的信息素，所有节点又将会重新平均选择，恢复多样性，同时，因为每次重置均为当前最大的信息素值，之前迭代学习的信息素值将部分被保留，为后续搜索奠定更好的基础，从而可确保算法是不断优化并能最后收敛的。迭代次数在信息素值重置后仍会连续计算，以评估算法找到已知最优解的性能。

（6）系统在检测到可能陷入局部最优解时，可通过一次次重置信息素值在保持当前最优解基础上来不断尝试找到更优解，从而不断提高解的质量；当设置了将已知最优解作为实验迭代终止条件，且其他迭代终止条件如迭代次数较大时，实验将在找到已知最优解时终止，否则，在满足其他迭代终止条件，如最大迭代次数或最长迭代时间时，实验也会终止。

在实验中，作为基准的 Max-min ACO 及在其基础上的改进算法包括 Levy ACO 及后面的 Greedy Levy ACO、Contribution-based ACO 都保留了这一信息素值重置机制，针对实验中的数据集都能在足够的时间限制下找到已知最优解。因此，相关实验将通过分析找到已知最优解的迭代次数来评估改进前后算法的性能。

为了验证相关算法的效率，前面提到的 TSP 作为一类较为简单但经典的 NP-hard 问题，经常被用作算法效率验证的数据集。Max-min ACO 开源代码只支持 TSP 问题，笔者选择 TSPLIB 公开数据集（网址：http://comopt. ifi. uni-heidelberg. dB/soft ware/TSPLIB 95/tsp）及对应的已知最优解作为实验数据。对照这些 TSP 数据集的已知最优解以及获得这些最优解所需的迭代步数，Max-min ACO 及 Levy ACO 均能借助前面提到的信息素自动重置机制找到已知最优解，因为是在同一台软硬件环境及编程语言都完全相同的计算机上，所以在单进程状态下运行基础的 Max-min ACO 与改进算法时，迭代次数与所需时间是成正比的，将其中一个中等规模数据集对应的迭代次数与所需时间的信息的比例关系呈现在图 5.5 中。在图 5.5 中，迭代次数与运行时间的关系呈现出较强的线性关系，通过线性回归得到的线性方程也列于图中，其中相关系数 R^2 代表的判定系数或拟合优度为 0.9983，远大于 0.7，非常接近 1.0，即拟合度非常高。因此，在同一台计算机上，可以将所有的迭代次数之间的比例与运行时间之间的比例等同看待。

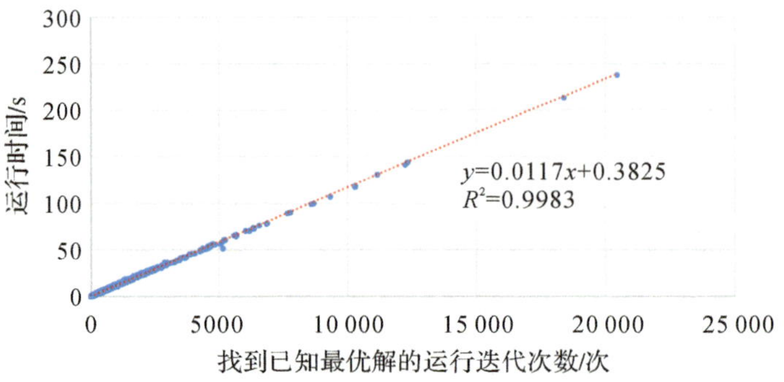

图 5.5　Levy ACO 的迭代次数与运行时间关系图

在评价算法性能的文章中，一般运行迭代次数和运行时间是最常用的两个指标。运行时间指标虽然直观，但由于受不同运行环境的硬件配置（比如 CPU 主频、GPU 型号）、开发语言（C/C＋＋、Python、Java 等）、并行方式（串行、线程并行、GPU 并行等）等影响较大，导致运行时间很难具有统一评价标准，且大部分算法文章中并不提供源代码或运行程序，无法在同一硬件平台上重现，因此很难进行公平比较。而迭代次数指标表示算法的复杂程度，与算法的具体实现或运行环境关系较小，更贴近算法本身的性能，也更适合作为不同算法性能评估的比较标准。本书及相应的学术文章中均使用迭代次数作为算法性能的评估标准之一。

因此，在都能找到已知最优解且迭代次数与运行时间成正比的情况下，不同算法的性能比较将主要是看已知最优解的迭代次数，迭代次数越少，算法时间越短，说明性能越好。算法的迭代次数可以直接作为算法性能的对比，从而计算改进后算法性能提升的比例。

迭代次数在本书中有两个定义：一个是指 ACO 算法的迭代次数，即所有蚂蚁都完成一次可行解求解，记为一次迭代；另一个是指包括 ACO 算法内部的 3-Opt 算法的局部优化迭代次数，此时 3-Opt 算法每次随机调整一次，如果得到更优解则继续随机调整，直到没有找到更优解时即可终止，这个过程也包括一定的迭代次数，本书中称之为 3-Opt 迭代次数。通过分析不同数据集（为了避免过于拥挤，图中只显示了 6 个数据集)中 ACO 算法的迭代次数与相应的 3-Opt 迭代次数之间的比例关系，笔者发现针对同一数据集，ACO 算法的迭代次数与相应的 3-Opt 的迭代次数的比例关系保持一个均值上下浮动(约 10%的幅度)，见图 5.6。为了更清楚地显示曲线，纵坐标是从 140 而非 0 开始，如果纵坐标调整到 0，相应曲线的浮动比例要小一些。由此可见，ACO 算法的迭代次数与内部 3-Opt 的迭代次数在同一数据集中可以视为同比例。

注：为了与其他学术论文统一，本书中均使用包括 3-Opt 的迭代次数这一概念，以更为准确地将此作为算法运行时间的评估标准。

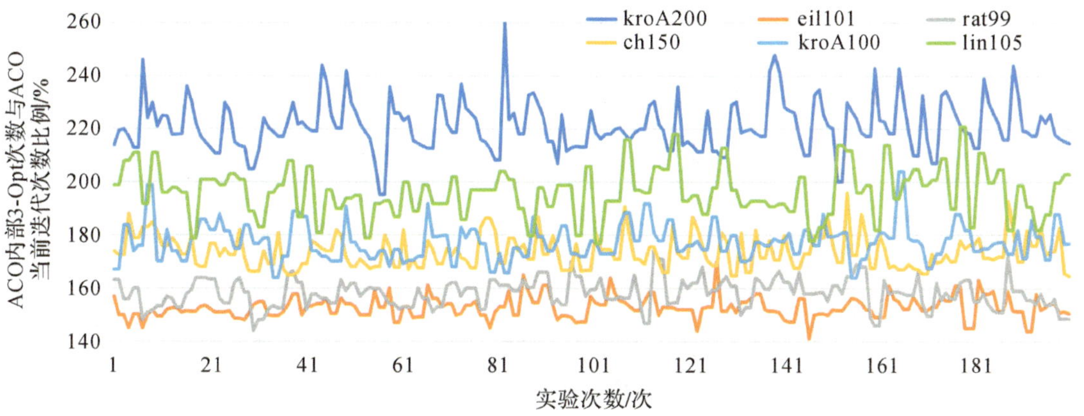

图 5.6 Levy ACO 迭代次数与内部 3-Opt 迭代次数的比例关系

ACO 算法是一类随机算法，每次实验的结果都是不同的，为了保证公平地对比不同算法的效率，笔者针对每个数据集的同一套参数，将实验重复运行 100 次，并通过采用计算平均值、均方差等方法来统计数据评估算法的性能和稳定性。

5.4 实验结果及其分析

Levy ACO 源代码已上传及开源(网址：heep://github.com/akeyliu/levyacotsp)，以方便其他研究人员下载和重复相关实验。

根据式(5.7)提供莱维飞行模式阈值参数 $P_{\text{threshold}}$ 和放大系数 A 两个预定义参数，$P_{\text{threshold}}$ 取值在 0 和 1 之间，步长或间隔为 0.1，当取值为 1 时，表示关闭了莱维飞行模式，退回到 Max-min ACO 算法。莱维飞行模式放大系数 A 取值为 0～10，步长或间隔为 0.5。

在本实验中，包括阈值和放大系数两个参数所有组合共 231 种，每个参数组合分别运行 100 次，笔者选择了 10 个数据集（gr202、lin318、gr299、gil262、korA200、kroB200、pr226、ts225、tsp225、pr299），所有实验均能找到已知最优解，只需要记录迭代次数来比较不同参数组合下的算法性能。为了同时对比不同数据集找到已知最优解的迭代次数，本书将所有实验中对应 Max-min ACO 找到的 100 次平均迭代次数记为标准值 1，其他不同参数组合对应的 Levy ACO 找到的 100 次平均迭代次数与 Max-min ACO 的平均迭代次数的比例记为该参数组合下对应的优化性能，这样就能把不同数据集下的同一参数组合的优化迭代次数累加到一起，统计为该参数组合下的多个数据集的累计优化性能，此处定义平均性能提升比例＝1－累计迭代次数比例，该值越高越好，如图 5.7 所示。

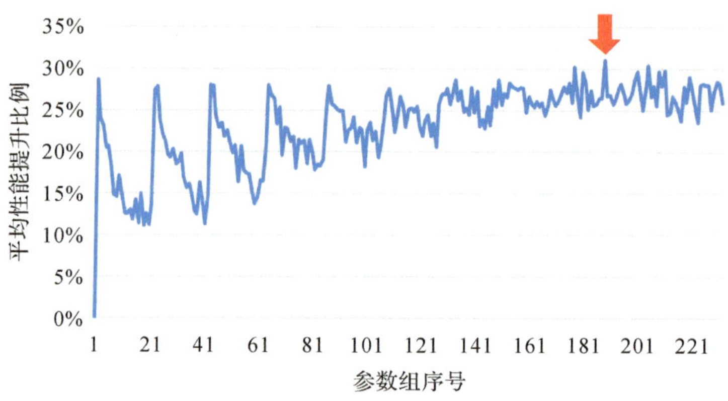

图 5.7 Levy ACO 的莱维飞行模式的参数调优实验结果

从图 5.7 可以看出，序号为 188 的参数组合可以得到平均性能提升比例最大（性能最优），此时最优参数组合为阈值为 0.8，放大系数为 9.5。以此为基础，将选择的 10 个数据集与 Max-min ACO 和 Levy ACO 的实验数据进行对比，将找到已知最优解时的迭代次数比较列于图 5.8～图 5.17 中。从图中可以看出，Levy ACO 找到已知最优解时的迭代次数明显小于改进前的 Max-min ACO 算法，即性能明显优于基准的 Max-min ACO。

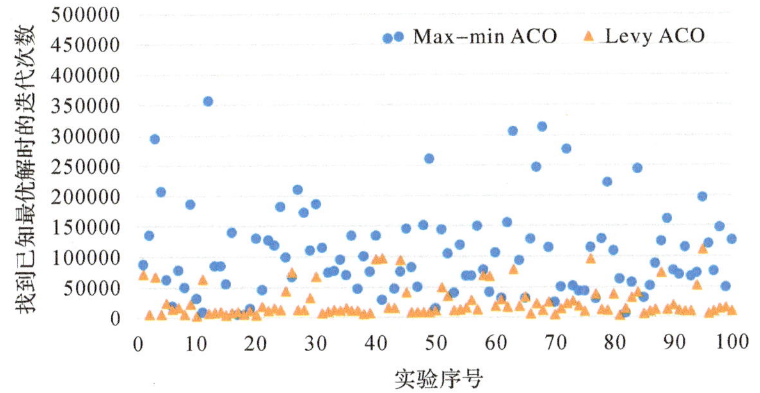

图 5.8　Levy ACO/Max-min ACO 对比实验中数据集 lin318 的结果

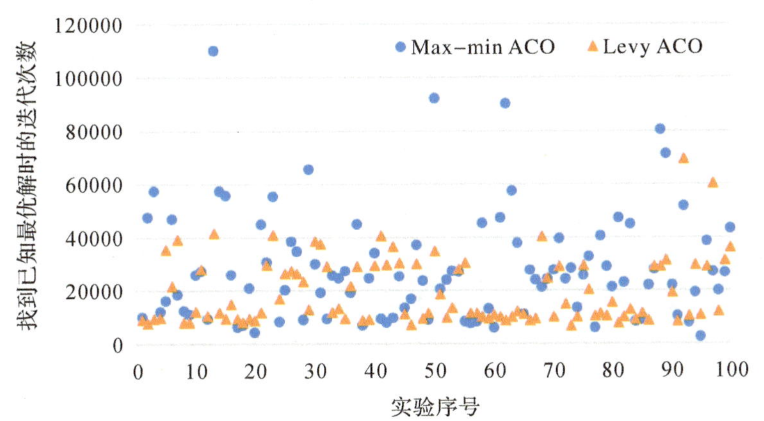

图 5.9　Levy ACO/Max-min ACO 对比实验中数据集 pr299 的结果

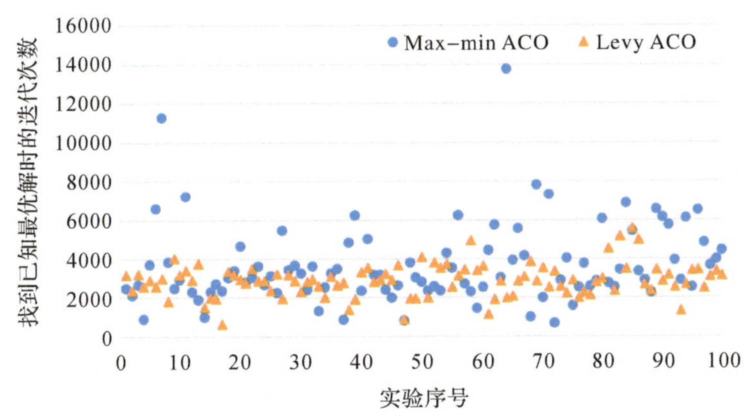

图 5.10　Levy ACO/Max-min ACO 对比实验中数据集 kroA200 的结果

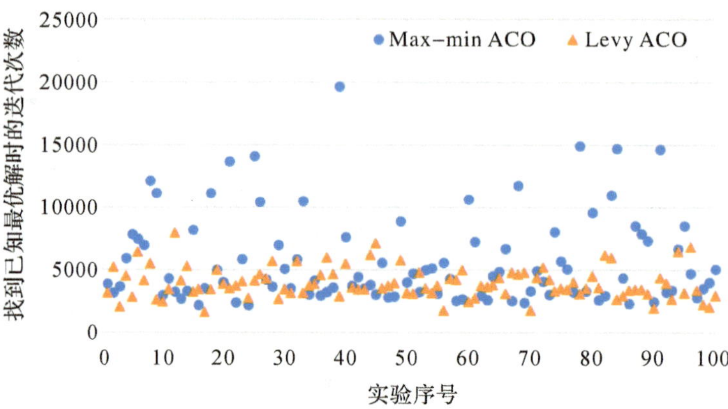

图 5.11 Levy ACO/Max-min ACO 对比实验中数据集 kroB200 的结果

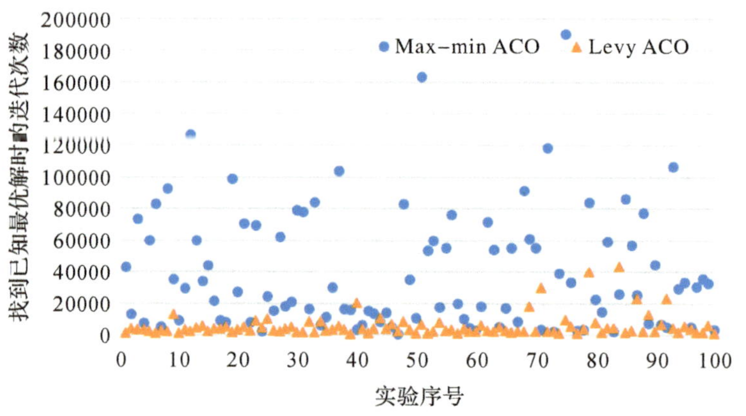

图 5.12 Levy ACO/Max-min ACO 对比实验中数据集 pr226 的结果

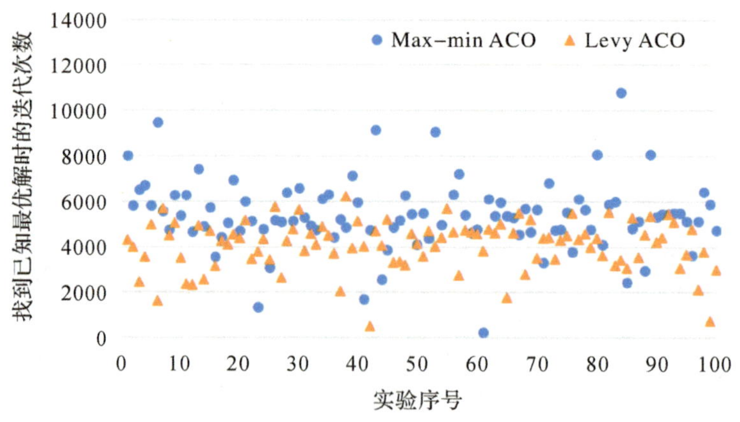

图 5.13 Levy ACO/Max-min ACO 对比实验中数据集 tsp225 的结果

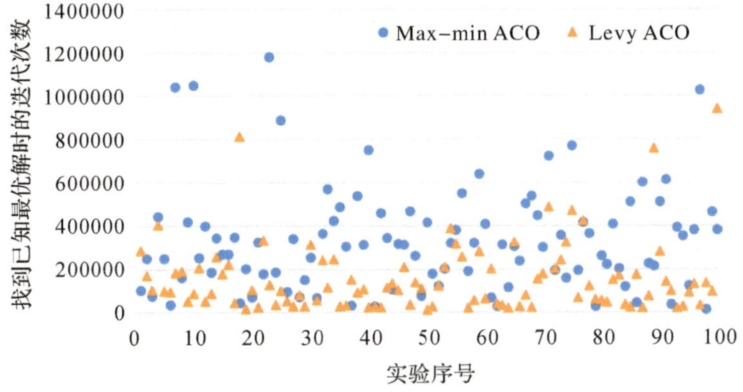

图 5.14　Levy ACO/Max-min ACO 对比实验中数据集 gr229 的结果

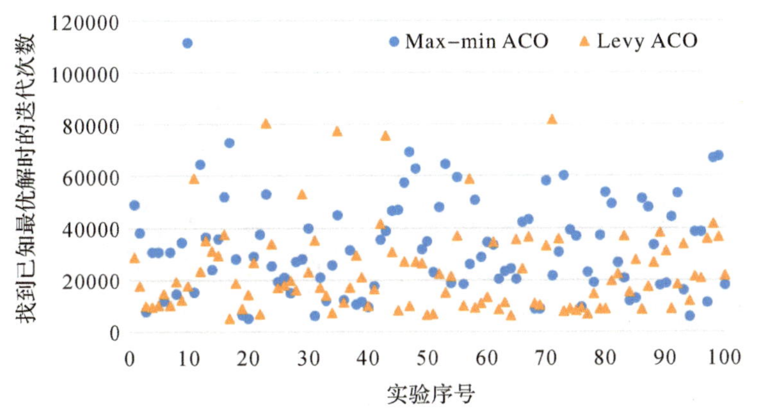

图 5.15　Levy ACO/Max-min ACO 对比实验中数据集 gil262 的结果

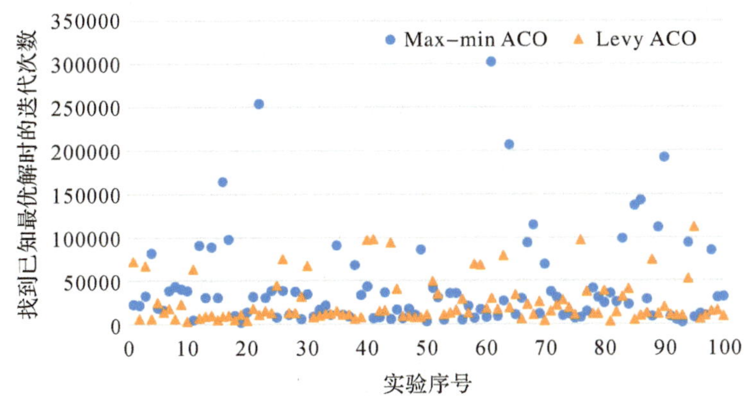

图 5.16　Levy ACO/Max-min ACO 对比实验中数据集 gr202 的结果

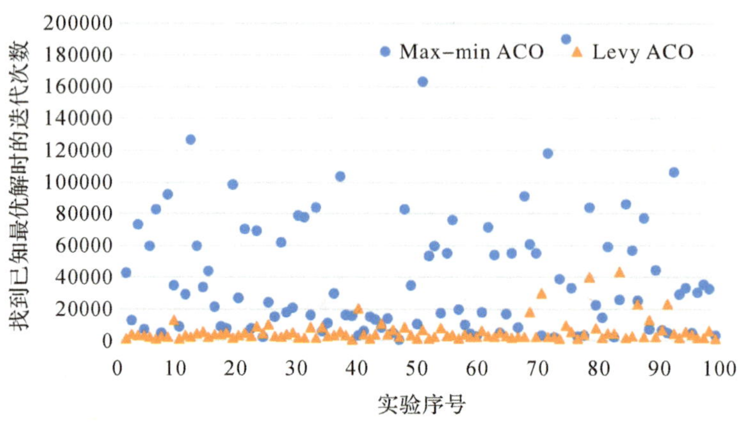

图 5.17　Levy ACO/Max-min ACO 对比实验中数据集 pr226 的结果

为了进行量化比较，笔者将 100 次实验结果计算得出的平均值(对应算法速度)和均方差(对应算法稳定性)分别列出在表 5.1 中。

表 5.1　Levy ACO/Max-min ACO 找到已知最优解的迭代次数的实验数据分析

数据集名称	Max-min ACO		Levy ACO		提升比例	
	平均迭代次数	迭代次数方差	平均迭代次数	迭代次数方差	平均迭代次数	迭代次数方差
gr202	42 829.13	53 355.08	25 003.27	25 335.15	41.62%	52.52%
lin318	110 558.22	81 734.86	22 946.43	16 704.89	79.24%	79.56%
gr229	329 414.11	238 874.83	155 383.40	163 463.52	52.83%	31.57%
gil262	32 570.70	18 911.63	23 130.33	16 504.16	28.98%	12.73%
kroA200	3683.20	2038.02	2894.11	837.48	21.42%	58.91%
ts225	10662.05	7193.04	8144.25	6410.88	23.61%	10.87%
kroB200	5646.63	3520.78	3926.50	1234.44	30.46%	64.94%
pr226	38966.48	37236.91	5698.72	7200.13	85.38%	80.66%
tsp225	5446.88	1728.36	4072.85	1066.67	25.23%	38.28%
pr299	28392.65	20383.72	19455.73	12356.31	31.48%	39.38%
平均值					42.03%	46.94%

从表 5.1 中的数据可以看出，10 个数据集的实验结果中，迭代次数平均值和均方

差平均优化了42.03%和46.94%，由于同一环境下迭代次数与所需时间成正比，即平均算法计算速度或性能提升到原来的1.725倍，同时算法的稳定性也有出色的表现。

Wilcoxon、Rank Sum 和 Mann Whitney U 是三类秩和检验，即常见的用于判断两个分布列是否有显著区别的非参数检验方法，假设 Levy ACO 与改进前的 Max-minACO性能相同，笔者将不同数据集中的100次实验结果，通过 Python 中 scipy.stats 包中的 wilcoxon、ranksum 和 mannwhitneyu 函数进行模型显著性差异测试，将得到相应的 P 值列在表5.2中。所有的 P 值都小于0.05，其中大部分 P 值小于0.01，甚至小于0.001，即两种算法对应的数据集中，数值有极其显著的统计学差异。因此，不能说 Levy ACO 与 Max-min ACO 是两个性能显著相同的算法，或者说是两个性能显著不同的算法。

表5.2 算法性能显著性差异的统计校验结果(P值)

数据集名称	Wilcoxon	Rank Sum	Mann Whitney U
gr202	1.83E-02 *	1.57E-02 *	7.86E-03 * *
lin318	8.25E-25 * * *	5.20E-24 * * *	2.63E-24 * * *
gr229	2.77E-09 * * *	1.64E-10 * * *	8.26E-11 * * *
gil262	1.94E-04 * * *	3.96E-05 * * *	1.99E-05 * * *
kroA200	3.53E-03 * *	1.47E-02 *	7.40E-03 * *
ts225	6.40E-03 * *	7.57E-03 * *	3.80E-03 * *
kroB200	3.75E-04 * * *	4.83E-03 * *	2.42E-03 * *
pr226	1.85E-14 * * *	1.05E-20 * * *	5.29E-21 * * *
tsp225	7.61E-10 * * *	3.89E-13 * * *	1.96E-13 * * *
pr299	2.71E-04 * * *	6.91E-03 * *	3.47E-03 * *

P 值：<0.05 *；<0.01 * *；<0.001 * * *。

根据以上实验数据进行分析，可以得出如下结论：

(1) 莱维飞行模式的阈值 $P_{threshold}$ 为0～1，建议值为0.8。

(2) 莱维飞行模式的放大系数 $A \geqslant 0$，建议 $A=9.5$。

(3) 在上述建议值下，Levy ACO 相对改进前的 Max-min ACO，能获得平均

42.03%的算法性能提升和46.94%的算法稳定性提升，平均算法计算速度或性能提升到原来的1.725倍。

（4）针对以上实验结果进行差异显著性分析可以证明 Levy ACO 与改进前的 Max-min ACO 是显著不同的算法。

因此，可以说明 Levy ACO 是一类改进效果明显的 ACO 算法。

5.5 Levy ACO 与其他最新算法的比较

前面我们通过实验对作为基准的 Max-min ACO 及其改进算法 Levy ACO 作了比较，并在同一台计算机上验证了 Levy ACO 的改进效果。

为了进一步验证 Levy ACO 算法的改进效果，我们将对 Levy ACO 与目前最新的改进算法进行比较。在相关文章的实验数据中，针对 TSPLIB 的一些数据集提供了实验结果，笔者也使用相同的实验环境并针对相同的数据集进行了相关实验。

5.5.1 Levy ACO 与 ACO 相关最新算法的比较

在谷歌学术网站上，笔者找出了2015年以来基于改进 ACO 算法解决 TSP 问题引用最多的两篇文章，包括2015年 Mahi 提出的 PSO、ACO、3-Opt（整合粒子群算法、ACO 算法和3-Opt 算法）及2018年 Gülcü 提出的 PACO、3-Opt（整合粒子群算法、ACO 算法和3-Opt 算法，并加上并行机制）。Levy ACO 基于 Max-min ACO 算法，集成了 ACO、3-Opt 算法及莱维飞行模式，它们具有较高的可比性。

上述两篇文章中，针对10个 TSP 数据集（包括 berlin52、ch150、eil101、eil51、eil76、kroA100、kroB200、lin105、rat99 和 st70）进行了20次实验，每次实验最多1000次迭代。Levy ACO 也按相同的实验次数和最大迭代次数并针对相同的数据集进行了相关实验，相关对比数据分别列在表5.3、表5.4和表5.5中。其中，指标 Error%=（平均解－最优解）/最优解，表示平均解与已知最优解的偏差比例，这是大部分算法文章中评估得到算法质量的一个重要指标。

表 5.3 Levy ACO 与 PSO、ACO、3-Opt/PACO、3-Opt 算法的比较

数据集名称	PSO、ACO、3-Opt			PACO、3-Opt			Levy ACO		
	最优解	平均解	Error%	最优解	平均解	Error%	最优解	平均解	Error%
berlin52	**7542**	7543.2	0.02%	**7542**	**7542**	0.00%	**7542**	**7542**	0.00%
ch150	6538	6563.95	0.55%	6570	6601.4	1.12%	**6 528**	6529	0.02%
eil51	**426**	426.45	0.11%	**426**	426.35	0.08%	**426**	**426**	0.00%
eil76	**538**	538.3	0.06%	**538**	539.85	0.34%	**538**	**538**	0.00%
eil101	**629**	632.7	0.59%	**629**	630.55	0.25%	**629**	629.75	0.12%
kroA100	21 301	21 445.1	0.77%	**21282**	21 326.8	0.21%	**21282**	**21 282**	0.00%
kroA200	29 468	29 646.1	0.95%	29 533	29 644.5	0.94%	**29 368**	29 556	0.64%
lin105	**14 379**	14 379.2	0.00%	**14 379**	14 393	0.10%	**14 379**	**14 379**	0.00%
rat99	1224	1227.4	1.35%	1213	1217.1	0.50%	**1211**	1211.25	0.02%
st70	676	678.2	0.47%	676	677.85	0.42%	**675**	**675**	0.00%
平均值			0.49%			0.40%			0.08%

注：表中黑体数字指相应的解是对应数据集的已知最优解。余表同。

表 5.4 Levy ACO 在 1000 次迭代中找到已知最优解时的迭代次数

实验次数	不同数据集找到最优解时的迭代次数									
	berlin52	ch150	eil51	eil76	eil101	kroA100	kroB200	lin105	rat99	st70
1	**144**	**980**	**409**	**257**	1059	**542**	5684	**187**	**1231**	**141**
2	**155**	**177**	**271**	**519**	1373	**177**	5175	**198**	**458**	**144**
3	**144**	**645**	**134**	**249**	1381	**173**	3291	**196**	**919**	**557**
4	**151**	**492**	**134**	**256**	**455**	**172**	3121	**188**	**313**	**143**
5	**154**	**182**	**128**	**259**	**296**	**187**	6141	**184**	**763**	**146**
6	**145**	**480**	**146**	**638**	**451**	**172**	3355	**217**	1251	**141**
7	**145**	**479**	**141**	**383**	**317**	**343**	3470	**181**	**465**	**141**
8	**146**	**975**	**135**	**256**	1387	**176**	3479	**197**	1399	**135**
9	**126**	1326	**146**	**132**	1530	**184**	1373	**185**	1376	**147**
10	**149**	**972**	**147**	**495**	1484	**175**	4432	**214**	**613**	**139**
11	**134**	**660**	**272**	**629**	**465**	**178**	3706	**217**	**774**	**145**

续表

实验次数	不同数据集找到最优解时的迭代次数									
	berlin52	ch150	eil51	eil76	eil101	kroA100	kroB200	lin105	rat99	st70
12	**152**	1719	**270**	**253**	1201	**178**	3537	**201**	**933**	**144**
13	**135**	**824**	**135**	**265**	1062	**164**	3732	**222**	1260	**283**
14	**133**	**959**	**140**	**140**	**459**	**186**	6346	**198**	**308**	**141**
15	**143**	**484**	**135**	**128**	1367	**340**	2681	**189**	**765**	**285**
16	**144**	**513**	**140**	**763**	**158**	**180**	5724	**202**	**754**	**292**
17	**138**	**997**	**139**	**386**	**761**	**168**	4121	**198**	**311**	**139**
18	**147**	1585	**143**	**251**	**777**	**174**	4726	**181**	**787**	**136**
19	**135**	**492**	**144**	**642**	**460**	**176**	3955	**186**	**309**	**291**
20	**131**	1020	**139**	**259**	**149**	**173**	4249	**191**	**930**	**295**
最大迭代次数	155	1719	409	763	1530	542	6346	222	1300	557
平均迭代次数	142.55	798.05	172.4	358	829.6	210.9	4114.9	196.6	795.95	199.25

注：黑体数字表示相应的迭代次数在 1000 次内找到了已知最优解。

表 5.5　Levy ACO 在 1000 次迭代中找到的已知最优解

实验次数	已知最优解									
	berlin52	ch150	eil51	eil76	eil101	kroA100	kroB200	lin105	rat99	st70
1	**7542**	**6528**	**426**	**538**	633	**21 282**	29 530	**14 379**	1212	**675**
2	**7542**	**6528**	**426**	**538**	630	**21 282**	29 641	**14 379**	**1211**	**675**
3	**7542**	**6528**	**426**	**538**	630	**21 282**	29 635	**14 379**	**1211**	**675**
4	**7542**	**6528**	**426**	**538**	**629**	**21 282**	29 481	**14 379**	**1211**	**675**
5	**7542**	**6528**	**426**	**538**	**629**	**21 282**	29 560	**14 379**	**1211**	**675**
6	**7542**	**6528**	**426**	**538**	**629**	**21 282**	29 513	**14 379**	1212	**675**
7	**7542**	**6528**	**426**	**538**	**629**	**21 282**	29 569	**14 379**	**1211**	**675**
8	**7542**	**6528**	**426**	**538**	631	**21 282**	29 563	**14 379**	1212	**675**

续表

实验次数	已知最优解									
	berlin52	ch150	eil51	eil76	eil101	kroA100	kroB200	lin105	rat99	st70
9	**7542**	6533	**426**	**538**	631	**21 282**	29 504	**14 379**	1212	**675**
10	**7542**	**6528**	**426**	**538**	631	**21 282**	29 556	**14 379**	**1211**	**675**
11	**7542**	**6528**	**426**	**538**	**629**	**21 282**	29 438	**14 379**	**1211**	**675**
12	**7542**	6533	**426**	**538**	630	**21 282**	29 438	**14 379**	**1211**	**675**
13	**7542**	**6528**	**426**	**538**	630	**21 282**	29 537	**14 379**	1212	**675**
14	**7542**	**6528**	**426**	**538**	**629**	**21 282**	29 517	**14 379**	**1211**	**675**
15	**7542**	**6528**	**426**	**538**	630	**21 282**	29 515	**14 379**	**1211**	**675**
16	**7542**	**6528**	**426**	**538**	**629**	**21 282**	29 695	**14 379**	**1211**	**675**
17	**7542**	**6528**	**426**	**538**	**629**	**21 282**	29 633	**14 379**	**1211**	**675**
18	**7542**	6533	**426**	**538**	**629**	**21 282**	29 721	**14 379**	**1211**	**675**
19	**7542**	**6528**	**426**	**538**	**629**	**21 282**	29 511	**14 379**	**1211**	**675**
20	**7542**	6533	**426**	**538**	**629**	**21 282**	29 563	**14 379**	**1211**	**675**
最优解	**7542**	**6528**	**426**	**538**	**629**	**21 282**	29 438	**14 379**	**1211**	**675**
平均解	7542	6529	426	538	629.75	21 282	29 556	14 379	1211.25	675
最差值	7542	6533	426	538	633	21 282	29 721	14 379	1212	675
Error%	0.00%	0.02%	0.0%	0.00%	0.12%	0.00%	0.64%	0.00%	0.02%	0.00%

注：表中黑体字是指相应的解是对应数据集的已知最优解。

5.5.2 Levy ACO 与非 ACO 最新算法的比较

除了选择一个基于 ACO 的最新算法，还选择了另一个引用数量较多的非 ACO 的最新算法，即整合了遗传算法、多智能体强化学习、2-Opt 及凸包最近插入的局部搜索的 GA-MARL+NICHLS 算法(AliPour，2018)。该文章中的实验数据是最多 10 000 次迭代针对与之前 PACO、3-Opt 相同的实验数据集，Levy ACO 的实验数据具体可参阅表 5.4，所有找到已知最优解的迭代次数均小于 10 000(最大的迭代次数为 6346)，具体的实验分析数据列在表 5.6 中。

表 5.6 Levy ACO 与 GA-MARL+NICHLS 算法的比较

数据集名称	GA-MARL+NICHLS			Levy ACO		
	最优解	平均解	Error%	最优解	平均解	Error%
berlin52	**7542**	7550.7	0.12%	**7542**	**7542**	0.00%
ch150	**6528**	6547.67	0.30%	**6528**	**6528**	0.00%
eil51	**426**	427.4	0.33%	**426**	**426**	0.00%
eil76	**538**	545.3	1.36%	**538**	**538**	0.00%
eil101	**629**	642.6	2.16%	**629**	**629**	0.00%
kroA100	**21 282**	21 345.4	0.30%	**21 282**	**21 282**	0.00%
kroA200	29 435	29 662.1	1.00%	**29 368**	**29 368**	0.00%
lin105	**14 379**	14 385.63	0.05%	**14 379**	**14 379**	0.00%
rat99	**1211**	1223.3	1.02%	**1211**	**1211**	0.00%
st70	**675**	679.43	0.66%	**675**	**675**	0.00%
平均值			0.73%			0.00%

从表中的数据可以看出，作为强化学习算法的 GA-MARL+NICHLS 的算法性能低于 PACO、3-Opt 的算法性能，即使是在前者最多达 10 000 次迭代，而后者最多仅1000次迭代的前提下。这也进一步验证了前面提到的基于神经网络的强化学习虽然能解决小规模的 VRP 问题，但其算法性能及能解决问题的规模仍然受到较大限制的论断。

小　结

本章先介绍了莱维分布和莱维飞行模式，然后阐述了针对改进蚁群优化算法中的候选点选择概率公式，应用莱维飞行模式能有效扩大搜索范围的特点，提出了 Levy ACO 改进算法，并通过实验进行了参数调优及对比改进前后的算法性能。同时，也通过与基于 ACO 及非 ACO 的最新算法分别进行了比较，进一步展示了 Levy ACO 的算法性能优势。

改进后的 Levy ACO 算法在性能上有大幅提升，为 Rich VRP 统一应用框架提供了一个良好的 ACO 改进算法。

第 6 章 Greedy Levy ACO 算法

前面介绍了莱维飞行模式及其 Levy ACO 改进算法及实验效果。本章介绍另一个改进算法——Greedy Levy ACO。先概述 Epsilon Greedy 算法及可改进方向，通过第 5 章的 Levy ACO 原理进一步改进可得到 Greedy Levy ACO 算法，并通过实验验证优化改进的性能。

6.1 Epsilon Greedy 机制

随着目前人工智能算法研究和应用的广泛和深入，以机器学习、深度学习、强化学习等为代表的算法也得到了深入和广泛的研究。

ACO 算法也属于强化学习(Gambardella，1995)。在强化学习中，主要特征是在一个虚拟或真实的环境中，算法中的智能体通过与环境的交互，经过不断尝试并进行学习，获得相应奖励，从而优化自己的行动策略。

在图 6.1 中，图(a)是 ACO 算法原理图(也列在图 4.1 中)，图中的蚂蚁在蚁巢和食物源之间的路网中不断尝试各种道路，并通过信息素记录不同路径的优劣且不断学习，最终收敛在最短路径上。图(b)是强化学习原理图，智能体在运行环境中，通过观察环境状态并根据策略不断做出各种行动，以从环境中获取回报，再经过不断改进自己的策略去优化后续的行动，最终得到累积回报最大的最优策略(即一系列的决策行为)(周志华，2016)。从图 6.1 可以看出 ACO 算法与强化学习的相似性，路网类似环境，蚂蚁是智能体，信息素等同于奖励，选择不同的路径则对应不同的行动。

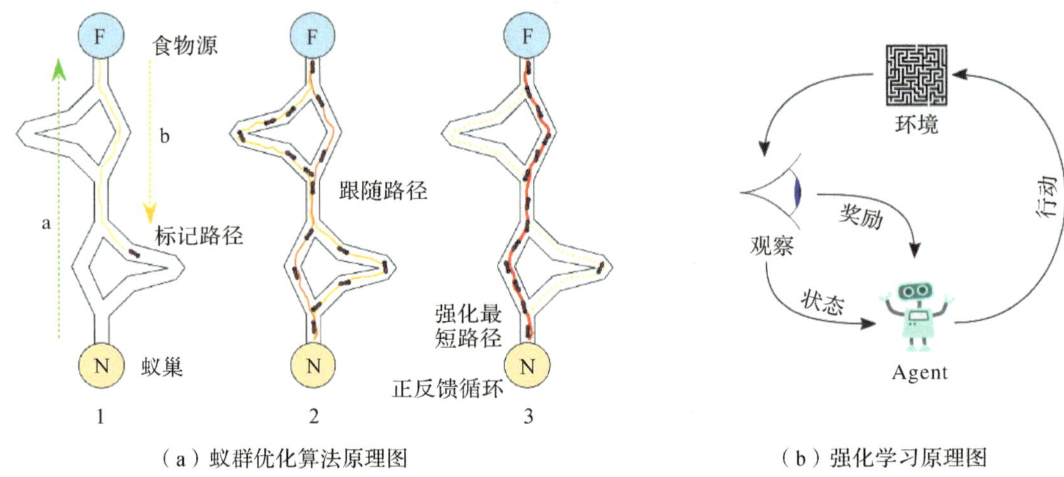

（a）蚁群优化算法原理图　　（b）强化学习原理图

图 6.1　蚁群优化算法与强化学习的原理对比

在强化学习中，针对不同环境状态中的下一步行动，主要有两种策略：Epsilon Greedy 和 Softmax(周志华，2016)。

Epsilon Greedy 策略对应公式(6.1)。给定一个固定参数 ε（建议 ε 值为 0.9），对应一个均匀分布的随机概率，当随机概率小于 ε 时，选择所有候选值中的最大值；否则，在所有候选值 K 中以均匀概率随机选择一个。

$$k=\begin{cases}\text{argmax}(Q_i); & \text{if rand}() < \varepsilon \\ K, & \text{otherwise.}\end{cases} \tag{6.1}$$

Softmax 策略对应公式(6.2)。基于玻尔兹曼(Boltzmann)分布，τ 为温度参数，τ 值越小，$Q(i)$值越大，越趋向于当前的较优值，其对应项 $e^{\frac{Q(i)}{\tau}}$ 所占比例也越大，被选择的概率也越大，此时概率 $P(k)$越趋向于选择当前的较优值，即趋向于利用；反之，τ 值越大，越趋向于探索。公式(6.2)的形式类似于 ACO 算法中的轮盘赌概率公式，后者的候选项只针对正数，通过所占比例来完成随机选择，前者可针对任意数值，也可以是归一化的一些非数字类型(比如性别、血型等)。Softmax 策略主要用于机器学习中的神经网络模型，根据不同离散值通过指数运算转换为对应离散值在所有离散值中的选择概率，因而被广泛应用于统计机器学习中。

$$P(k)=\frac{e^{\frac{Q(k)}{\tau}}}{\sum_{i=1}^{N}e^{\frac{Q(i)}{\tau}}} \tag{6.2}$$

6.2 Greedy Levy ACO 的算法设计

Epsilon Greedy 机制已被广泛应用于强化学习中(Raykar，2014；Wei，2018)。Epsilon Greedy 策略是蚁群系统算法(Ant Colony System，ACS)(Dorigo，1997)这一改进 ACO 算法的核心机制，并取得了较好的改进效果，其应用公式(6.3)称之为伪随机公式，来源于式(6.1)。

$$s=\begin{cases}\text{argmax}\{(\tau_{ij})^{\alpha}(\eta_{ij})^{\beta}\} & \text{if } \rho\leqslant\varepsilon\\ S & \text{else}\end{cases} \tag{6.3}$$

式(6.3)中，给定一个参数 ε(一般建议 ε 值为 0.9，部分文章使用 $\varepsilon>0.1$，效果是相同的)，均匀分布生成一个随机概率值 ρ。如 $\rho\leqslant\varepsilon$，则候选点应选择所有候选点中被选择概率最大的候选点；若 $\rho>\varepsilon$，则会使用方式 S 即均匀分布的随机选择概率从候选点中选择下一个点，即标准 ACO 中均匀分布的随机选择概率。

从第 4 章的内容可知，启用莱维飞行模式可较大幅度地提升均匀分布的随机选择概率的效果，因此，笔者也尝试将莱维飞行模式应用于 Epsilon Greedy 机制中，进一步改进其中的随机选择概率项，从而进一步提高算法性能。其核心是将式(5.6)代入式(6.3)，即可得到 Greedy Levy ACO 的选择概率公式为

$$P_{ij}=\begin{cases}\text{argmax}\{(\tau_{ij})^{\alpha}(\eta_{ij})^{\beta}\}, & \text{if } P_{\text{now}}\leqslant\varepsilon\\ 1-A*\dfrac{1-P_{\text{levy}}}{1-P_{\text{threshold}}}*\left(1-\dfrac{[\tau_{ij}]^{\alpha}[\eta_{ij}]^{\beta}}{\sum\limits_{l\in N_i^k}[\tau_{il}]^{\alpha}[\eta_{il}]^{\beta}}\right), & \text{if } P_{\text{now}}>\varepsilon,\ P_{\text{levy}}>P_{\text{threshold}}\\ \dfrac{[\tau_{ij}]^{\alpha}[\eta_{ij}]^{\beta}}{\sum\limits_{l\in N_i^k}[\tau_{il}]^{\alpha}[\eta_{il}]^{\beta}}, & \text{else}\end{cases} \tag{6.4}$$

由式(6.4)可以得出如下结论：

(1) 当 $P_{now} \leqslant \varepsilon$ 时，选择候选点中被选择概率最大的点。

(2) 当 $P_{now} > \varepsilon$ 且 $P_{levy} > P_{threshold}$ 时，启动莱维飞行模式，并根据莱维飞行后的新概率选择候选点。

(3) 当 $P_{now} > \varepsilon$ 且 $P_{levy} \leqslant P_{threshold}$ 时，关闭莱维飞行模式，并根据经典随机概率选择候选点。

笔者通过应用第 5 章提到的莱维飞行模式，改善了 Epsilon Greedy 机制中均匀分布的随机选择概率值，建立了 Greedy Levy ACO 改进算法。

6.3 实验环境说明

Greedy Levy ACO 的源代码及实验环境与 Levy ACO 类似。笔者将 Greedy Levy ACO 的逻辑实现在以 Max-min ACO 为基础的代码中，并提供 ε、$P_{threshold}$ 和 A 三个预定义参数。基础的 Epsilon Greedy 机制中，ε 的取值范围应在 0～1 之间，建议 ε 值为 0.9，不能太小，因此在 Greed Levy ACO 调整该参数时，范围应设为参数 ε 的 0.5～0.9，间隔 0.1，另外增加取值 0，表示关闭 Epsilon Greedy 策略。莱维飞行模式中，阈值 $P_{threshold}$ 取值范围在 0 和 1 之间。莱维飞行放大系数 $A \geqslant 0$，由于在 Greedy Levy ACO 中已经使用 Epsilon Greedy 机制，且该值较大，因此将 A 的取值设定为 0～2，间隔 0.2，当 A 值为 0 时，表明关闭了莱维飞行模式。当 Greedy Levy ACO 中 ε 取值及 A 取值均为 0 时，表明完全关闭了 Epsilon Greedy 及莱维飞行模式，此时实验回退到 Max-min ACO 模式。为了测试合适的参数建议值，笔者设计了相关实验并进行参数调优。

符合 TSPLIB 95 中的 12 个 TSPLIB 标准数据集被选择作为实验数据，包括 ch150、gr202、pr299、gil262、ts225、kroB200、pr226、a280、kroA200、gr229、tsp225 及 lin318。同时，对照这些 TSP 数据集中的已知最优解，基础的 Max-min ACO 及改进后的 Greedy Levy ACO 均能找到已知最优解，因此，算法的性能比较可放在找到已知最优解的迭代次数上，迭代次数越少，表明算法性能越优。

由于 ACO 算法的随机特性与 Levy ACO 中的性能对比实验相同，故采用不同参数分别进行 100 次实验，并通过实验结果来分析 Greedy Levy ACO 与改进前 Max-min ACO 的性能对比结果。

6.4 实验结果及其分析

Greedy Levy ACO 的逻辑实现在相应的代码中并被上传及开源(网址:https://github.com/akeyliu/greedylevyaetsp)，方便其他研究人员下载和重复相关实验。

在实验中，包括 Epsilon Greedy 的参数 ε、莱维飞行的阈值 $P_{\text{threshold}}$、莱维飞行的放大系数 A 三个参数，所有组合共 726 种，每个参数组合分别运行 100 次，所有实验均能找到已知最优解，只需要计算迭代次数来比较不同参数组合下的算法性能。为了同时对比不同数据集找到已知最优解的迭代次数，在所有实验中将对应 Max-min ACO 找到的 100 次平均迭代次数记为 1，其他不同参数组合对应的 Greedy Levy ACO 找到的 100 次平均迭代次数与 Max-min ACO 的平均迭代次数的比例记为该参数组合下对应的优化性能，这样就能将不同数据集下的同一参数组合的迭代次数减少比例的平均值统计为该参数组合下的多个数据集的平均优化性能，该值越小越好。为了更直观地描述算法优化效果，我们定义算法平均提升比例=1−平均迭代次数减少比例，该值越大越好，如图 6.2 所示。

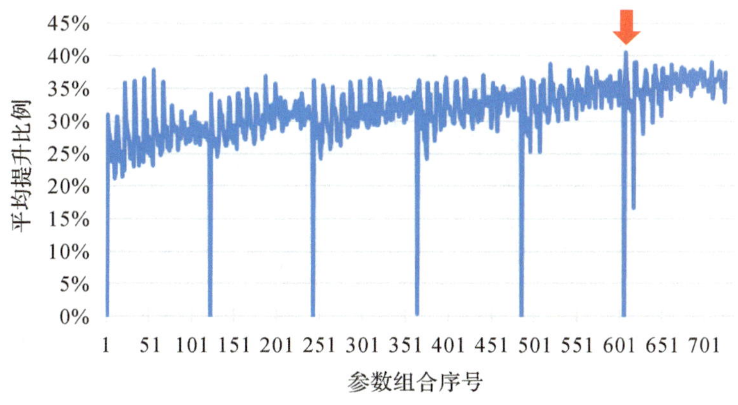

图 6.2 所有参数组合对应多个数据集的参数调优实验结果

从图 6.2 可以看出，序号为 609 的参数组合得到的性能提升比例最大(性能最优），此时最优参数组合为 $\varepsilon=0.9$，$P_{threshold}=0$，$A=0.4$。同时，图中性能提升比例最少（性能最差）的几个最低值（都为 0）对应的组合参数中，莱维飞行机制中放大系数 A 均为 0，即关闭了莱维飞行模式，可见莱维飞行模式能大幅提高算法性能。

为了进一步详细展示 Greedy Levy ACO 对于 Max-min ACO 的优化效果，在本实验中针对上述最优参数组合，列出对应的 12 个数据集优化前后的 100 次实验对应的迭代次数，并将其列出在图 6.3～图 6.14 中。

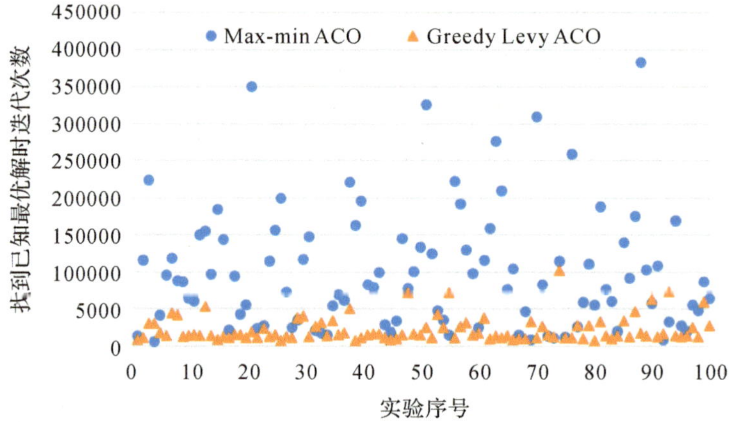

图 6.3　Greedy Levy ACO/Max-min ACO 对比实验中数据集之 lin318 的结果

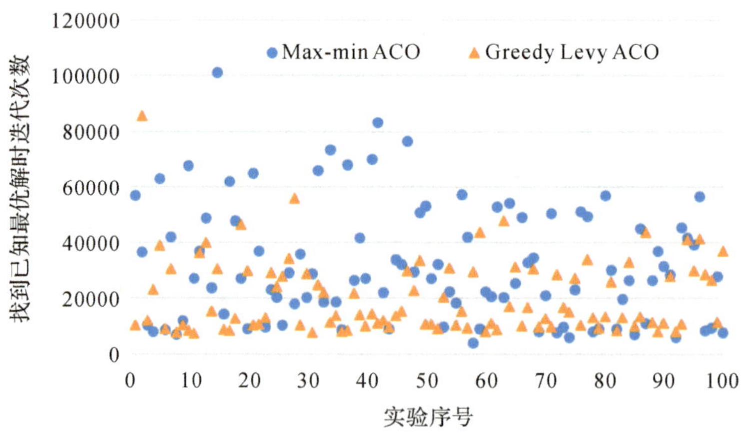

图 6.4　Greedy Levy ACO/Max-min ACO 对比实验中数据集之 pr299 的结果

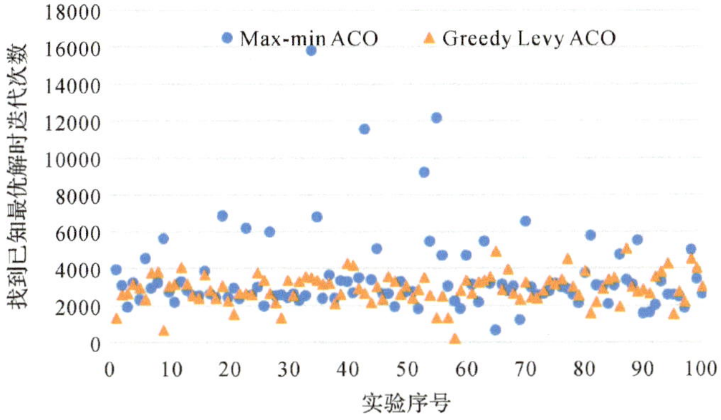

图 6.5　Greedy Levy ACO/Max-min ACO 对比实验中数据集之 kroA200 的结果

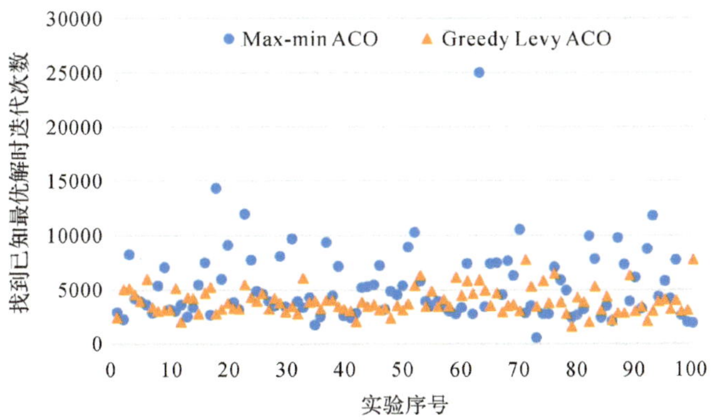

图 6.6　Greedy Levy ACO/Max-min ACO 对比实验中数据集之 kroB200 的结果

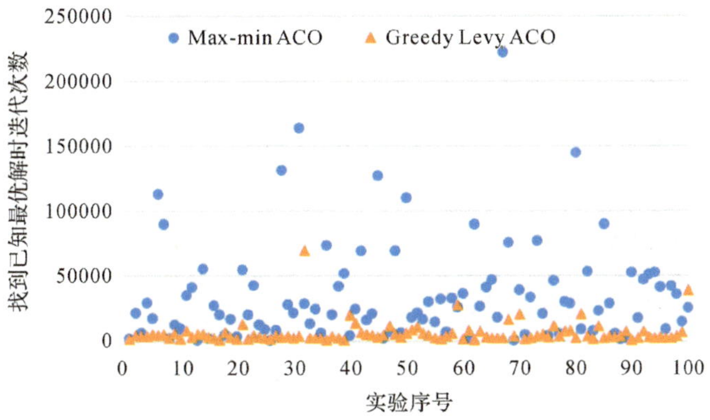

图 6.7　Greedy Levy ACO/Max-min ACO 对比实验中数据集之 pr226 的结果

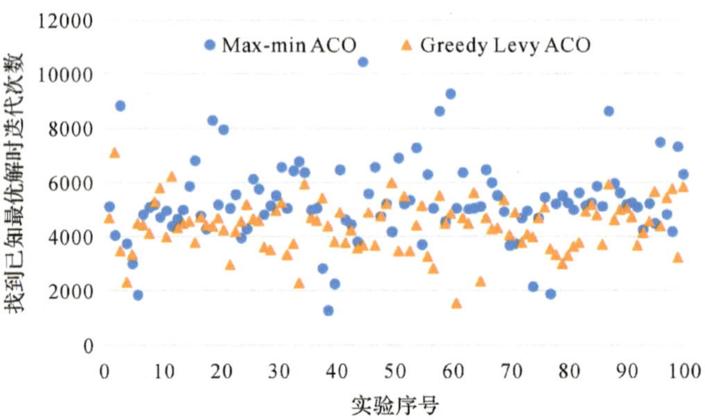

图 6.8 Greedy Levy ACO/Max-min ACO 对比实验中数据集之 tsp225 的结果

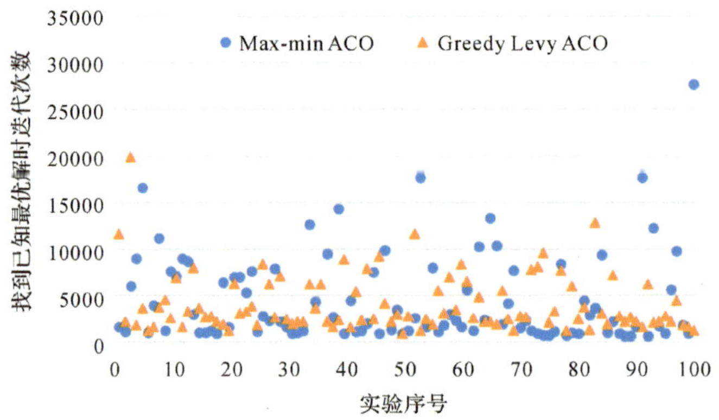

图 6.9 Greedy Levy ACO/Max-min ACO 对比实验中数据集之 a280 的结果

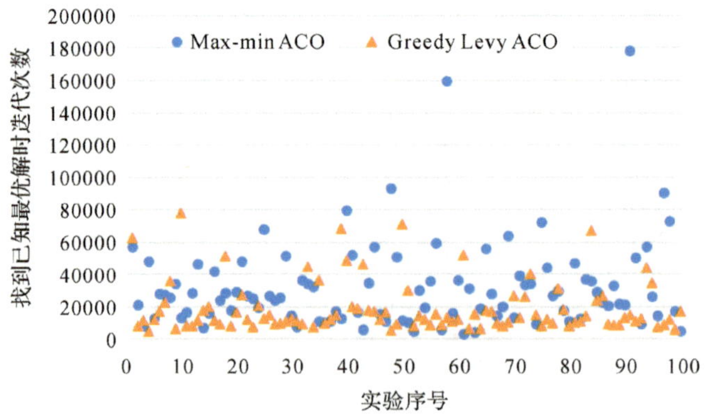

图 6.10 Greedy Levy ACO/Max-min ACO 对比实验中数据集之 gil262 的结果

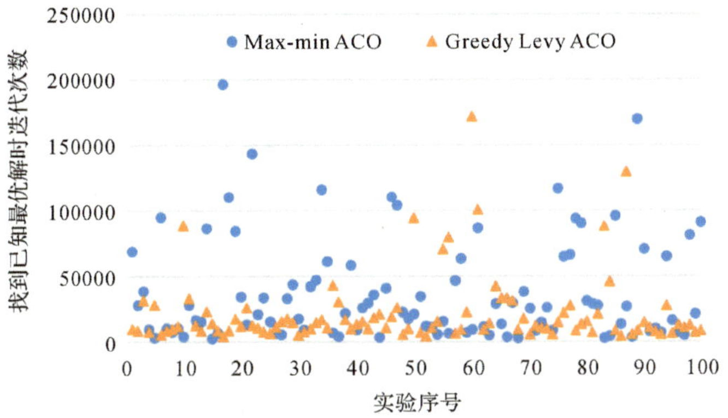

图 6.11 Greedy Levy ACO/Max-min ACO 对比实验中数据集之 gr202 的结果

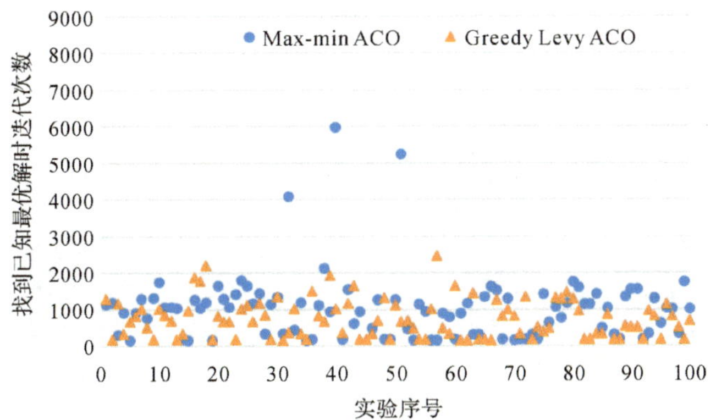

图 6.12 Greedy Levy ACO/Max-min ACO 对比实验中数据集之 ch150 的结果

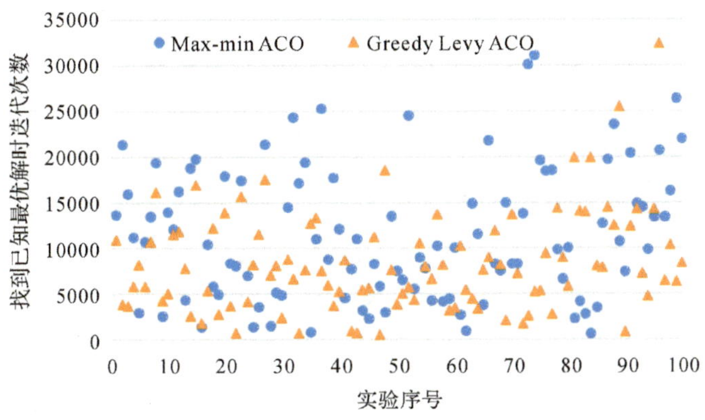

图 6.13 Greedy Levy ACO/Max-min ACO 对比实验中数据集之 ts225 的结果

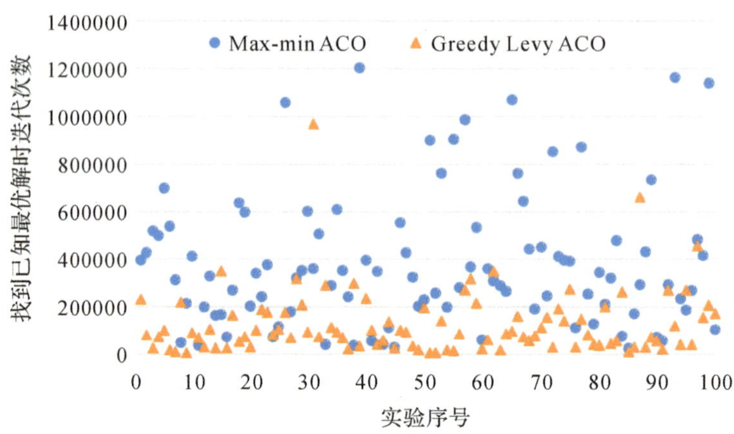

图 6.14　Greedy Levy ACO/Max-min ACO 对比实验中数据集之 gr229 的结果

为了进行量化比较，将实验的平均值(对应综合评价)和均方差(对应算法的稳定性)分别列在表 6.1 中。

表 6.1　Greedy Levy ACO/Max-min ACO 找到最优解的迭代次数的实验数据分析

数据集名称	Max-min ACO		Greedy Levy ACO		提升比例	
	平均迭代次数	迭代次数方差	平均迭代次数	迭代次数方差	平均迭代次数	迭代次数方差
ch150	1087.20	1160.61	731.33	522.85	32.73%	54.95%
a280	4788.89	5565.81	4042.42	3094.29	15.59%	44.41%
kroA200	3546.18	2201.67	2921.12	833.66	17.63%	62.13%
kroB200	5311.75	3320.33	3956.49	1210.96	25.51%	63.53%
gr202	37 367.48	39 292.75	21 829.34	27 124.36	41.58%	30.97%
pr226	35 757.25	38 332.23	6260.73	8624.18	82.49%	77.50%
ts225	11 380.65	7249.74	8343.69	5525.99	26.69%	23.78%
tsp225	5292.14	1514.43	4386.75	936.56	17.11%	38.16%
gr229	381 295.47	278 537.00	129 097.82	138 805.39	66.14%	50.17%
pr299	31 672.30	20 896.26	20 279.83	13 403.40	35.97%	35.86%
gil262	31 992.94	27 604.00	18 980.36	15 854.17	40.67%	42.57%
lin318	99 586.9	80 655.81	21 902.39	17 059.07	78.01%	78.85%
平均值					40.01%	50.24%

从表 6.1 可以看出，在 10 个数据集的实验结果中，迭代次数的平均值和均方差平均优化了 40.01%和 50.24%，由于同一环境下迭代次数与所需时间成正比，即平均算法的计算速度或性能提升到原来的 1.667 倍。

Wilcoxon、Rank Sum、Mann Whitney U 是三类秩和检验，是常见的用于判断两个分布列是否有显著区别的非参数检验方法。假设 Greedy Levy ACO 与基准Max-min ACO 性能相同，笔者将不同数据集中的所有实验结果通过 Python 中 scipy 包的统计功能 scipy.stats 中的 wilcoxon、ranksum 和 mannwhitneyu()函数分别进行处理，将得到相应 P 值，其中大部分 P 值小于 0.01，甚至小于 0.001，仅数据集 a280 和 kroA200 有两个 P 值略大于 0.05(由于总迭代次数较小，因此改进的空间也有限，体现不出优化前后的算法差别)，表明这些数据集结果中存在较明显差异，因此 Greedy Levy ACO 与改进前的 Max-min ACO 是两个显著不同的算法。

根据以上的实验数据进行分析，可以得出以下结论：

(1) 参数 ε 的取值范围为 0～1，建议 ε 值为 0.8。

(2) 莱维飞行模式的阈值 $P_{\text{threshold}}$ 为 0～1，建议 $P_{\text{threshold}}=0$。

(3) 莱维飞行模式的放大系数 $A\geqslant 0$，建议 $A=0.4$。

(4) 在上述建议值下，Greedy Levy ACO 相对改进前的 Max-min ACO 能获得平均 40.01%的算法性能提升和 50.24%的算法稳定性提升，从平均算法的计算速度或性能上来说，可提升到原来的 1.667 倍。

(5) 针对以上实验结果进行差异显著性分析可以证明 Greedy Levy ACO 是与 Max-min ACO 显著不同的算法，见表 6.2。

因此，可以说明 Greedy Levy ACO 是一类改进效果明显的 ACO 算法。

表 6.2　算法显著性差异的统计校验结果(P 值)

数据集名称	Wilcoxon		Rank Sum		Mann Whitney U	
ch150	5.27E－03	＊＊	1.65E－02	＊	8.29E－03	＊＊
a280	9.40E－01		9.04E－02		4.53E－02	＊
kroA200	0.306		0.553		0.277	

续　表

数据集名称	Wilcoxon		Rank Sum		Mann Whitney U	
kroB200	7.25E－04	＊＊＊	1.63E－02	＊	8.18E－03	＊＊
gr202	5.78E－04	＊＊＊	7.04E－03	＊＊	3.53E－03	＊＊
pr226	5.49E－14	＊＊＊	7.43E－18	＊＊＊	3.76E－18	＊＊＊
ts225	1.05E－03	＊＊	3.34E－03	＊＊	1.68E－03	＊＊
tsp225	2.07E－06	＊＊＊	7.09E－08	＊＊＊	3.57E－08	＊＊＊
gr229	3.26E－12	＊＊＊	1.09E－15	＊＊＊	5.48E－16	＊＊＊
pr299	7.57E－05	＊＊＊	6.05E－04	＊＊＊	3.04E－04	＊＊＊
gil262	1.08E－05	＊＊＊	1.33E－06	＊＊＊	6.68E－07	＊＊＊
lin318	2.21E－15	＊＊＊	7.27E－20	＊＊＊	3.67E－20	＊＊＊

P 值：<0.05：＊，<0.01：＊＊，<0.001：＊＊＊。

6.5　Greedy Levy ACO 与其他最新算法的比较

前面通过实验将作为基准的 Max-min ACO 及在其基础上的改进算法 Greedy Levy ACO 进行了对比，并在同一台计算机上验证了 Greedy Levy ACO 的改进效果。

为了进一步验证 Greedy Levy ACO 算法的改进效果，现将它与目前最新的改进算法进行比较。在相关文章的实验数据中，针对 TSPLIB 的一些数据集提供了实验结果，我们也使用相同的实验环境针对相同的数据集进行了相关实验。

6.5.1　Greedy Levy ACO 与 ACO 相关最新算法的比较

与 Levy ACO 类似，笔者使用 2015 年提出的 PSO、ACO、3-Opt(Mahi，2015)(整合粒子群算法、ACO 算法和 3-Opt 算法)及 2018 年提出的 PACO、3-Opt(Gülcü，2018)(整合粒子群算法、ACO 算法和 3-Opt 算法，并加上并行机制)作为实验对比目标算法。Greedy Levy ACO 基于 Max-min ACO 算法，将 ACO 及 3-Opt 算法进行整合，再加上改进的 Epsilon Greedy 及莱维飞行模式，和目标算法具有较高的可比性。

上述两篇文章中，针对 10 个 TSP 数据集(包括 berlin52、ch150、eil151、eil76、

eil101、kroA100、kroB200、lin105、rat99 和 st70)进行了 20 次实验，每次实验最多 1000 次迭代。Levy ACO 也按相同的实验次数和最大迭代次数针对相同的数据集进行了相关实验，相关对比数据列在表 6.3、表 6.4 和表 6.5 中。其中，指标 Error%=(平均解－已知最优解)/已知最优解，表示平均解与已知最优解的偏差比例，是很多算法文章中评估算法质量的一个重要指标。

表 6.3 Greedy Levy ACO 与 PSO、ACO、3-Opt/PACO、3-Opt 算法的比较

数据集名称	PSO、ACO、3-Opt			PACO、3-Opt			Greedy Levy ACO		
	最优解	平均解	Error%	最优解	平均解	Error%	最优解	平均解	Error%
berlin52	**7542**	7543.2	0.02%	**7542**	**7542**	0.00%	**7542**	**7542**	0.00%
ch150	6538	6563.95	0.55%	6570	6601.4	1.12%	**6528**	6529	0.02%
eil51	**426**	426.45	0.11%	**426**	426.35	0.08%	**426**	**426**	0.00%
eil76	**538**	538.3	0.06%	**538**	539.85	0.34%	**538**	**538**	0.00%
eil101	**629**	632.7	0.59%	**629**	630.55	0.25%	**629**	629.75	0.12%
kroA100	21 301	21 445.1	0.77%	**21 282**	21 326.8	0.21%	**21 282**	**21 282**	0.00%
kroA200	29 468	29 646.1	0.95%	29 533	29 644.5	0.94%	**29 368**	29 556	0.64%
lin105	**14 379**	14 379.2	0.00%	**14 379**	14 393	0.10%	**14 379**	**14 379**	0.00%
rat99	1224	1227.4	1.35%	1213	1217.10	0.50%	**1211**	1211.25	0.02%
st70	676	678.2	0.47%	676	677.85	0.42%	**675**	**675**	0.00%
平均值			0.49%			0.40%			0.08%

表 6.4 Greedy Levy ACO 在 1000 次迭代中找到已知最优解时的迭代次数

实验次数	不同数据集找到最优解时的迭代次数									
	berlin52	ch150	eil51	eil76	eil101	kroA100	kroB200	lin105	rat99	st70
1	**135**	**711**	**142**	**505**	**1075**	**188**	3976	**188**	**307**	**139**
2	**155**	**512**	**136**	**515**	**599**	**176**	4069	**182**	**770**	**146**
3	**131**	2079	**133**	**383**	**1377**	**184**	2391	**203**	**758**	**160**
4	**141**	1322	**394**	**640**	**294**	**173**	3549	**190**	**445**	**285**
5	**139**	**508**	**883**	**654**	**303**	**164**	2260	**183**	**635**	**145**
6	**139**	**820**	**268**	**255**	**146**	**167**	3187	**197**	**805**	**144**

续表

实验次数	不同数据集找到最优解时的迭代次数									
	berlin52	ch150	eil51	eil76	eil101	kroA100	kroB200	lin105	rat99	st70
7	**137**	1162	**541**	**508**	**1062**	**353**	4501	**192**	**787**	**147**
8	**156**	**501**	**139**	**131**	**1078**	**354**	3474	**177**	**475**	**140**
9	**145**	1044	**133**	**400**	**932**	**174**	2487	**193**	**326**	**138**
10	**135**	1047	**134**	**270**	**1209**	**356**	3609	**198**	**314**	**144**
11	**136**	1497	**134**	**374**	**447**	**157**	1097	**181**	**786**	**145**
12	**148**	1166	**139**	**130**	**1047**	**332**	2900	**203**	**315**	**144**
13	**135**	**351**	**265**	**519**	**1509**	**182**	2201	**199**	**315**	**143**
14	**144**	**692**	**138**	**385**	**443**	**177**	3915	**213**	**787**	**138**
15	**141**	**670**	**141**	**466**	**297**	**185**	**225**	**204**	**160**	**135**
16	**145**	**168**	**140**	**251**	**636**	**334**	2970	**187**	**308**	**138**
17	**140**	**507**	**121**	**269**	**459**	**181**	3018	**198**	**475**	**413**
18	**145**	1171	**268**	**630**	**939**	**176**	3279	**201**	**1646**	**149**
19	**151**	1138	**136**	**521**	**896**	**351**	2981	**194**	**1214**	**152**
20	**139**	**827**	**135**	**381**	**1531**	**171**	3174	**185**	**646**	**141**
最大迭代次数	156	2079	883	654	1531	356	4501	213	1646	413
平均迭代次数	141.9	894.7	226	409.4	814.0	226.8	2963.2	193.4	613.7	164.3

注：黑体数字表示相应的迭代次数在1000次内找到了已知最优解。

表 6.5　Greedy Levy ACO 在 1000 次迭代中找到的已知最优解

实验次数	最优解									
	berlin52	ch150	eil51	eil76	eil101	kroA100	kroB200	lin105	rat99	st70
1	**7542**	**6528**	**426**	**538**	631	**21 282**	29 409	**14 379**	**1211**	**675**
2	**7542**	**6528**	**426**	**538**	**629**	**21 282**	29 451	**14 379**	**1211**	**675**
3	**7542**	6549	**426**	**538**	630	**21 282**	29 394	**14 379**	**1211**	**675**
4	**7542**	6533	**426**	**538**	**629**	**21 282**	29 492	**14 379**	**1211**	**675**
5	**7542**	**6528**	**426**	**538**	**629**	**21 282**	29 463	**14 379**	**1211**	**675**

续表

实验次数	最优解									
	berlin52	ch150	eil51	eil76	eil101	kroA100	kroB200	lin105	rat99	st70
6	**7542**	**6528**	**426**	**538**	**629**	**21 282**	29 486	**14 379**	**1211**	**675**
7	**7542**	6544	**426**	**538**	630	**21 282**	29 487	**14 379**	**1211**	**675**
8	**7542**	**6528**	**426**	**538**	630	**21 282**	29 409	**14 379**	**1211**	**675**
9	**7542**	6533	**426**	**538**	**629**	**21 282**	29 446	**14 379**	**1211**	**675**
10	**7542**	6543	**426**	**538**	630	**21 282**	29 533	**14 379**	**1211**	**675**
11	**7542**	6533	**426**	**538**	**629**	**21 282**	29 417	**14 379**	**1211**	**675**
12	**7542**	6533	**426**	**538**	630	**21 282**	29 420	**14 379**	**1211**	**675**
13	**7542**	**6528**	**426**	**538**	632	**21 282**	29 451	**14 379**	**1211**	**675**
14	**7542**	**6528**	**426**	**538**	**629**	**21 282**	29 507	**14 379**	**1211**	**675**
15	**7542**	**6528**	**426**	**538**	**629**	**21 282**	**29 368**	**14 379**	**1211**	**675**
16	**7542**	**6528**	**426**	**538**	**629**	**21 282**	29 436	**14 379**	**1211**	**675**
17	**7542**	**6528**	**426**	**538**	**629**	**21 282**	29 501	**14 379**	**1211**	**675**
18	**7542**	6543	**426**	**538**	**629**	**21 282**	29 550	**14 379**	1212	**675**
19	**7542**	6533	**426**	**538**	**629**	**21 282**	29 469	**14 379**	1212	**675**
20	**7542**	**6528**	**426**	**538**	631	**21 282**	29 478	**14 379**	**1211**	**675**
最优解	7542	6528	426	538	629	21 282	29 368	14 379	1211	675
平均解	7542	6532.6	426	538	629.6	21 282	29 458.4	14 379	1211.1	675
最差值	7542	6549	426	538	632	21 282	29 550	14 379	1212	675
Error%	0.00%	0.07%	0.0%	0.0%	0.10%	0.00%	0.31%	0.00%	0.01%	0.0%

6.5.2 Greedy Levy ACO 与非 ACO 最新算法的比较

除了选择一个基于 ACO 的最新算法，我们也可选择另一个引用数量较多的非 ACO 的最新算法，即整合了遗传算法、多智能体强化学习、2-Opt 及凸包最近插入的局部搜索的 GA-MARL+NICHLS 算法(Alipour，2018)。该文章中的实验数据是最多 10 000 次迭代针对与之前 PACO、3-Opt 相同的实验数据集，Levy ACO 的实验数据具体可参阅表 5.4，所有找到已知最优解的迭代次数均小于 10 000(最大迭代次数为 4501)，具体的实验分析数据列在表 6.6 中。

表 6.6 Greedy Levy ACO 与 GA-MARL+NICHLS 算法的比较

数据集	MARL+NICHLS			GA−MARL+NICHLS			Greedy Levy ACO		
	最优解	平均解	Error%	最优解	平均解	Error%	最优解	平均解	Error%
berlin52	**7542**	7557.4	0.20%	**7542**	7550.7	0.12%	**7542**	**7542**	0.00%
ch150	6543	6593.97	1.01%	**6528**	6547.67	0.30%	**6528**	**6528**	0.00%
eil51	**426**	428.67	0.63%	**426**	427.4	0.33%	**426**	**426**	0.00%
eil76	540	548.23	1.90%	**538**	545.3	1.36%	**538**	**538**	0.00%
eil101	**629**	645.47	2.62%	**629**	642.6	2.16%	**629**	**629**	0.00%
kroA100	**21 282**	21 407.47	0.59%	**21 282**	21 345.4	0.30%	**21 282**	**21 282**	0.00%
kroA200	29 506	29 810.67	1.51%	29 435	29 662.1	1.00%	**29 368**	**29 368**	0.00%
lin105	**14 379**	14 411.63	0.23%	**14 379**	14 385.63	0.05%	**14 379**	**14 379**	0.00%
rat99	**1211**	1233.57	1.86%	**1211**	1223.3	1.02%	**1211**	**1211**	0.00%
st70	**675**	681.03	0.89%	**675**	679.43	0.66%	**675**	**675**	0.00%
平均值			1.14%			0.73%			0.00%

注：黑体数字表示相应的迭代次数在最大 1000 次迭代内找到了已知最优解。

从表中的数据来看，作为强化学习算法的 GA-MARL+NICHLS，其算法性能要远低于 PACO、3-Opt，其中前者是最多 10 000 次迭代仍未能全部找到已知最优解，而后者最多仅为 1 000 次迭代且全部找到已知最优解。这进一步验证了本书前面提到的基于神经网络的强化学习虽然能解决小规模的 VRP 问题，但其算法性能及能解决问题的规模仍然受到较大的限制。

小　　结

本章针对属于强化学习的蚁群优化算法中的候选点选择概率进行了深入研究，并基于强化学习中的 Epsilon Greedy 机制，应用莱维飞行模式提出了 Greedy Levy ACO 改进算法，且通过实验进行了参数调优、对比改进前后的算法性能提升及与最新算法的性能比较，验证确认了 Greedy Levy ACO 的算法改进效果。

Greedy Levy ACO 相比基准的 Max-min ACO，算法的平均计算速度或性能提升到原来的 1.667 倍，为 Rich VRP 统一应用框架提供了一个良好的改进算法。Greedy Levy ACO 也可视为是 Levy ACO 的改进版本。

第7章 Contribution-based ACO 算法

前面两章介绍了 ACO 算法中针对候选点选择概率公式改进的 Levy ACO 及 Greedy Levy ACO 算法（笔者将它们分别发表在论文（Liu，2020；Liu，2021））中。本章针对 ACO 算法中信息素更新公式的改进算法，阐述了蚁群优化算法的第三个改进算法——Contribution-based ACO。先介绍了强化学习中的奖励机制及特点，再通过分析 ACO 中以 TSP 为代表的现有奖励机制的特点、不足及进一步加强奖励的有效分配机制，建立了 Contribution-based ACO 的核心原理，最后经过实验确定了优化改进算法的性能。

7.1 强化学习算法中的奖励机制

在强化学习算法中，动作和奖励是很重要的两个环节。强化学习中的智能体先通过不同的搜索策略选择一个行为，再通过环境获得一个新的状态和相应的反馈或奖励，见图 7.1，最后通过不断试错及调整策略和行为，并不断学习，以提高最优解的质量（周志华，2016）。

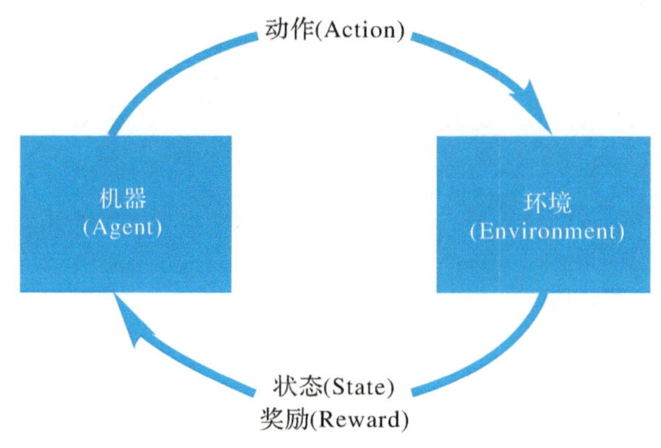

图 7.1　强化学习算法图示

在强化学习过程中，奖励是一个很重要的环节，智能体要做的就是通过在环境中不断地去尝试而学得一个策略 π，在状态 x 下根据策略 π 就能得知要执行的动作 $a=\pi(x)$。策略 π 的优劣取决于长期执行该策略后得到的累积奖励(周志华，2016)。因此，奖励机制决定了策略的优劣，进而决定了算法的优劣。

ACO 算法也是一类强化学习算法(Gambardella，1995)，它由信息素和吸引因子组成的选择概率公式就是策略，策略随着信息素值的变化不断进行调整，信息素增加值就是奖励。因此，如何更有效地设置信息素的奖励作用决定了 ACO 算法的性能。

7.2　管理学激励理论概述

ACO 算法也是一类群体智能算法(Dorigo，2010)，如何高效地组织群体中不同蚂蚁有效地寻找最优路径，就成了一个很重要的管理学理论问题。现有的 ACO 算法是通过信息素的正反馈奖励当前最优解，从而不断吸引后续蚂蚁大概率选择当前最优路径，最终不断提高整体最优路径的质量(Dorigo，1996)。从这个逻辑可以看到激励原理的作用，这也激发了笔者尝试利用管理学中的激励原理来进一步改进 ACO 算法。

基于 ACO 算法中都是一些没有任何情感的理性智能体，本章将管理学激励理论中一些关于人性的因素排除或单一化。激励理论中有一个较为重要的理论，即期望理论(Isace，2001)，其公式为

$$\text{Motivation} = \text{Instrumentality} \times \text{Expectancy} \times \text{Valence} \tag{7.1}$$

式中，Motivation 即激励，Instrumentality 即措施，Valence 即评价，Expectancy即期望。其中，期望是与人有关的感知系数，在 ACO 中可设为常数；措施是激励的规则，在同一套激励规则或同一个 ACO 算法中是相同的。

因此，在同一个 ACO 算法中，激励与评价成正比，故可将式(7.1)简化成

$$\text{Motivation} \propto \text{Valence} \tag{7.2}$$

从式(7.2)可以看出，评价越好，激励作用越大，在实际应用中也是如此。比如同一套计件工资制下的多劳多得方式，通过报酬来评价绩效，即绩效评价越高，报酬越多；激励动力越大，奖励效果越好。

7.3　经典 ACO 算法中的信息素更新逻辑

在针对 TSP 问题的经典 ACO 及大部分 ACO 改进算法中，信息素的更新都是相应可行解总成本的倒数，即

$$\tau_{ij} = (1-\rho) * \tau_{ij} + \Delta\tau_{ij}^{k} \tag{7.3}$$

$$\Delta\tau_{ij}^{k} = \begin{cases} \dfrac{1}{C^{k}}, & \text{if arc}(i,j)\text{belongs best route} \\ 0, & \text{else} \end{cases} \tag{7.4}$$

$$C^{k} = \sum C_{ij}, \quad \text{while arc}(i,j)\text{belongs to solutoin } k \tag{7.5}$$

其中，式(7.3)说明了节点 i 和 j 之间的边每次得到第 k 个可行解后，其对应的信息素 τ_{ij} 按比例 ρ 挥发一次，并增加相应的信息素增量 $\Delta\tau_{ij}^{k}$，该信息素增量计算见式(7.4)。当该边在最优解中时，则须增加式(7.5)中对应的当前解长度的倒数，否则不增加。

一方面式(7.4)是一个经典公式，对应式(7.2)的激励原理，但很少有相应 ACO 改进算法的文章。另一方面因它有一定的不合理性，即该可行解中所有边都按相同的值(信息素增量)来更新，而并未考虑该可行解中不同边的贡献程度。这从另一个角度来说是违反了期望理论，笔者尝试使用公式(7.2)的原理进行改进，此乃 Contribution-based ACO 的设计初衷。举一个浅显的例子，如在同一个公司内不同部门之间已按不同贡献

分配了不同的奖励，但在一个部门内部不同的员工之间的奖励完全相同，那将不会激励员工的积极性，犹如吃大锅饭；如果同一部门的不同员工按照绩效原则进行不同奖励的分配，那么奖励的政策效果会更显公平。

图 7.2 中，TSP 可行解由多个长度不同的边组成，每条边因其长度各不相同，故对总长度的贡献也不同。因此，根据前面提到的管理学激励理论，笔者尝试通过定义同一可行解中不同边长对于当前总长度的贡献来区分不同边长的奖励，从而有效地提高 ACO 算法的效率。

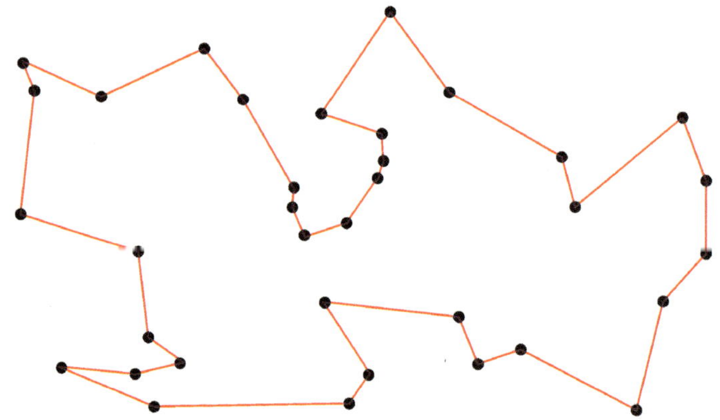

图 7.2　TSP 问题中可行解由不同长度(对总长度的不同贡献)的边组成示意图

7.4　Contribution-based ACO 的算法设计

Contribution-based ACO 算法是为了解决同一个可行解中不同边长的贡献度不同，通过差异化地设置不同的奖励或信息素机制来有效提升 ACO 算法的性能。

Contribution-based ACO 算法设计应遵循以下三个原则：

(1) 新信息素更新逻辑应与原有的信息素更新逻辑类似，即对于同一可行解的总信息素增量应保持不变或近似值。

(2) 同一可行解中不同边长的信息素增量应根据边长的不同而不同，越短的边长对于总边长的贡献越大，相应的信息素增量也应越大。

(3) 新的公式应尽可能简单，避免在 ACO 算法多次迭代中增加过多的计算步骤和计算时间。

经过仔细设计后的 Contribution-based ACO 算法的信息素更新逻辑为

$$\Delta \tau_{ij}^{k}=\begin{cases}\dfrac{1}{C^{k}+A\cdot N\cdot C_{ij}}, & \text{if arc}(i,\ j)\text{belongs best route}\\ 0, & \text{else}\end{cases} \tag{7.6}$$

式(7.6)与式(7.4)相似，但式(7.6)增加了一项($C^{k}+A\cdot N\cdot C_{ij}$)。其中，放大系数 A 是预定义系数；参数 N 是当前可行解的边的数量，对应具体的 TSP/VRP 是常量，即 TSP/VRP 问题中节点的规模；C_{ij} 是节点 i 和 j 之间边的成本或路径长度。

$$\begin{aligned}\sum_{i=1}^{N}(C^{k}+A\cdot N\cdot C_{ij}) &= N\cdot C^{k}+A\cdot N\cdot\sum_{i=1}^{N}(C_{ij})\\ &= N\cdot(1+A)\cdot C^{k}\end{aligned} \tag{7.7}$$

式(7.7)是式(7.6)的基本设计思想，即新公式下同一路径中所有子路径的贡献值对应的累加值还与当前路径的总长度成比例。同时，式(7.6)的设计满足前面提到的三原则，具体包括：

(1) 通过乘以参数 N 将 $N\cdot C_{ij}$ 变成与 C^{k} 相同数量级的值，从而保证改进后可行解的信息素奖励总和与改进之前的公式保持了相同的数量级，即新的总信息素增加总和为原值的$\dfrac{1}{1+A}$倍。

(2) 通过放大系数 A 来调整不同边对于该可行解贡献的大小，即贡献的重要程度对于同一线路中的不同边，根据式(7.6)可知，当 A 越大时，较短的边(也就是贡献较大的边)获得的信息素增加值也越大，从而提高贡献度的影响，较长的边(即贡献较小的边)获得的信息素增加值越小，但总和保持不变。这从探索和利用的角度来看是加大利用，即较短的边给予更多的信息素，从而加快算法收敛；信息素增加值越大，更能有效地吸引后续蚂蚁选择贡献度越大的边，这样提高了奖励机制和信息素更新策略的效果，并最终提高了算法的性能。

(3) 式(7.6)相比式(7.4)计算较简单。

7.5 实验环境说明

Contribution-based ACO 的源代码及实验环境与 Levy ACO 类似。笔者将 Contribution-based ACO 的逻辑实现在基础的 Max-min ACO 代码中，并提供贡献放大系数 A，其中将 A 的取值范围设定为 0～2，间隔为 0.2。当 A 值为 0 时，即关闭了贡献度机制，退回到基准的 Max-min ACO。为了测试合适的建议值，笔者设计了相关实验来进行参数优化。

选择符合 TSP 标准的 TSPLIB95 中的 9 个标准数据集作为实验数据。同时，对照这些 TSP 数据集的已知最优解，基础的 Max-min ACO 及 Contribution-based ACO 均能找到已知最优解，因此，算法的性能比较主要是找到已知最优解的迭代次数，迭代次数越少，算法性能越好。

ACO 算法是一类随机算法，此处针对每个数据集的同一套参数，将实验运行 100 次，并通过平均值、中位值和均方差来公开地评估算法的性能及其稳定性。

7.6 实验结果及其分析

Contribution-based ACO 的逻辑实现在相应的代码中，笔者上传及开源(网址：https://github.com/akeyliu/Cbacotsp)，以方便其他研究人员下载和重复相关实验。

贡献的放大系数 $A \geqslant 0$，取值范围在 0～2 之间，以间隔为 0.2 测试不同的参数 100 次，来评估算法优化的效果。当 A 值为 0 时，相当于关闭贡献度算法，退回到基础的 Max-min ACO 算法。本次实验选取了 a280、gil262、gr202、kroA200、kroB200、pr226、pr299、tsp225、lin318 共 9 个数据集，重复 100 次实验且均找到已知最优解，对应不同贡献放大系数的 100 次实验的平均迭代次数(只包括 ACO 算法中主循环的迭代次数)列在图 7.3 中(其中 lin318 迭代次数较多，使用次纵坐标轴)，其中将贡献放大系数 A 设为 0.4，是一个建议值。虽然部分数据集放大系数继续增大，仍会带来迭代次数的减少，但考虑不同数据集的可能差异，0.4 是一个较为合理的建议值。

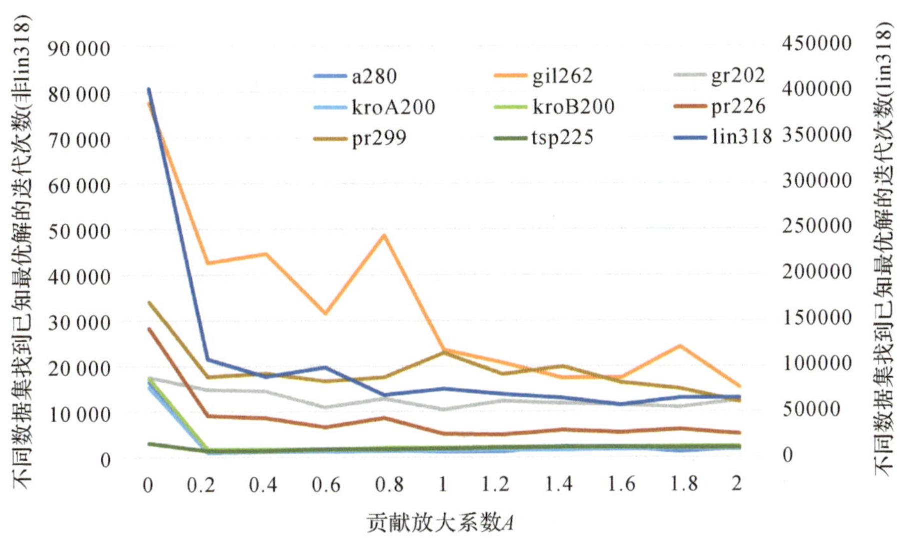

图 7.3 Contribution-based ACO 数据集 9 个数据集不同贡献放大系数参数调优实验结果

当 A 设为 0.4 时，列出 9 个数据集的基准 Max-min ACO 与 Contribution-based ACO 的实验对比，将找到已知最优解的迭代次数比较列于图 7.4～图 7.12。从图中可以看出，Contribution-based ACO 迭代次数要少于 Max-min ACO，即其性能优于基准的 Max-min ACO 算法。

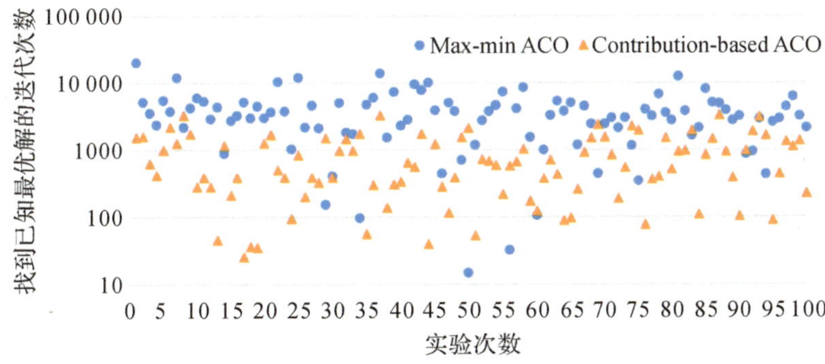

图 7.4 Contribution-based ACO 与 Max-min ACO 对比实验中数据集 lin318 的结果

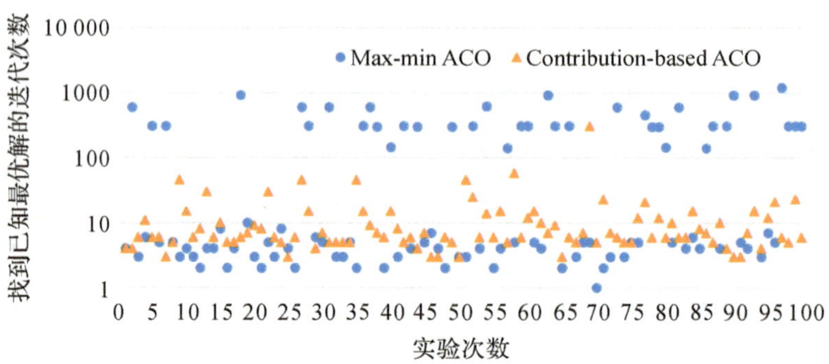

图 7.5 Contribution-based ACO 与 Max-min ACO 对比实验中数据集 a280 的结果

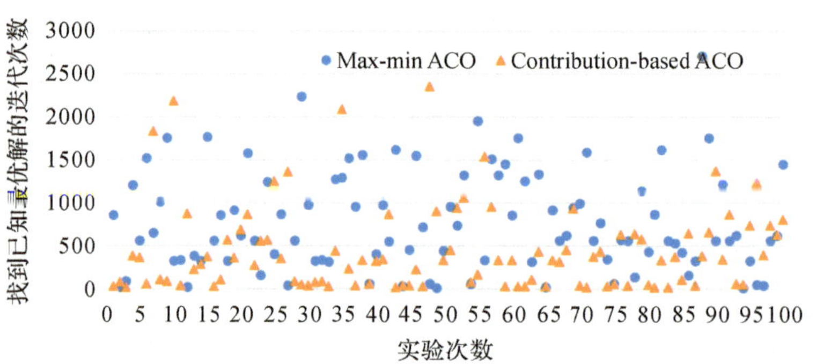

图 7.6 Contribution-based ACO 与 Max-min ACO 对比实验中数据集 gil262 的结果

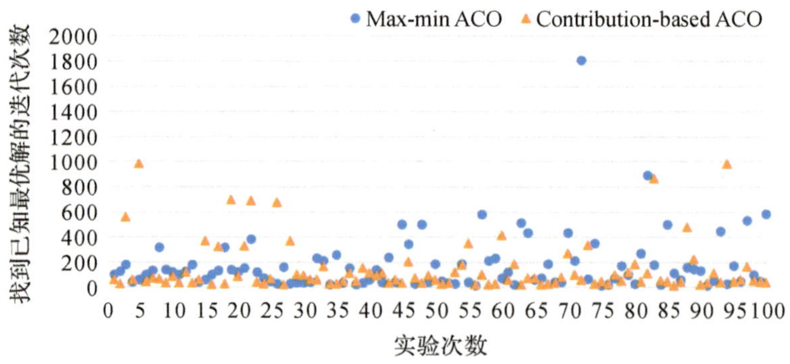

图 7.7 Contribution-based ACO 与 Max-min ACO 对比实验中数据集 gr202 的结果

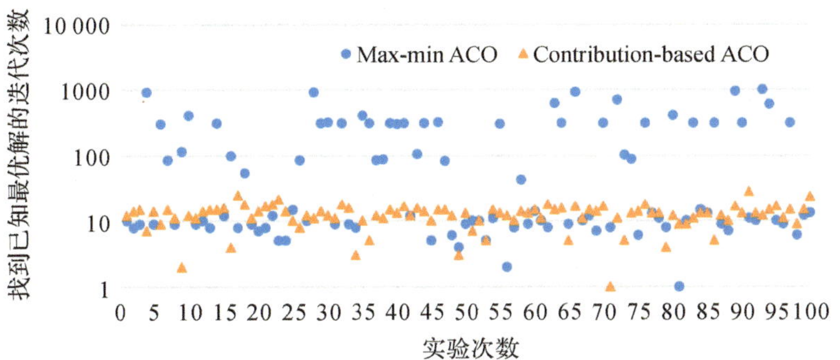

图 7.8 Contribution-based ACO 与 Max-min ACO 对比实验中数据集 kroA200 的结果

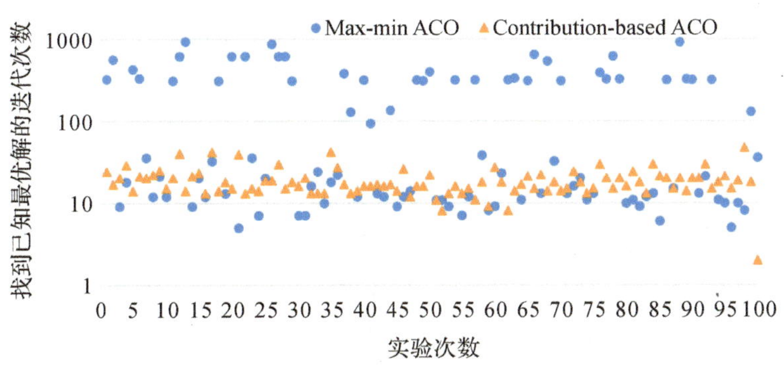

图 7.9 Contribution-based ACO 与 Max-min ACO 对比实验中数据集 kroB200 的结果

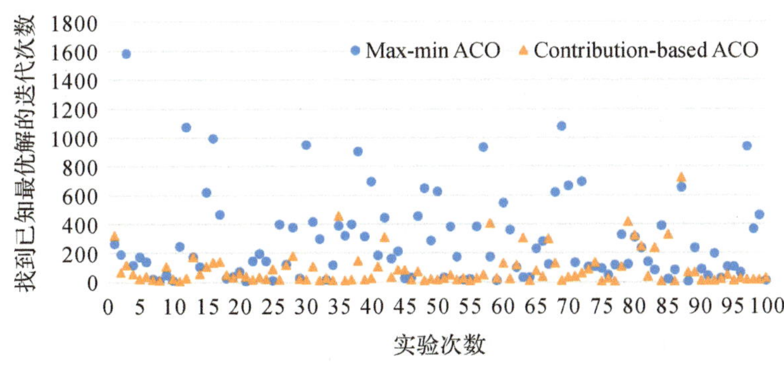

图 7.10 Contribution-based ACO 与 Max-min ACO 对比实验中数据集 pr226 的结果

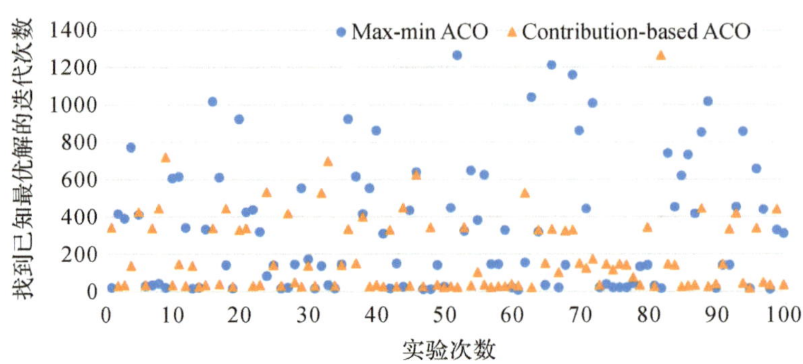

图 7.11　Contribution-based ACO 与 Max-min ACO 对比实验中数据集 pr299 的结果

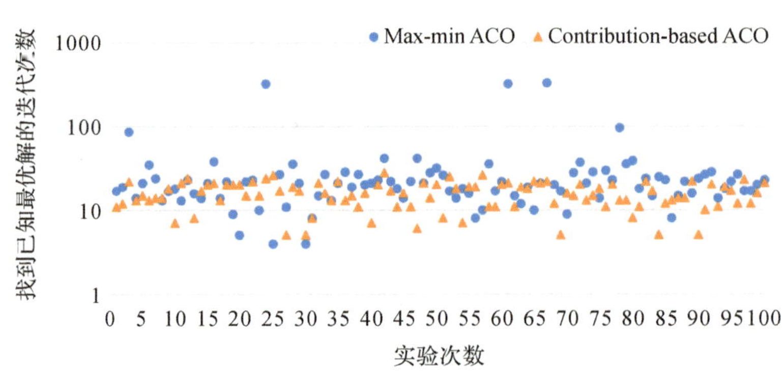

图 7.12　Contribution-based ACO 与 Max-min ACO 对比实验中数据集 tsp225 的结果

为了更加直观地进行比较，将 100 次实验计算的平均值(对应算法性能)和均方差(对应算法的稳定性)分别列在表 7.1 中。

从表 7.1 中可以看出，9 个数据集的实验结果中，不同数据集的优化效果有些差异，迭代次数平均值和均方差平均优化了 63.98%和 63.73 %，由于同一环境下迭代次数与运行时间成正比，从平均算法速度或性能上来说，比原来提高了 2.78 倍。

表 7.1 Contribution-based ACO 与 Max-min ACO 找到最优解的迭代次数的实验数据分析

数据集名称	Max-min ACO		Contribution-based ACO		提升比例	
	平均迭代次数	迭代次数方差	平均迭代次数	迭代次数方差	平均迭代次数	迭代次数方差
a280	164.34	260.65	13.40	31.25	91.85%	88.01%
gil262	776.63	579.79	444.94	498.73	42.71%	13.98%
gr202	174.95	230.96	145.00	202.97	17.12%	12.12%
kroA200	152.89	240.83	12.59	4.56	91.77%	98.11%
kroB200	173.65	232.15	18.73	7.34	89.21%	96.84%
lin318	4038.22	3360.61	883.51	799.43	78.12%	76.21%
pr226	282.24	300.93	85.92	119.18	69.56%	60.40%
pr299	340.54	339.38	183.50	210.13	46.11%	38.08%
tsp225	30.93	53.14	15.67	5.43	49.34%	89.78%
平均					63.98%	63.73%

Wilcoxon、Rank sum 和 Mann Whitney U 三类秩和检验，被用于验证 Contribution-based ACO 算法与基础 Max-min ACO 算法的显著性差异。假设 Contribution-based ACO 与 Max-min ACO 是两个性能相同的算法，此处将不同数据集中的 100 次实验结果通过 Python 中 scipy.stats 包中的 wilcoxon、Ranksums 及 mannwhitneyu 函数进行处理，可得到 P 值，且每个数据集都至少有一个 P 值小于 0.05，即存在显著性差异，且有较多值小于 0.01，即存在极显著性差异。因此从统计意义上来讲，Contribution-based ACO 与 Max-min ACO 是两个存在显著性差异的算法，具体见表 7.2。

表 7.2 算法显著性差异的统计校验结果（P 值）

数据集名称	Wilcoxon	Rank sum	Mann Whitney U
lin318	8.25E-15 ***	9.85E-20 ***	4.98E-20 ***
pr299	0.0014 **	0.033 *	0.016 *
kroA200	1.13E-4 ***	0.23	0.12
kroB200	1.20E-4 ***	0.11	0.057
pr226	3.78E-9 ***	5.43E-10 ***	2.73E-10 ***

续表

数据集名称	Wilcoxon	Rank sum	Mann Whitney U
tsp225	6.49E-7 * * *	2.67E-6 * * *	1.30E-6 * * *
a280	0.014 *	0.43	0.22
gil262	1.60E-5 * * *	1.14E-5 * * *	5.74E-6 * * *
gr202	0.15	0.051	0.025 *

P 值：<0.05：*；<0.01：* *；<0.001：* * *。

根据以上实验数据及分析，本实验可以得出以下结论：

（1）放大系数 $A \geqslant 0$，建议 A 值为 0.4。

（2）Contribution-based ACO 算法相对基准 Max-min ACO 算法，算法性能提升 63.98%，算法的稳定性提升 63.73 %，算法计算的平均速度或算法性能提升到原来的 2.78 倍。

（3）针对实验结果进行显著性分析可以证明，Contribution-based ACO 算法是与基准 Max-min ACO 算法显著不同的算法。

因此，Contribution-based ACO 是一类改进后效果明显的 ACO 算法。

7.7 ACO 改进算法的比较、关系和作用

① 三种 ACO 改进算法的比较

至此，三种 ACO 改进算法都介绍完毕，其中 Levy ACO 算法与 Greedy Levy ACO 算法的改进思路较为接近。将其性能提升效果汇总在表 7.3 中。

表 7.3 Levy ACO 与 Greedy Levy ACO 相对于 Max-min ACO 的性能提升效果比较

数据集名称	Levy ACO 改进效果		Greedy Levy ACO 改进效果	
	平均迭代次数	迭代次数方差	平均迭代次数	迭代次数方差
gr202	41.62%	52.52%	41.58%	30.97%
lin318	79.24%	79.56%	78.01%	78.85%

续表

数据集名称	Levy ACO 改进效果		Greedy Levy ACO 改进效果	
	平均迭代次数	迭代次数方差	平均迭代次数	迭代次数方差
kroA200	21.42%	58.91%	17.63%	62.13%
kroB200	30.46%	64.94%	25.51%	63.53%
gr229	52.83%	31.57%	66.14%	50.17%
gil262	28.98%	12.73%	40.67%	42.57%
pr226	85.38%	80.66%	82.49%	77.50%
tsp225	25.23%	38.28%	17.11%	38.16%
ts225	23.61%	10.87%	26.69%	23.78%
pr299	31.48%	39.38%	35.97%	35.86%
平均值	42.03%	46.94%	43.18%	50.35%
方差	0.232	0.248	0.242	0.193

从表 7.3 中的数据可以看出，Levy ACO 与 Greedy Levy ACO 的平均提升效果较为接近。总体而言，Greedy Levy ACO 的平均迭代次数提升比例略高，迭代次数的方差较小，这说明 Greedy Levy ACO 算法的提升效果及稳定性要高于 Levy ACO。从另一角度来看，可以将 Greedy Levy ACO 看作是 Levy ACO 使用 Epsilon Greedy 进行改进的一个算法。

从上面不同算法的理论分析可知，Levy ACO 与 Greedy Levy ACO 都是针对候选点选择机制的改进算法，无法同时使用。而 Contribution-based ACO 是针对信息素更新机制的改进算法，与前两个改进算法的改进点并不重合，所以可以尝试与它们进行整合，以进一步提升算法性能。

2 ACO 改进算法的关系及作用

(1) 三种 ACO 改进算法分别针对候选点选择机制与信息素更新机制这两个关键步骤进行了改进，并在性能方面取得了大幅提升。

(2) 三种 ACO 改进算法中，Levy ACO 算法和 Greedy Levy ACO 算法都是针对候选点选择机制改进的算法，两者无法同时使用。

（3）Contribution-based ACO 改进算法是针对信息素更新机制的改进，与 Levy ACO 或 Greedy Levy ACO 算法可以尝试分别整合后使用，这样可以进一步提高改进后 ACO 算法的性能和灵活性。

（4）在后面讲述的 Rich VRP 统一应用框架中，Greedy Levy ACO 及 Contribution-based ACO 已集成实现在该框架中，以进一步提升 ACO 算法的性能，为 Rich VRP 统一应用框架的性能奠定了坚实的算法基础。

因为三种算法的改进都是针对 ACO 算法的基本流程进行的，因此可以适用于各类 ACO 改进算法，包括 ACO 与其他智能算法整合的新算法。相关算法的代码都已公布在 GitHub 上，以方便其他研究者使用。

7.8 Greedy Levy ACO 和 Contribution-based ACO 整合后的效果

Levy ACO 与 Greedy Levy ACO 都是针对候选点选择机制进行的改进，且改进效果相差不多，但如果从 Levy 飞行机制的建议参数来看，Levy ACO 中的阈值和放大系数分别是 0.8 和 9.5，Greedy Levy ACO 分别是 0 和 0.4。由此可见，Levy ACO 通过设置较大的放大系数才能实现较好的优化效果。因此得出如下结论：

（1）单纯的 Levy ACO 的算法可通过较大的放大系数才能取得与 Greedy Levy ACO 类似的优化效果，如果采用 Greedy Levy ACO 中的放大系数，则 Levy ACO 的优化效果会下降为原来的 73.4%。

（2）Greedy Levy ACO 通过整合 Epsilon Greedy 和莱维飞行机制，以较小的参数即能获得较好的优化效果。

（3）Greedy Levy ACO 改进效果中的方差较小，即对大多数数据集能取得更为稳定的改进效果。

（4）实验的使用环境是 TSPLIB，TSP 的解空间都是可行解，相对较简单，此时 Levy ACO 通过简单地调大放大系数仍能获得较好的搜索结果；而在 Rich VRP 中，其解空间由于各类约束充满了不可行解，受解空间中可行解连续分布的限制，Levy ACO 通过单个机制（Levy 飞行机制）较大参数对应较大的作用来提升搜索效率，其效果低于通过组合两个机制（Epsilon Greedy 和莱维飞行机制）各自较小的参数对应较小的作用来获得更好的优化效果的 Greedy Levy ACO，即 Greedy Levy ACO 通过多个机制各自较小的作用，能在获得较大优化效果的同时，保持更好的灵活性和适应性。

为此，笔者将 Greedy Levy ACO 与 Contribution-based ACO 整合在一起(参数按照之前各自算法的建议参数)，尝试进一步优化算法性能，实验结果列在表 7.4 中。

表 7.4 整合 Greedy Levy ACO 与 Contribution-based ACO 的实验数据及分析

数据集名称	The Greedy Levy ACO		The Greedy Levy & Contribution-based ACO		整合 Contribution-based 机制后提升比例	
	平均迭代次数	迭代次数方差	平均迭代次数	迭代次数方差	平均迭代次数	迭代次数方差
a280	**13.15**	9.32	13.16	9.87	−0.08%	−5.90%
gil262	**194.91**	191.37	215.15	245.20	−10.38%	−28.13%
gr202	**73.71**	71.34	74.84	77.58	−1.53%	−8.75%
kroA200	**11.60**	4.2	13.73	4.52	−18.36%	−7.62%
kroB200	**17.70**	6.47	18.75	7.15	−5.93%	−10.51%
lin318	**303.32**	373.97	308.25	300.67	−1.63%	19.60%
pr226	**22.88**	21.18	33.14	49.86	−44.84%	−135.41%
pr299	**115.45**	132.74	124.89	152.10	−8.18%	−14.58%
tsp225	**14.18**	4.91	16.59	5.98	−17.00%	−21.79%
ail535	**581.06**	630.76	634.39	593.27	−9.18%	5.94%
att532	**1285.41**	1252.37	1843.29	1823.77	−43.40%	−45.63%
d493	**1847.64**	1410.13	2616.00	1947.17	−41.59%	−38.08%
gr666	**1602.47**	859.47	2212.93	1350.36	−38.09%	−57.12%
pr654	1445.76	932.39	**1358.95**	937.94	6.00%	−0.60%
rat783	1364.1	713.56	**1197.74**	629.78	12.20%	11.74%
u574	**433.19**	433.20	479.26	495.47	−10.64%	−14.38%
u724	**1371.52**	804.64	1631.67	1198.34	−18.97%	−48.93%
rr1002	**899.22**	646.56	974.88	616.07	−8.41%	4.72%
rl1304	**1473.12**	1137.50	1632.37	1182.27	−10.81%	−3.94%

注：表中黑体字表示对应数据集可找到已知最优解。

从表 7.4 中的数据可以看出，优化效果较整合前的 Greedy Levy ACO 略有下降，总结如下：

(1) Epsilon Greedy 通过设置 ε 来提高当前最优解的(1) 选择概率，是一类通过增加收敛速度的改进机制；Contribution-based ACO 通过设置贡献度放大系数 A 来提高对当前解贡献较大的边的信息素，其作用是加大对当前最优解的利用，从而快速收敛，与 Epsilon Greedy 机制是类似的。

(2) 19 个数据集中，仅 2 个数据集(pr654、rat785)在 Greedy Levy ACO 整合 Contribution-based ACO 后，迭代次数有所减少，其余 17 个数据集均有所增加，说明算法性能有所下降。

Epsilon Greedy ACO 对应建议的参数值时，Epsilon Greedy 与莱维飞行机制的搜索与利用机制已达到一个较好的平衡，此时若再加入与 Epsilon Greedy 类似的 Contribution-based ACO 中的基于贡献度的奖励机制，会使原有的平衡略有破坏，导致整合后的优化效果反倒有所下降。

从上述三个改进算法的实验及整合 Greedy Levy ACO 与 Contribution - based ACO 实验的结果，可以归纳 ACO 算法的改进原则如下。

(1) 探索和利用的平衡是改进原则中的重点，参数优化后的算法可以达到一个较好的平衡。

(2) 在相同或类似机制的改进方法中，应该选择效果较好的一种方法，避免同时选择多个。因为多个相同机制相当于放大了该类机制的作用，可能会影响探索和利用的平衡，从而影响整合后算法的性能。两个改进机制整合后未必一定能进一步改进算法性能，这依赖于不同改进机制的原理是否相互冲突还是相互协作。

(3) 任何一种改进机制，都要同时考虑该机制对于搜索和利用的影响，如果该改进机制能增加较大的探索效果，同时不增加或少量增加探索的时间成本，或者增加较大的利用效果同时避免过早收敛，这都是较好的算法改进策略。

小　　结

本章针对蚁群优化算法中的信息素更新逻辑，结合增强学习中的奖励机制和管理学中的激励理论，提出了 Contribution-based ACO 改进算法，在原有信息素大小统一基于可行解质量的基础上，根据可行解中不同贡献的子部分设置更合理且有差别的信息素增量，从而更有效地利用信息素更新机制的激励作用，大幅提高了算法性能，并通过实验进行了参数调优及验证改进前后的算法提升结果。

Levy ACO、Greedy Levy ACO 和 Contribution-based ACO 三个高效的 ACO 改进算法为 Rich VRP 统一应用框架提供了良好的算法基础，并为后面解决大规模多种约束的 Rich VRP 统一应用框架提供了性能保证。

第 8 章
Rich VRP 分析及统一应用框架的建模

前面介绍了蚁群优化算法的多个改进算法，本章介绍另一个核心主题即 Rich VRP 统一应用框架，包括该框架拟解决的约束种类及特点，统一应用框架中针对多种约束的设计思路和解决方案，统一应用框架的整体设计、技术选型等内容。

8.1 Rich VRP 统一应用框架分析

8.1.1 车型的定义及意义

车型这个概念在本书中用来定义不同的车辆属性是否完全相同。相同车型的车辆具有完全相同的属性，可以对等替换，若车辆有一个属性不同，就需要定义成不同的车型。在多仓库的 Rich VRP 问题中，从不同仓库出发的车型，会导致相应车型到各节点的时间和距离不同，即使除出发仓库以外其他属性都相同也应被视为不同的车型。

ACO 算法中有两个基础机制：候选点选择机制中，前面的蚂蚁（车辆）找到的可行解，通过信息素这种间接通信机制，可引导当前的蚂蚁（车辆）不断偏向于更优路径；信息素更新机制中，当前蚂蚁（车辆）的可行解可通过合适的信息素增量更新到现有信息素上。通过这两个互相作用的机制，不断提高解的质量（Dorigo，1996）。

两个机制中有一个重要的前提是信息素对应的历史车辆可行解对于后续的车辆是有正确引导作用的，其中包含两个潜在的假设，即：

(1) 必须是相同车型的车辆才可以通过同一信息素互相借鉴和引导，比如不同容量的两辆车，即使之前的路径完全相同，针对相同的候选节点，两车当前的剩余容量也很可能会导致不同的选择结果，甚至是错误的结果，比如无法满足容量限制约束。

(2) 信息素应能有效反映历史车辆的可行解并引导后续车辆。如果只使用单一的信息素显然无法准确完成不同车型间车辆的引导任务，因此需要针对不同车型分别设置信息素才能有效反映不同车型车辆的可行解的质量，并对同一车型的后续车辆可以有效引导至更优解。

大部分 ACO 算法中的信息素机制只有一种信息素，无法有效解决多车型约束。在 Rich VRP 中，为了有效体现及使用信息素合理引导不同车型的车辆，车型及信息素应该一一对应，即一种车型只参照一种信息素，一种信息素也只反映一种车型，若针对多车型的约束，应该设置同样数量的信息素与车型对应，这是本章设计的多车型与多信息素机制，可用于有效解决 Rich VRP 中涉及车型的多种约束，下面详细分析并介绍该机制。

8.1.2 Rich VRP 约束分析

前面已详细介绍了 Rich VRP 中包括的各类约束，其中多数约束都可以独立构成一个研究主题，如时间窗约束、取送货约束等，笔者尝试建立一个包括主要 Rich VRP 约束的统一应用框架。因此，现确定该统一应用框架应该同时满足的主要约束种类包括：

(1) **时间窗约束：**与车型无关，只和车辆到达的时间有关。

(2) **取送货约束：**与车型无关，只和车辆到达时的剩余容量有关。

(3) **单中心/多中心约束：**与车型有关，从不同中心仓库出发的车辆无法相互替代；考虑车辆工作结束后的停放及日常管理要求，一般车辆都是固定所属中心仓库，即只从指定中心仓库出发，全部运输结束后返回指定中心仓库。

(4) **同构车队/异构车队约束**：与车型有关，不同的车型有不同的可用数量、优先级(一般对应成本，成本越低的应优先使用)及车型对应的属性(如容量、成本、可用时间/可用里程、行驶速度、可用比例等)，单中心和多中心的约束通过异构车队来实现，即不同中心仓库的车辆属于不同的车型。

(5) **节点与车型依赖约束**：与车型有关，不同的车型可访问的节点不同。

(6) **动态车型约束**：与车型有关，相同的车辆通过使用不同的挂车可转换成不同的车型。

(7) **开放线路约束**：与车型有关，不同的车型根据开放线路约束，决定一开始是否从中心仓库出发或最后是否需要返回中心仓库。

(8) **可选节点约束**：与车型无关，车辆访问过指定节点集中的任一节点后，其他节点根据约束将会自动加入禁忌列表，避免后续车辆的访问，以满足可选节点约束条件。

(9) **车型道路限行约束**：与车型有关，根据电子地图导航设定两个节点间不同车型的行驶线路，包括行驶距离、行驶时间等，并可根据不同车型的成本计算公式，分别计算不同车型在具体两点间的行驶成本，最简单的情况是默认行驶成本与行驶距离相同。

(10) **单次使用或多次使用约束**：与车型有关，相关车型设定是否允许该车型在运输完毕返回中心仓库后继续安排其他线路的运输任务，即车辆是否可重复使用。若允许重复使用，则须在重置车辆最大载重、最大容积等信息后，再设置新的出发时间并将其自动进入智能调度。

(11) **均衡负荷约束**：与车型有关，通过计算不同车型当前的负荷比例决定不同车辆的调度顺序。当有均衡负荷约束时，应选择当前负荷较低的车辆作为下一车辆进行调度。

上述11项主要约束是常见的约束，其中8项和车型有关，为了建立一个统一的Rich VRP应用框架，需要统一考虑支持不同车型的理论设计，即多车型车队及多信息素的设计。

在建立多车型车队概念后，与车型相关的约束主要体现在候选节点选择机制方面和信息素更新机制方面，与车型无关的约束主要体现在候选节点的筛选逻辑上，即只有满足所有约束的候选节点才可列入候选点集合，再经由候选节点选择机制选择下一节点。Rich VRP 的约束仍在不断增加，限于篇幅，本书前面提到的其他约束不再赘述，连同其他不断涌现的新约束，在分为车型有关约束和车型无关约束后，分别加入相关处理机制或逻辑，即可更新到现有的 Rich VRP 统一应用框架中。

8.1.3 多车型车队概念

TSP 和 VRP 两类问题中，最大的区别是在 TSP 中，单辆车可完成全部节点的访问，即单辆车的线路即为 TSP 的可行解。而在 VRP 中，因为容量或其他约束导致需要多辆车才能共同完成全部节点的访问，此时单辆车的解只是 VRP 可行解对应全部路径中的一部分，即部分解。如何通过组合多个单辆车的部分解构成一个完整解，成为了算法难点(段海滨，2005；李士勇，2004)。

常规的 ACO 算法中，蚂蚁是一个核心独立单元，它独立保存自己的信息，如全部需要访问的节点及当前已访问过的节点等，这能够支持单只蚂蚁构造一个完整的 TSP 的可行解。蚂蚁之间并无直接通信，每只蚂蚁对于其他蚂蚁的信息一无所知，这在需要多只蚂蚁协作完成构造完整的 VRP 的可行解时则成为了障碍，因为 VRP 中的约束，每只蚂蚁找到的都只是可行解的一部分，当由多只完全独立的蚂蚁构造的部分可行解加在一起时，不是缺少部分节点就是重复部分节点，难以成功拼接成一个既不重复也不缺失任何节点的完整的 VRP 的可行解。一些研究人员的文章也曾研究过如何进一步提高拼接多个部分可行解的效率，例如通过增加蚂蚁数量创造更多的部分可行解，或放松组成完整可行解的约束条件等(段海滨，2015)。这类研究效果并未真正触及问题的根本，即如何在信息素这个间接通信机制之外，建立不同蚂蚁间的信息共享或协作机制。解决 VRP 问题的 ASrankCVRPsav(Reimann，2002)也提到车辆间的协作，即前一辆车返回仓库后，后一辆车才可出发，确保能找到完整的可行解，这种机制算是车队机制的雏形，但未考虑车队中不同车型的问题。

在解决 VRP/Rich VRP 问题这类需要多只蚂蚁(车辆)协作(比如需要了解哪些节

点已访问过，以避免重复访问或缺失访问)时，需要建立一个基于多个蚂蚁(车辆)间的协作机制，因此，常规物流行业中的一个多车型车队的概念就被应用于解决 VRP 或 Rich VRP 问题。

多车型车队模型中，有以下几个关键概念：

(1) 车辆：与经典 ACO 算法中相同，单只蚂蚁对应单台车辆。

(2) 车型：在异构车队约束中，有不同属性的多个车型，类似不同种类的蚂蚁。

(3) 车队：车队是由若干个不同数量、不同车型的车辆组成的。

(4) 全部需要访问节点及当前已访问节点：原来是由单只蚂蚁(单台车辆)记录并确保全部需要访问的节点必须访问且只访问一次，现在由车队来统一记录和管理。这一设计可以确保每个车队中多只蚂蚁(多台车辆)间能通过共享车队中其他车辆已访问节点来避开这些已访问过的节点，每次都能由车队生成完整的可行解，从而避免了低效率地由单车路径盲目拼凑成完整路径的方法。

不同车队间保持完全独立，互相之间并无任何通信，从而充分利用 ACO 算法并行计算的优势。

同一车队中，根据车型相关约束来选择下一个可用车辆，比如动态车型的所有可用车辆和多中心约束时，通过在多个车型的所有可用车辆中随机选择一个车辆作为下一个可用车辆；一般情况下，根据车辆的优先级别(一般是按照车辆成本大小排序，成本低的优先使用)或其他调度原则来选择合适的车辆。

8.1.4 多车型及多信息素

前面已经提到为了有效地解决 Rich VRP 中不同车型的相关约束，笔者设计了多信息素概念，在 ACO 算法中针对不同车型设置一一对应的信息素。信息素需要设置在不同节点间的边上，接下来的问题就是多种信息素如何有效且合理地放置在路网的各个边上。

为了解决这一问题，笔者借鉴现实中的多车道概念，在同一道路(边)上针对不同车型设置相同数量的多个信息素，其原理示意图如图 8.1 所示。

图 8.1　多车道原理示意图

在借鉴多车道概念的多信息素机制中，包括以下概念：

(1) 同一边上，同时存储所有车型对应的多个信息素；每个信息素对应一类车型；不同的信息素完全独立。

(2) 所有边上的信息素，统一按相同的初始值来设置。

(3) 不同车型在构造可行解时，只参考本车型对应的信息素值。

(4) 不同车型完成可行解构造开始更新信息素时，只更新本车型所对应的信息素值。

(5) 对于不在可行解中的边，即本次没有访问的边，同一边上的所有信息素应统一进行挥发处理。

(6) 对于本次访问过的边，如不是本次访问车型对应的信息素，可按未访问的边一样统一进行挥发处理；若是本次访问车型对应的信息素，则应按统一的信息素更新公式，增加相应的信息素值。

8.1.5 多信息素下的 ACO 信息素逻辑

信息素在 ACO 算法中有三处会被使用，即选择候选节点时、挥发信息素时和更新信息素时。前面已提到了多车型和多信息素的概念，即在同一边上根据不同车型设置对应相同数量的多信息素，每种信息素对应一种车型。

(1) 选择候选节点时，根据车队中当前车辆对应的车型，可以读取候选边上当前车型对应的信息素，再根据 Epsilon Greedy ACO 中的改进算法进行候选节点的选择。

(2) 挥发信息素时，所有边上对应不同车型的所有信息素仍按挥发逻辑进行相关信息素的挥发操作。

(3) 更新信息素时，根据当前可行解中不同车辆对应的子路径，只选择当前子路径对应车型的信息素进行相应的更新。

通过上述多车型车队及多信息素的设计，笔者就可以完整地设计针对 Rich VRP 问题的多车型、多信息素的 ACO 算法。

8.1.6 信息素更新改进策略

目前最新的与 ACO 算法相关的综述论文(Dorigo，2019)中指出，使用蚁群优化算法解决 VRP 问题的最佳算法是多蚁群解决带时间窗的 VRP 问题中的 ACO 算法设计(Favaretto，2007；Gambardella，1999)。该算法通过两个不同的蚁群来分别解决 VRP 的两个优化目标：最少车辆和最短路径。其中，最少车辆蚁群尝试找到比当前车辆数量少一辆的可行解(最少车辆为优化目标)；最短路径蚁群尝试在当前最少车辆时找到最短路径的可行解(最短路径为优化目标)，双蚁群结构分别通过设计优化单一目标来简化算法的复杂度。另外，当最少车辆蚁群找到车辆数量更少的解时，寻找最短路径的蚁群需要将此解初始化为新的最少车辆，然后再重新搜索当前车辆数量下的最短路径，这个方案较低效。

很显然，在这种算法框架中，两个互不通信的蚁群内的搜索信息并未共享，利用效率较低。为此，本书新建了一个与车辆及路径同时有关的信息素策略，统一将两个目标合并在一起，原有信息素更新公式为式(8.1)和式(8.2)，新的信息素更新公式为式(8.3)，即

$$\Delta\tau_{ij}=\begin{cases}\dfrac{1}{C} & \text{if arc}(i,\ j)\text{belongs best route}\\ 0, & \text{else}\end{cases} \tag{8.1}$$

$$\Delta\tau_{ij}^{k}=\begin{cases}\dfrac{1}{(C^{k}+A\cdot N\cdot C_{ij})}, & \text{if arc}(i,\ j)\text{belongs best route}\\ 0, & \text{else}\end{cases} \tag{8.2}$$

$$\Delta\tau_{ij}=\begin{cases}\dfrac{1}{(V^{\delta}\cdot(C+A\cdot N\cdot C_{ij})}, & \text{if arc}(i,\ j)\text{belongs best route}\\ 0, & \text{else}\end{cases} \tag{8.3}$$

式(8.1)为经典 ACO 算法中的信息素更新公式，式(8.2)为 Contribution-based ACO 的改进信息素更新公式。其中，参数 A 为贡献放大系数，建议 $A=4$；N 为节点数规模；C_{ij} 为节点 i 和 j 之间的成本。式(8.3)在式(8.2)的基础上新增了两个符号：V 表示当前 VRP 可行解的调用车辆数量；δ 为预定义参数中车辆数量的幂系数，用于调整车辆数量与总路径长度间的比例关系，或者说调整最少车辆和最短路径间的目标优先顺序。

在公式设计中，如需考虑多个因素的共同作用，一般采用相乘和相或两类操作来表示各因素的作用。采用相加操作时，相对而言要求多个因素较为独立，同时不同因素的量纲或数量级较易影响相加后不同因素的作用大小。采用相乘操作时，不同因素的量纲或数量级作用较小，比如在 ACO 算法中，候选节点选择概率的计算公式设计了信息素与吸引因子，两个因素使用相乘操作来体现它们对于候选点选择的影响。

式(8.1)和式(8.3)表明可行解总路径越短，该路径上增加的信息素越多。新增车辆数量变量部分的含义为可行解中车辆数量越少，该路径上增加的信息素就越多。通过总路径和车辆数量两个参数的乘积，从而吸引后续车辆更倾向于选择车辆数量更少、总路径较短的信息素。车辆数量较少、总路径较长的可行解是否优于车辆数量略多、总路径略短的可行解，可通过调整参数 δ 来实现，即优化多目标时决定车辆数量优化和总路径长度优化的目标优先顺序。一般来说，车辆的启用成本相对运营成本较高，减少车辆数量目标的优先级要高于减少总路径目标的优先级，可通过设置一个较大的参数 δ 来实现，参数 δ 决定了总路径长度和车辆数量哪个更为重要。

通过在新设计的信息素更新公式中增加车辆数量与路径长度的关系，可在一个蚁群中同时完成车辆最少和路径最短这两个目标，同一信息素中同时体现了车辆数量信息和总路径长度信息，这一信息素综合机制提高了算法效率，避免了多蚁群解决带时间窗算法中两个独立优化目标的蚁群间信息互不共享及大量重复运算这一耗时低效的方案的出现。

8.1.7 与车型无关约束的实现

通过多车型车队及多信息素可以简单有效地解决 Rich VRP 中针对车型相关的八大类约束的建模。除此之外，还有针对车型无关的约束，包括时间窗约束、取送货约束和可选节点集约束等。

(1) 时间窗约束：需要记录车辆的当前时间，初始化时更新为出发时间；选择候选节点时，通过计算车辆在当前节点前往候选节点间的运输时间，并与候选节点的可用时间窗对比来判断是否满足时间窗约束，如满足约束，则放入候选点集合中，否则不放入；当根据规则从候选点集合选择相应候选节点并加到当前可行解后，还需要根据上述时间信息更新车辆的当前时间。

(2) 取送货约束：是针对容量的约束，需要记录车辆的当前容量，初始化时更新为空车；选择候选节点时，根据取货或送货相关信息计算容量是否满足，如满足才可放入候选点集合中，否则不放入；当根据规则从候选点集合中选择了相应候选节点并加入到当前可行解后，还需要根据上述取送货信息更新车辆的当前容量。

(3) 可选节点集约束：是指在多个节点中访问其中一个可选节点，其他节点无需再访问的一类约束，主要应用于有多个供应商或多个货品存储位置同时提供某些商品，只访问其中一个即可满足需求的约束。当有车辆访问其中一个节点时，根据可选节点集将其他节点加入禁忌表，避免当前车辆和车队中的其他车辆再访问。

其他与车型无关的约束也可作类似处理，分别为在初始化时、筛选候选点时及选择候选点后，根据具体约束进行相应处理。图 8.2 为在 Rich VRP 统一应用框架的流程图中，针对时间窗(时间)约束和取送货约束(容量)约束的步骤。

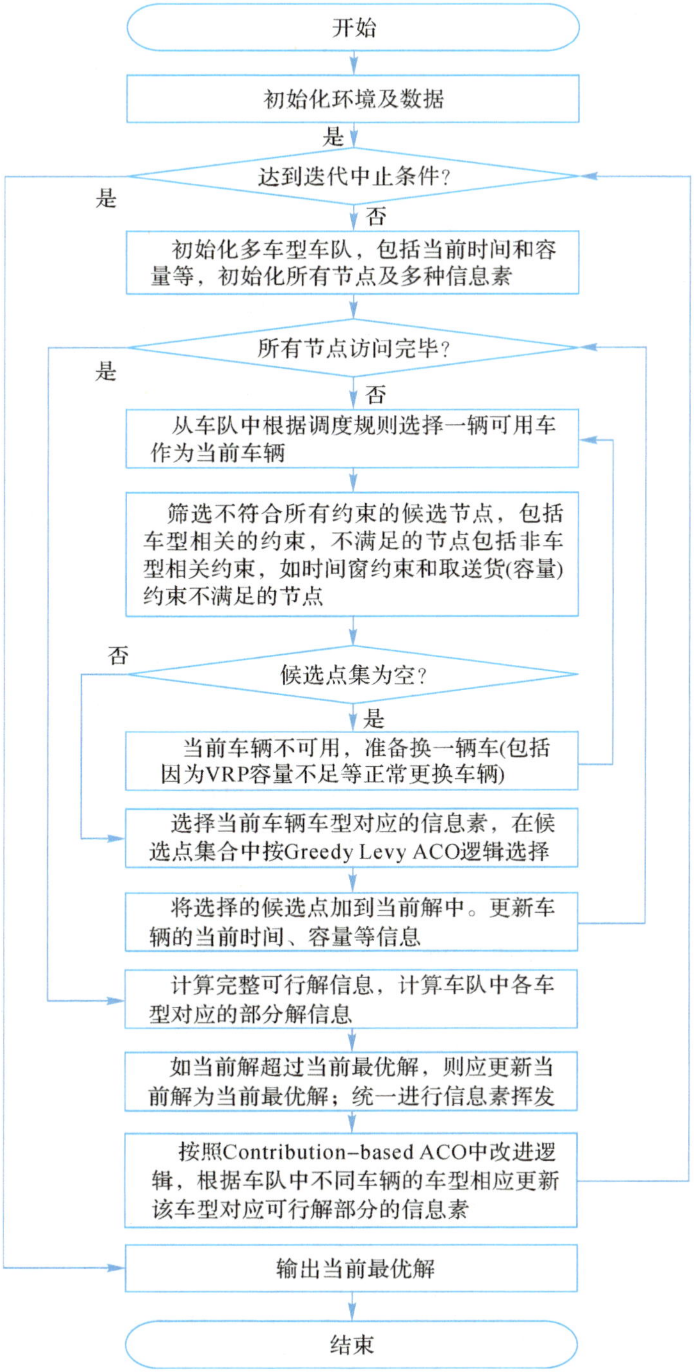

开始

初始化环境及数据

是

达到迭代中止条件?

是

否

初始化多车型车队，包括当前时间和容量等，初始化所有节点及多种信息素

所有节点访问完毕?

是

否

从车队中根据调度规则选择一辆可用车作为当前车辆

筛选不符合所有约束的候选节点，包括车型相关的约束，不满足的节点包括非车型相关约束，如时间窗约束和取送货(容量)约束不满足的节点

否

候选点集为空?

是

当前车辆不可用，准备换一辆车(包括因为VRP容量不足等正常更换车辆)

选择当前车辆车型对应的信息素，在候选点集合中按Greedy Levy ACO逻辑选择

将选择的候选点加到当前解中。更新车辆的当前时间、容量等信息

计算完整可行解信息，计算车队中各车型对应的部分解信息

如当前解超过当前最优解，则应更新当前解为当前最优解；统一进行信息素挥发

按照Contribution-based ACO中改进逻辑，根据车队中不同车辆的车型相应更新该车型对应可行解部分的信息素

输出当前最优解

结束

图 8.2　Rich VRP 统一应用框架的主体流程图

8.2 Rich VRP 统一应用框架的 ACO 算法逻辑

本节主要描述 Rich VRP 统一应用框架基于 ACO 改进算法的建模及设计。

基于 Greedy Levy ACO 算法，设计了以 11 种主要约束为例且同时支持与车型有关的约束和与车型无关的多种约束的 ACO 算法框架。

Rich VRP 统一应用框架流程图说明：

(1) 在图 8.2 中，最外面的循环与经典 ACO 一样，判断是否达到循环终止条件，如达到，则输出此时的最优解。

(2) 中间的循环是由车队统一构造可行解，相比经典 ACO，在车队逻辑中增加了一个车型选择的逻辑，以支持各种车辆调度规则，如动态车型、按比例调度等。

(3) 最里面的循环是车队中更换车辆的逻辑，即前一辆车满了或无可用候选节点时，使用新的可用车辆继续构造可行解。

(4) 在车队构造可行解的逻辑中，当选定了可用车辆，需要筛选候选节点时，可针对各种约束(包括车型相关的约束及车型无关的约束)，根据当前车辆的状态(如容量、时间等)进行计算和筛选，得到候选点集合。如果候选点集合为空，表示无法再找到合适的候选节点，则需要更换并使用下一辆车；如果候选点集合非空，可通过 Greedy Levy ACO 算法选择当前车辆车型的相关信息素，并不断构造可行解，直到所有节点处理完毕，生成完整的可行解。

(5) 信息素更新时，可根据完整可行解中同一车队内不同车型车辆的线路进行相应线路及相应车型的信息素算法计算和更新。

8.2.1 车辆选择逻辑

在车队及多车型机制中，不同车型是有优先级的，一般可根据车辆的使用成本或其他业务规则设定不同优先级的调用顺序，即高优先级的车辆全部调度完毕后再调度低优先级的车辆。如果没有明确的优先级，可全部设为相同的优先级。

(1) 同一优先级的车辆可通过随机概率选择其中一辆可用车辆。

(2) 完成运输任务安排的车辆，标记为不可用，不再参与后续车辆运输任务的调度安排。

(3) 对于多仓库约束的车型，根据不同仓库的剩余可用车辆数量进行相应的设计，先通过随机概率在所有的仓库中选择其中一个仓库，再在该仓库中按前述优先级选择一辆可用车辆。

(4) 对于负荷均衡约束，每次须计算不同车辆的负荷比例并进行排序，选择负荷比例最低的车辆作为下一个可用车辆，直到所有运输任务调度完毕。

8.2.2 候选节点选择逻辑

根据前述车型选择逻辑选择当前车辆及其对应的车型，然后构造可行解，即不断根据所有约束筛选候选节点，并从中选择其中一个候选点移动到该点。

影响候选节点选择的各类约束如下：

(1) 时间窗约束：计算当前点的时间及当前车型到候选点间的运输时间，判断是否满足候选节点的服务时间窗，计算相应等待时间（提前到达）或惩罚成本（软时间窗约束下迟到）。

(2) 取送货约束：通过计算当前车辆的剩余容量与候选点装载或卸载的容量是否匹配。

(3) 节点与车型依赖约束：判断当前车型是否满足节点依赖约束，不满足约束的候选节点会被忽略。

(4) 开放线路约束：对于不需要从车型所属的中心仓库出发的开放线路，第 1 个节点可以随机任选一个节点，并将该节点直接设为车辆出发的起点；如需要从仓库出发，则第一个节点为该车型所属的中心仓库，并根据后续规则选择下一个节点；对于需要最后返回所属中心仓库的车型，则需要计算该车型在满足访问下一个候选节点后是否足以返回所属中心仓库（包括可用路程、可用时间等约束），如无需最后返回所属仓库，则只需要计算满足访问下一候选节点即可。

(5) 可选节点约束：若该车队所属车辆已访问过指定节点集中的任一节点，则该集中其他节点根据约束将会自动加入禁忌列表，后续的候选节点中将不再包括该集中剩余节点。

(6) 车型道路限行约束：在选择候选节点时，需要选择满足车型道路限行约束的候选节点，如当前节点与候选节点间无当前车型可用道路时，则将该候选节点移出候选点集合。这一逻辑也适用于部分节点间无直联线路或有向道路(即两点间往返是不同道路的情况)。

同时满足上述6类约束的候选节点才能加入候选点集合，当前车辆根据ACO算法中相应的随机选择公式进行选择，并移动到候选点，然后再计算当前车辆到新节点的新的到达时间、装卸容量等与约束相关的数据。

Rich VRP统一应用框架支持的11类约束，除了上面列出的6类与车型无关的约束，其他都是与车型有关的约束。至此，11类约束就能由Rich VRP统一应用框架进行支持了。

8.3 Rich VRP统一应用框架性能提升的设计

常规的ACO算法只依赖于单进程，速度较慢，为了保证大规模多种约束的Rich VRP统一应用框架的性能，笔者将采取一些在ACO算法中已知且成熟的性能加速设计。

1 多蚁群并行模式

为了提高ACO算法的多样性，多蚁群并行是一种较为常见的优化模式(Vinyals，2015)。在多蚁群模式中，不同蚁群间同步的方式主要有以下三种。

(1) 通过不同参数启动的完全独立且互不通信的多个蚁群。

(2) 只广播并交换最优解的多个蚁群模式。

(3) 广播并交换最优解所在蚁群全部信息素的机制。

完全独立的蚁群模式(1)虽然蚁群间通信成本较低，但无法分享不同蚁群间的信息，也无助于找到更优解。广播并交换最优解所在蚁群全部信息素的模式(3)，虽然能有效共享最优信息，但通信成本较高。在满足沟通成本和沟通效率的平衡下，很显然只广播并交换最优解的多蚁群模式(2)是一种较优的选择。

② 候选集大小限制

为了提高 ACO 算法中选择候选点的效率，考虑到候选点的大小在 Rich VRP 规模较大时也很大，且在候选集中排序较后的节点选择概率较小，因此候选集限制在一个合适的范围内能大幅减少候选点选择时的计算量，推荐候选集的大小为全部节点数量的 1/4(Favaretto，2007；Gambardella，1999)。有专门讨论针对 ACO 算法候选集大小设置的文章(Randall，2002)，文中列出设置候选集的 4 种方式，包括静态式候选集(一般设置为前 10 个)、吸入式候选集(根据解的质量动态加入较优解的节点到候选集中)、精英候选集(定期更新并选择所有候选集中表现最优的前 k 个)和进化候选集(类似精英候选集，但增加了禁忌机制，即表现不佳的候选点将会禁用一段迭代次数)。其中，静态式候选集较适合 TSP 这类较简单的问题，对于较复杂的问题如 VRP，建议使用其他三种动态方式，但不同的问题需要具体评估。候选集也不是越小越好，过小的候选集会由于候选点的减少也减少了解的多样性，甚至影响了可行解的生成和搜索的效果，从而影响了算法的性能。Rich VRP 统一应用框架使用的是精英候选集方式。

通过上述性能提升的设计，并结合前述多个 ACO 改进算法，可以看出 Rich VRP 统一应用框架不但能够有效地处理大规模及多种约束，而且在可接受时间内能获得较好的优化效果。

8.4 Rich VRP 统一应用框架系统的实现条件

Rich VRP 统一应用框架完成基本设计后，接下来需要考虑它的具体实现。

8.4.1 开发语言的选择

系统使用 C++语言进行开发，采用 C++17 标准。

C/C++语言是所有开发语言中性能较高的一种编程语言。在主流的开发语言中，Java 需要虚拟机支持，Python 是一种解释型语言，性能相对 C/C++都较慢，因此选择 C/C++语言符合 Rich VRP 统一应用框架对于高速计算性能的要求。同时

C++是一种支持面向对象标准的高级语言，有助于快速开发支持面向对象的设计和实现。

另外，C++是一种支持跨平台的开发语言，Windows、Linux、Mac 等不同操作系统平台上都有相应的C++编译器，G++也是广泛应用的C++标准编译器。

C++语言自 1979 年首次出现，1998 年 C++98 标准正式公布，至今已发布过 C++98、C++03、C++11、C++14、C++17、C++20、C++23 等多个标准版本。其中，C++11、C++14 和 C++17 是主流的 C++标准，C++20 和 C++23 目前能完全支持的 C++编译器较少，第三方支持库的标准的完善程度还有待提高，因此，C++17 是较为合适且稳妥的选择。

8.4.2 基础开发库的选择

系统使用 Boost 准标准库，采用 Boost 1.65 版本。

C++标准对应相应的标准库，只提供一些核心功能。Boost 库是 C++准标准库，其中有很多成熟的、被广泛使用的库，多年后也成了 C++标准库的一部分，具备工业级应用标准。

Boost 准标准库自 1999 年 12 月推出 1.10.3 版本以来，目前已更新到 1.71.0，平均每 4 个月推出一个新版本，新版本均经过完备测试且具有强大的工业级应用品质，也有 Linux 或 Windows 等操作系统平台专门编译过的库文件，直接下载或更新版本即可使用。

考虑到版本的先进性与兼容性，笔者选择了 Boost 1.65 版本，这是 Ubuntu 18.04 LTS 操作系统默认支持的并经过完备测试的 Boost 库版本，只需要一条简单的命令"sudo apt-get install boost-dev-all"即可直接安装。

8.4.3 数据库中间件的选择

数据库是很多软件系统中的基础软件，版本很多，还包括很多开源的数据库，比如 MySQL、PostgreSQL、SQLite、MongoDB 等。系统使用开源的 SOCI 数据库中间件。

根据数据库处理数据库量的大小及并发处理要求，现在主流数据库分为关系型数据库和非关系型数据库(也称 No-SQL 数据库)两大类。考虑到 Rich VRP 统一应用平台需要在大规模条件下，支持的节点数及对应的边数量较多，但关系型数据库较为简单和普及且可以支持，因此笔者将数据库确定为关系型数据库。

关系型数据库作为经典的主流数据库，目前有很多的版本，包括 Oracle、Sybase、SQL Server、MySQL、PostgreSQL、SQLite、DB2 等，开源版本和商业版本都很多，不同的数据库也都提供了各自版本的 C/C++接口 API 及接口库。笔者考虑到系统的兼容性和灵活性，避免将其绑定在特定的数据库产品上，且最好能支持 Boost 标准，于是使用一种数据库中间件——SOCI 库，它通过更换数据库的连接串，即可无缝连接到不同的数据库上。

8.4.4 电子地图的选择

Rich VRP 统一应用框架主要是为物流服务，因此电子地图是一个很重要且基础的平台和工具。电子地图有很多产品，考虑到应用的广泛性，将高德地图和百度地图作为主要的电子地图工具。

高德地图和百度地图都提供相应的 Web API 接口，通过这些 API 接口，主要可以完成以下功能：

(1) 根据门牌地址将位置信息转换为 GPS 坐标。

(2) 根据 GPS 坐标计算两点间的路径信息，包括路径长度和所需时间。该路径信息还可以针对步行、骑行、小汽车、货车(微型货车、轻型货车、中型货车、重型货车)等不同车型进行相应的路径规划。

(3) 如有需要，可将优化后的线路在电子地图上进行展示。

有了这些数据，就可以计算不同的路径成本评估，从而实现 Rich VRP 中 ACO 算法中的信息素计算逻辑了。

8.4.5 GPU 或 CPU 等并行机制的选择

Rich VRP 统一应用框架主要使用 C++17 标准进行开发，适合的并行机制有以下一些主流的并行框架或架构。

① 通用 CPU 的多核并行

目前 CPU 的内核数量及超线程机制已能很好地支持程序并行运行。作为通用计算代表的 CPU，其适应范围非常广泛。对应 C++17 标准也有一些较好的并行机制，如进程机制、线程机制、纤程机制(比线程更小)。作为并行标准的 OpenMP 也完全支持这类并行机制。

② 分布式计算

分布式计算是前一阶段较为流行的并行计算架构，多台计算机之间通过标准的分布式通信机制协同工作。分布式计算有一个分布式标准协议，即 OpenMPI，得到了广泛应用。

③ GPU 并行计算

随着以神经网络为代表的机器学习、深度学习的快速发展，大量的数值计算催生了并行计算需求，而 GPU 原来主要用于图形中的数值计算，其由于相对于 CPU 强大的计算能力得到了空前的重视和发展，很多最新的人工智能框架都支持 GPU，甚至必须有 GPU 的支持。然而 GPU 也有以下一些缺点：

(1) GPU 对于数值的计算是非常强大的，然而作为一类专用计算单元，相对于 CPU 其数据存储能力较低，普通 GPU 的内存较小，更为适合数据量较小但计算量巨大的应用场景。

(2) GPU 编程对于 C 语言的支持较好，但对于 C++的支持则较弱。针对较大型的软件，有面向对象机制的 C++要比 C 语言更为适合，然而支持 C++的一些基于 GPU 的并行机制，如 OpenCL、SPIR、SYCL 的发展仍处于初期或标准实验阶段，还未达到广泛且能灵活应用的工业级标准。

④ 张量计算

目前较为热门的人工智能芯片，其目的是改进 GPU 应用在人工智能算法框架时出现的不足，其设计目标是专为人工智能计算如神经网络定制更为合身的底层硬件设计，以进一步提高计算性能并降低功耗。人工智能芯片现在仍处于研究初期，还未能广泛应用。

从上述并行框架或机制的研究现状来看，笔者采用蚁群优化算法主要是使用C++17标准开发，目前GPU、张量计算等新型并行设备和机制对于C++的支持还有待进一步完善。Rich VRP计划应用于拥有必备硬件条件的大量物流企业，故安装有较高性能的CPU及使用较大内存的计算机是必备的硬件条件，目前基于CPU的OpenMP机制是一个较为合适的近期选择，最新的OpenMP4.5及5.0标准对于GPU的支持，可以使现有代码无缝运行在GPU设备的支持环境下。

随着GPU和张量计算硬件及相应的人工智能算法框架的进一步支持和完善，现有支持Rich VRP的统一应用框架是基于蚁群优化算法的，本身也具有分布式计算及强化学习算法特征，后期可以将其移植过去，可以将此作为进一步提升性能及算法研究的目标。

8.5 Rich VRP统一应用框架实验结果

基于VRP的研究，有学者整理和提供了类似TSPLIB的VRPLIB或CVRPLIB。VRPLIB相对于TSPLIB有以下不同之处。

首先，VRP解空间相对TSP要复杂很多，因此，除了少量较小规模的数据集，很少有数据集能提供已知最优解，即使有已知最优解，因为很难完全验证所有解空间，也无法确认就是全局最优解。当已知且都能找到全局最优解时，算法间的比较相对简单，就是比较不同算法找到最优解的速度，例如迭代次数或所用时间。当不知道最优解或者不同算法找到的最优解不同时，性能比较就很困难，因为解的质量和所需时间并不是简单的线性相关，如果再综合考虑各类算法使用的不同软硬件平台配置及开发语言等导致的计算速度差异，除非在同一台计算机上使用相同的数据集进行实际对比，否则很难公正地评价两个不同算法间的优劣。另外，目前很多算法的文章只有相关的实验测试结果或算法的简单逻辑流程，并未提供源代码或可运行程序等可供同一台计算机上重复相关实验的基础条件，因此不同研究者的不同算法间很难公平地进行对比和测试。本书中作为实验基准的经典ACO及多个ACO改进算法均提供了开源代码并上传到 GitHub 网站，以方便其他研究人员使用。

其次，不同的约束及组合，使得 VRP 解空间的很多解是不可行解(例如超出车辆容量限制的解是不可行解，或由于硬时间窗限制，很多解中如果到达节点的时间晚于硬时间窗，则该解是不可行解等。解空间并不连续，这就导致了决定相关算法优劣的主要因素除了算法本身的性能外，还和算法针对不同约束的建模及相关模型的效率有着直接的关系，这也弱化了不同算法间性能比较这一主要目标。

最后，VRPLIB 中部分数据集是基于程序随机生成的，部分数据集来源于真实的业务数据；同时，VRPLIB 中实现的约束类型有限，只是其中一种或少数几种约束的组合，且难于扩充，无法作为 Rich VRP 的标准数据集；另外，VRPLIB 并不像 TSPLIB 有一个 TSPLIB95 的标准格式，TSPLIB 能广泛添加和使用符合该标准的数据集，VRPLIB 中不同约束则没有一个标准统一的格式，不同 VRPLIB 都是自定义格式，这导致大量数据无法标准化，不同的算法也无法读取这些自定义格式数据，导致 VRPLIB 数据集的碎片化及无法被广泛应用于不同算法间的相互比较。

另外，绝大部分数据集是使用两点间的直线距离作为实际距离，这与实际道路中两点间需要经过并非直线的多个不同方向的道路，特别是很多单行道、高速公路，河流、湖泊和桥梁等造成实际距离与直线距离间的较大差别；这些因素使得 VRPLIB 对于日益复杂的 Rich VRP 意义有限，因此，应用于一些学术论文中算法的仿真实验很难直接应用于实际的 VRP。

列出部分已知优解的 CVRPLIB(网址：http://vrp. atd-lab. inf. puc-rio. br/index. Php/en)中包括一些数据集，这些数据集只有最简单的容量约束和时间窗约束，另有部分数据集也未能提供已知最优解。有学者使用 Lin-Kernighan-Helsgaun (LKH)算法解决各类复杂的路径优化问题，并不断改进相关算法及应用于不同类型优化问题的效果评估，相关内容可以参阅网站(网址：http://web hotel4. ruc. dk/～keld/research/LKH-3)。从该网站及相关文章的内容来看，不断改进的 LKH 算法效果很好，然而在本书重复相关数据集的优化效果时，可能是由于网站或论文编辑的问题，其已知最优解和实际的数据集无法对应，因此，在实际测试数据集时，笔者选择了广泛使用的 CVRPLIB 中的数据集进行实验，并基于 Rich VRP 统一应用框架读取相关数据集且进行实验对比分析。

Rich VRP 统一应用框架是针对同时包括多种约束的 Rich VRP 来设定的，且需要在较短的可接受时间内(比如 1 min)得到较优解，其衡量指标并非单纯的算法速度或解的质量，而是这两者的综合以及统一应用框架对于各类约束的支持程度。作为论文中的内容，笔者也针对前述 CVRPLIB 进行了打开/关闭 Greedy Levy 的实验，对 9 个标准数据集设定优化时间为 1 min，除 Greedy Levy 机制外，其他参数均相同，分别进行了 50 次实验，从而验证 Greedy Levy ACO 改进机制在 Rich VRP 上的应用效果，实验结果呈现在表 8.1 中。

表 8.1 Rich VRP 统一应用框架针对 CVRPLIB 的实验结果

数据集名称	关闭 Greedy Levy 优化解统计		开启 Greedy Levy 优化解统计		开启 Greedy Levy 机制后提升比例	
	平均车辆数	平均总路程	平均车辆数	平均总路程	平均车辆数	平均总路程
X-n101-k25	26.02	64 714.82	26.00	34 093.48	0.08%	47.32%
X-n106-k14	14.00	57 063.70	14.00	28 462.34	0.00%	50.12%
X-n110-k13	13.00	60 937.54	13.00	18 293.50	0.00%	69.98%
X-n115-k10	10.00	61 744.14	10.00	17 909.18	0.00%	70.99%
X-n139-k10	10.00	74 572.42	10.00	16 746.10	0.00%	77.54%
X-n148-k46	46.98	93 800.08	47.00	48 837.06	−0.04%	47.93%
X-n200-k36	37.00	126 263.72	36.92	64 647.04	0.22%	48.80%
X-n251-k28	28.00	135 636.48	28.00	44 209.52	0.00%	67.41%
X-n393-k38	38.00	183 102.20	38.00	44 428.96	0.00%	75.74%
平均值					0.03%	61.76%

从表 8.1 来看，车辆数量在开启 Greedy Levy ACO 机制前后基本没有差别，但平均总路程平均节约了 61.76%，开启 Greedy Levy ACO 改进机制效果较为明显。之前 Greedy Levy ACO 的实验中表明开启 Greedy Levy ACO 机制后，算法速度提升到原来的 1.667 倍，这也是使优化效果提升的根本原因。

小　结

本章首先对 Rich VRP 统一应用框架对应的主要约束进行了分类和分析，分为与车型有关的约束和与车型无关的约束，确定了使用包括多车型车队和类似多车道原理的多信息素机制来处理与车型有关的约束。另外，通过改进信息素更新机制，更好地解决了 VRP 中的车辆最少和路径最短两个优化目标的协调。

另外，针对与车型无关的约束，包括时间窗和取货及送货等约束，列出了相关处理逻辑。

考虑到大规模多种约束的 Rich VRP，笔者应用了一些与 ACO 算法相关的性能提升设计，再配合 ACO 改进算法，即可满足 Rich VRP 统一应用框架严苛的性能要求。

针对 Rich VRP 统一应用框架，完成相关开发语言、开发数据库等方面的技术选型。

通过上述概念及实际框架设计，Rich VRP 统一应用框架基于改进的 ACO 算法，设计和实现了一个可行的算法框架，统一解决各类约束。经过开发实现后就可以快速应用于实际 Rich VRP 问题的求解了。

第 9 章 Rich VRP 的实际应用及效果分析

本章介绍了 Rich VRP 统一应用框架实际应用的细节，包括应用的背景环境和实例，验证了统一应用框架的实际应用效果与设计方案之间的一致性。

9.1 Rich VRP 的应用背景

针对实际应用中的 Rich VRP 问题，一般都无法知道最优解，因此在 ACO 算法中，需要考虑可应用的算法资源(CPU、内存等)和迭代终止条件。理论上，算法资源越多，迭代终止条件越多(即迭代次数越多或迭代时间越长)，ACO 算法就有可能得到更好的解。但在实际应用中，算法资源和迭代条件都是有限的，如果需要广泛使用 Rich VRP 统一应用框架，就需要考虑实际应用场景中的限制和约束。

Rich VRP 统一应用框架设计是针对实际应用场景中的复杂约束和限制的，并考虑实际规划的时间要求，一般人工等待的时间应不超过 5 min，其他联机系统的等待时间一般应不超过 1 min，因此，统一应用框架设定的迭代终止最长时间为 1 min。为了评估算法优化的趋势，统一应用框架设定了另一个迭代终止条件，即连续 N 个迭代循环(建议值为 10，可设置)未找到进一步的更优解，则视为已接近当前能找到的最优解，从而停止优化，这在后续很多实际优化项目中，会使得在最长优化时间内(默认值为 1 min，也可设置)例如 1 s 或 10 s 内就会返回一个较高质量的优化解，从而加快与其他联机系统间数据和业务联动的速度和效能。在企业实际业务中，如果能找到全局最优解，无疑是最好的，但很多时候由于业务时间及资源的限制，在有限的时间内可能无法找到全局最优解，此时的优化目标则转变成了在有限时间内找到尽可能好的解，这与元启发式算法在可接受时间内找到次优解的目标是一致的。

不同的企业拥有不同的计算资源，目前常规的物流企业在 IT 方面的投资并不大，同时，随着云服务器的普及，采用单台较高配置的云服务器较适合绝大多数物流企业特别是中小企业进行物流规划的标准配置。因此，按照 8 核 CPU、主频 3 GHz、32 G 内存的主流配置的单台服务器就成了标准配置。为了有效、广泛地应用 Rich VRP 统一应用框架，相关优化结果均设定在标准配置为 8 核 CPU、主频 3 GHz、32 G 内存的单台服务器，迭代终止最长时间为 1 min 的条件下完成。本章中所有实际应用的效果均在上述统一条件下完成，部分项目的实际优化在 10 s 内完成，以满足客户的联机系统时间要求。当然，如果客户的 Rich VRP 规模较大或客户的预算较为充裕，也可以采用更高配置或更多数量的云服务器，以提高并行处理能力，支持更大规模的 Rich VRP 优化。

为了最大范围地解决各类约束，Rich VRP 统一应用框架更着重在解决各类约束的设计逻辑上，很多设计需要考虑多种不同约束情形下的适应能力和冗余支持，单纯的算法性能并非是该应用框架的首要优化目标，各类约束的兼容性和适应性更为重要。

对于 Rich VRP 问题没有较为合适且统一的测试数据集，目前仅有一些较为简单的 CVRP 或部分约束，如时间窗等的数据集(在第 8 章进行相关实验及结果分析)，很难公平地评估解决不同约束算法间的性能比较。因此，本章主要描述在不同约束下的实际支持和适应能力。

9.2 Rich VRP 的应用环境

第 8 章针对 Rich VRP 研究的主要约束进行了详细的分析及分类，针对性地提出了多车型车队及多信息素概念，并相应进行了算法设计及实现，本章将对实际项目中

5 个不同客户的真实应用及优化效果进行评估。

进行这些实际项目，需要准备节点、路网、车辆、订单等基础信息。

9.2.1 Rich VRP 中的节点信息和订单信息

① 节点信息

在求解 Rich VRP 过程中，首先要解决节点的问题。节点是 VRP 中需要访问的节点，只有在符合各类约束条件下完成指定全部节点的访问才是一个可行解。

(1) 节点可以是一个公路网络中一个门牌号对应的一个地址，也可以是一个大型场地如仓库、厂区、港口的一个指定位置。

(2) 节点一般分为中心仓库和普通节点。VRP 中一般包括一个或多个仓库，在非开放 VRP 的情况下，所有车辆均从中心仓库出发并回到中心仓库。

(3) 节点还有服务时间窗、节点与车型之间的约束等更多的属性。

② 订单信息

与节点密切相关的是订单信息。每个订单信息包括一个出发节点和一个到达节点，还有对应的商品重量、体积等。在 Rich VRP 中，对应的其中一个节点是中心仓库，可以转换成在不同非中心节点取货或送货、对应的商品重量和体积等需求数据，同时通过累加同一节点所有订单的装卸时间来计算该节点所需的总装载时间。

9.2.2 Rich VRP 中的路网信息

在求解 Rich VRP 中，其次要解决的是路网基础数据的问题。路网分为道路运输和场地运输两类。

(1) 道路运输：主要是指通过现有的公路运输，使用电子地图将道路门牌号等信息转换为 GPS 坐标，并通过电子地图导航功能获取两个 GPS 坐标间的道路信息，包括距离和用时。根据车型不同，还可以为电动自行车、小汽车、微型货车、轻型货车、中型货车、重型货车等不同车型车辆规划不同的运输线路，包括具体线路、路程及用时。

（2）场地运输：主要是指一些非公开的内部区域，如厂区、仓库、港口等大型区域，无法直接使用电子地图，需要通过场地布局图等来构建内部道路网络，并通过图形网络计算内部道路网络各节点间的最短线路信息，从而构建类似电子地图的相关道路信息。

在建立了完整的路网信息后，就可以将其作为基础数据来计算不同 Rich VRP 可行线路的总成本，再基于 ACO 算法来计算最优线路。

9.2.3 Rich VRP 中的车辆信息

在求解 Rich VRP 的过程中，还需要解决车辆数据的问题，包括不同的车型信息、每类车型的可用数量、不同车型的调度逻辑。

① 车型信息

车型信息是指不同车型间具有针对不同约束的相关属性，包括所属仓库中心、最大载重、最大容积、可用时间、可用里程、节点与车型间的约束关系、车型的使用成本（按运输里程、运输时间、等待时间等参数来计算成本）、车型数量之间的比例关系等。

② 车型数量

车型数量是指每类车型可以使用的最大数量。

③ 车型的调度逻辑

车型的调度逻辑是指不同车型间的调用优先顺序，它包括以下三类调度逻辑。

1）优先调度

优先调度是指不同车型可以设置不同的调用成本，通过成本大小来设置优先级，比如成本最低的优先调用。一般而言，载重或容积越大的车型，其吨公里或单位成本越低，尽可能优先使用。优先调度是最常见的调度逻辑。

2）均衡调度

均衡调度是指不同车型间尽可能使用较为平均的工作负荷比例。均衡调度一般针对自有车辆，不仅可以保证不同车辆间工作量的均衡，还可以设置不同的比例来调整不同车型间实际调度的数量。

3）动态调度

动态调度是指不同车型间可以动态变化，主要针对半挂车、全挂车的调度。在这种情形下，车头数量是一定的，可通过挂载不同的半挂车或全挂车，使车辆属性不同，形成可变车型。

不同的调度逻辑是根据不同的业务要求而定的，在 Rich VRP 中，需要考虑同一车队中不同车辆间的调用优先顺序。

9.2.4 Rich VRP 中的节点、路网、车辆、订单信息的关系

在 Rich VRP 中，节点、路网、车辆、订单信息是必须提供的四类输入信息，其中各信息之间有一些关联关系，主要表现为：

(1) 路网中的边由节点和车型作为关键值，它们一般分别对应不同的起止节点和车型(信息素)。

(2) 车辆对应车队，一般包括不同车型及其相应的可用数量和出发时间。

(3) 订单一般与节点有关，对应起止节点及容量(商品重量、体积等)。

另外，在这些信息中，一般节点信息和路网信息相对变化较小，车辆信息和订单信息变化较大。Rich VRP 的可行解对应输出信息，一般是指多辆车的详细调度信息，主要包括：

(1) 每辆车对应的车型。

(2) 每辆车的节点访问顺序及各节点的访问时间。

(3) 每辆车对应的每个节点的订单信息。

Rich VRP 统一应用框架是录入上述输入信息后，通过本框架可得到优化后的输出信息，即每辆车的详细调度信息，最终用户在绑定具体车牌和司机到指定车辆后即可按照优化方案执行。

9.3 Rich VRP 应用实例

在本节所有的应用实例中，统计的优化时间均是统一的标准配置的单台服务器，

其配置均为 8 核 3.2 G CPU、32 G 内存、Ubuntu 18.04LTS 操作系统。表格中的节点数即为客户数据，也就是 Rich VRP 的节点规模。

9.3.1 某银行 ATM 机清机运钞车线路优化项目

① 项目背景及涉及的 Rich VRP 约束

本项目是一家负责银行自动柜员机 ATM 清机业务的外包服务公司，根据每天 ATM 机空钞/满钞的状态安排运钞车进行清机业务，优化运钞车运营线路的项目，也就是现金物流的概念，涉及的 Rich VRP 约束包括以下内容。

(1) 金库就是中心仓库，只有一个金库，所有押运车辆均从金库出发，最终须返回金库。

(2) 运钞车只有一种制式，即单一车型或同构车队。

(3) 运钞车可分为上午和下午两个不同时间和时长的使用方式，即车辆有不同的出发时间和最长可用时间，考虑到运钞车须尽量整天使用，故要求上午和下午的可用车辆数量相差不超过 1 辆。

(4) 由于现金的重量不会超出车辆载重限制，而且现金体积较小，也不会超出容积限制，因此在运钞车的可用时间内不需要考虑载重和容积限制。

② 项目难点及其解决方案

本项目的最大难点在于上午和下午根据出发时间和最长可用时间的不同，应区分为两类车型(虽然都是同一款物理车型)，且为了提高车辆利用率，整天使用相同车辆，要求上午和下午的车辆数量相差不超过 1 辆，避免由于车辆空置导致增加额外成本。

本项目的 Rich VRP 统一应用框架可通过设置车型间的比例来实现：

(1) 针对不同车型设置一个最大可用比例，默认为 100%，即可以完全使用单一车型，不再考虑最大可用比例问题。

(2) 针对不同车型设置一个最大可用比例，如本例中，上午和下午的车型可分别设置为 50%，同时还须考虑该车型的最大可用数量，以满足实际 Rich VRP 约束。

(3) 在考虑车型比例时，统一应用框架增加车队中选择下一车辆的逻辑，即检查不同车型已经被调用的比例，根据比例限制选择下一个合适的车型。在此项目中，即是分别选择上午和(或)下午的车辆，以确保不同车型间车辆数量最多只相差 1 辆。

通过上述车队选择候选车的逻辑，即可实现不同车型间的调用比例，从而实现本项目的特殊需求。

③ 应用前后的优化效果评估

ATM 机清机运钞车线路优化对比见表 9.1。

表 9.1　ATM 机清机运钞车线路优化对比

参　数	实际值	优化值	变化量	节约率(变化量÷实际值×100%)
节点数/个	59	59	0	0
调用车辆数/辆	15(其中，上午 8 辆，下午 7 辆)	13(其中，上午 7 辆，下午 6 辆)	−2	13.33%
总路程/km	616.55	636.30	19.75	3.2%

通过表 9.1 可以看出，虽然总路程略有增加(这是为了减少调用车辆车次而将部分运输任务合并到其他车辆上)，但共节约了 13.33%的车次，成本节约效果明显。

④ 应用线路效果

图 9.1 是 ATM 机清机运钞车对应的位置在地图上的标注，图 9.2 是 ATM 机清机运钞车任务优化后对应的清机线路图，不同颜色表示不同车辆执行的运输线路。在标准配置的单台服务器上优化时间在 1 s 内。

图 9.1　ATM 机清机运输涉及的节点分布图

图 9.2 ATM 机清机运输自动优化后的线路图

9.3.2 某汽车生产供应链优化项目

❶ 项目背景及涉及的 Rich VRP 约束

某汽车生产企业，它们根据每日的整车生产计划，派车从供应商处提取本企业生产所需的零部件或原材料。为了优化供应链的运输成本，涉及的 Rich VRP 约束包括以下内容。

（1）本项目中的汽车生产企业即为中心仓库，所有运输车辆均从中心仓库出发，最终再返回中心仓库。

（2）本项目中的运输车辆使用挂车运输，除了标准的车头，还有 10.5 m、12.5 m、17.5 m 三种不同规格的挂车，即多车型或异构车队。不同车型除了装载容量不同外，其对应的运输速度也不同，运输车辆是跨省市运输的，以 24 h 为一个周期，即最大可用时间是 24 h。

（3）本项目中的供应商分布在江浙沪 3 省 26 个城市，不同供应商对于挂车的兼容性不同，部分供应商由于场地限制，无法停靠 17.5 m 的挂车，且所有供应商都有服务时间窗要求。

（4）本项目中的所有车辆均使用标准的集装板运输，简化了装载需求。集装板有出厂托盘和进厂托盘两大类，分别对应取货约束和送货约束。

2 项目难点及其解决方案

本项目的最大难点在于使用挂车运输时，不同的挂车对应不同的装载限制，而且还会影响运输速度和运输时间，当统一考虑时间窗时，会带来更为复杂的计算过程。

Rich VRP 统一应用框架可通过设置动态车型来实现：

(1) 设置不同的车型，除了标准的容量、成本等信息，还增加了速度系数，默认值为 1，即所有车型的速度完全相同。

(2) 本项目中，不同车型(10.5 m、12.5 m、17.5 m 挂车)分别设置不同的速度系数(1.4、1.2、1)，50 km 的标准时速分别对应 70 km/h、60 km/h、50 km/h 的平均速度。

(3) 通过上述不同的速度系数分别计算不同车辆在相同道路(主要是高速)运输时的所用时间，从而计算出到达各节点的不同时间窗。

(4) 根据到达的不同时间窗、收货约束和送货约束对应的容量进行计算，符合约束条件的会被列入候选节点进行随机选择。

(5) 根据多信息素原则更新信息素。

通过上述 Rich VRP 统一应用框架中的设计，即可完成本项目的 Rich VRP 相关需求。在标准配置的单台服务器上优化时间在 10 s 内。

3 应用前后的优化效果比较

汽车生产企业供应链运输优化对比见表 9.2。

表 9.2 某汽车生产企业供应链运输优化对比

参数	实际值	优化值	变化量	节约率(变化量÷实际值×100%)
节点数/个	26	26	0	0
调用车辆数/辆	12(均为 12.5 m 车型)	8 (其中，6 辆 17.5 m 车型，2 辆 12.5 m 车型)	−4	33.33%
每天的总成本/元	58 612	51 926	−6686	11.41%

通过表 9.2 可以看出，调用车辆数量节约了 33.33%，总成本节约了 11.41%，成本节约效果明显。

4 应用线路效果

新能源汽车企业供应链运输自动优化后的线路图如图 9.3 所示。

图 9.3　汽车企业供应链运输自动优化后的线路图

9.3.3 某冷链互联网服务平台运输优化项目

❶ 项目背景及涉及的 Rich VRP 约束

某冷链运输互联网服务平台根据每日客户订单，派车从供应商处提取所需的零部件或原材料。优化供应链运输成本项目涉及的 Rich VRP 约束包括：

（1）有一个中心仓库，所有运输车辆均从该仓库出发，最终须返回该仓库。

（2）运输车辆使用车型较多，且跨度较大，有 1 吨、2 吨、3 吨、5 吨四种不同规格的车辆，即多车型或异构车队；运输车辆都在市内同城运输。

（3）供应商分布在一个城市内的 69 个地址，不同供应商订单的货物总重量差异较大，从几千克到 2.8 吨。

（4）所有车辆基本都满载，无法节约车辆数量，但可通过优化线路来节约运输成本。

❷ 项目难点及其解决方案

本项目的最大难点在于不同客户的订单重量差异很大，从几千克到 2.8 吨。正常情况下，吨位越大的车辆其吨公里运费越低，应该优先调用，如优先顺序为 5 吨车＞3 吨车＞2 吨车＞1 吨车。但如果这样调用车辆，会出现这样一种现象，即 5 吨车先将很多较近的且容量较小的订单节点运输完毕，剩余较大的订单节点如 2.8 吨的订单节点和剩余 1 吨车型时，无法一次性运输完毕，在不拆单的情况下会导致无法找到可行解。

在 Rich VRP 统一应用框架中，可通过设置车辆优先级来实施。考虑到本项目的特殊情况，优先级别可进行调整，即 3 吨车＞2 吨车＞1 吨车＞5 吨车，也就是说 5 吨车型最后调用，以确保剩余节点的订单都可使用 5 吨车一次性运输完毕。

❸ 应用前后的优化效果评估

某冷链互联网服务平台运输优化对比见表 9.3。

表 9.3 某冷链互联网服务平台运输优化对比

参 数	实际值	优化值	变化量	节约率(变化量÷实际值×100%)
节点数/个	69	69	0	0
调用车辆数/辆	16(其中，1 辆 1 吨车，5 辆 2 吨车，9 辆 3 吨车，1 辆 5 吨车)	16(其中，1 辆 1 吨车，5 辆 2 吨车，9 辆 3 吨车，1 辆 5 吨车)	0	0
总路程/km	2503	1815	−688	27.4%

说明：由于所有车辆均已满载，无法节约使用车辆，但通过优化运输线路，可节约运输里程及相应的运输成本 27.4%。在标准配置的单台服务器上优化时间在 10 s内。

4 应用线路效果

某冷链互联网服务平台运输自动优化后的线路图见图 9.4。

9.3.4 某仓储服务企业揽货线路优化项目

1 项目背景及涉及的 Rich VRP 约束

某仓储服务企业根据每日客户订单，派车从客户处收取所需运输的货物并运回中心仓库统一仓储或集中发运。本项目为了优化供应链运输成本，涉及的 Rich VRP 约束包括以下内容。

(1) 本项目中有一个中心仓库，以天为工作周期，所有运输车辆可从各自位置直接前往第一个客户处揽货，无须从该仓库出发，但最终须返回该中心仓库。这是一个开放性的 VRP 问题。

(2) 本项目中运输车辆使用车型较多，有四种不同规格的车辆，即多车型或异构车队；运输车辆都在市内同城运输。

(3) 客户分布在一个城市内的 50 个地址处，部分客户有约定揽收的时间窗。

图 9.4　互联网服务平台运输自动优化后的线路图

❷ 项目难点及其解决方案

本项目的最大难点在于这是一个开放性的 VRP 问题，出发时可以不从中心仓库出发，最终却要返回中心仓库。因为最终若不返回仓库，而是统一从中心仓库出发，时间计算较为简单，选择的第一个节点一般距离仓库较近，且选择的每个节点相对较固定，这比较适合采用构建型元启发式算法——蚁群优化算法；出发时若不从中心仓库出发，则时间取决于具体前往的第一个节点，因为对第一个节点的选择没有任何限制，可以各不相同，所以使用蚁群优化算法进行计算较复杂。

在 Rich VRP 统一应用框架中，可以通过设置开放 VRP 约束来解决以上难点问题。

❸ 应用前后的优化效果评估

某仓储服务企业揽货运输优化对比见表 9.4。

表 9.4　某仓储运输服务企业揽货运输优化对比

参数	实际值	优化值	变化量	节约率(变化量÷实际值×100%)
节点数/个	45	45	0	0
调用车辆数/辆	16(其中，3 辆面包车，4 辆金杯车，7 辆 4.2 m车，2 辆 7.6 m车)	10(其中，0 辆面包车，3 辆金杯车，3 辆 4.2 m车，4 辆 7.6 m车)	−6	37.5%
总路程/km	898.12	788.57	−109.55	12.2%

注：在标准配置的单台服务器上优化时间在 10 s 内。

❹ 应用线路效果

某仓储服务企业揽货运输自动优化后的线路图见图 9.5。

图 9.5　某仓储服务企业揽收运输自动优化后的线路图

9.3.5　某仓储服务企业仓库拣选运输优化项目

❶ 项目背景及涉及的 Rich VRP 约束

某仓储服务企业根据订单需求，在 2.3 万 m^2 的仓库内各货架上选取指定数量的商品，并通过拣选车辆返回仓库打包台统一打包后，交由第三方快递企业运出。本项目涉及的 Rich VRP 约束包括以下内容。

(1) 仓库有打包台区域，可视为拣选业务的中心仓库，所有拣选车辆均从该打包台出发，拣选完成后再返回打包台。

(2) 仓库内货架众多，可将每个货架视为不同的客户访问点，货架间的通道组成运输的路网。

(3) 拣选车辆只有一种，较为单一，订单商品体积较小且重量较轻，只考虑容积限制且采用 85%的平均装载系数来计算是否可以继续装载货品。

2 项目难点及其解决方案

1）项目难点

由于货架较为密集，而且还有立体货架，考虑到拣选运输只涉及平面移动，可将较为密集的 6 个货架（左右各 3 个）视为一个地址（即拣选车辆停靠此处时），这样一次可同时拣选对应 6 个货架的订单。即使这样，经过简化后的拣选车辆停靠位置可达 3 万个。高峰期单个波次（2 h）的拣选订单超过 8100 单，对应 1267 个货架和 523 个拣选车停靠位置，规模较大，计算量也很大，对优化速度要求较高。

2）解决方案

仓库内部结构分为库区及货架两级，货架之间的通道及库区之间的通道组成 VRP 中的路网，见图 9.6。可通过建立仓库内部通道路网图（其中，红色区域为拣选中心，黄色区域为不同库区间的通道，绿色区域为不同货架间的通道），见图 9.7，并采用 Dijkstra 算法先计算任意两点间的距离及行进线路，再通过建立场地电子地图来优化通道网络和行进线路，这为合理安排拣选线路提供了坚实的基础。

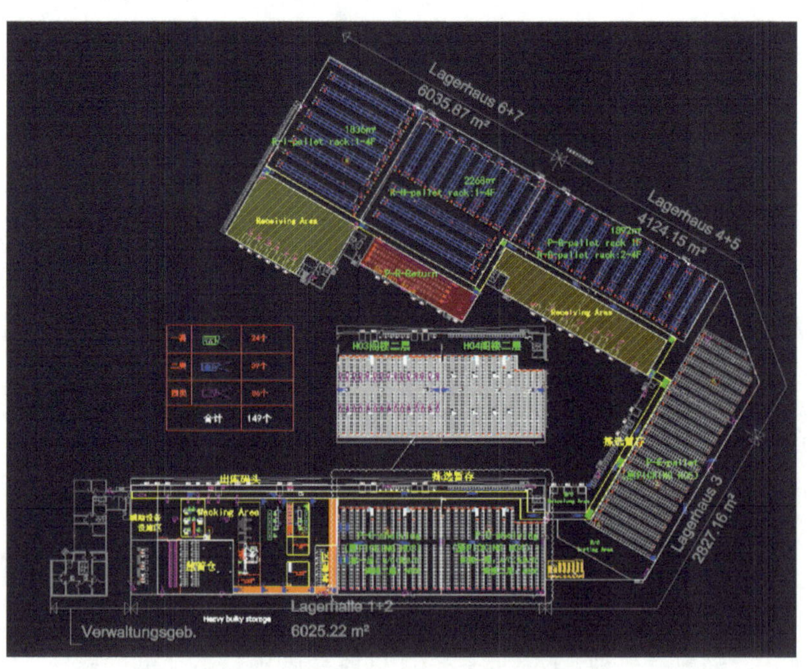

图 9.6　仓库布局图

图 9.7　场地引擎建模后的仓库通道路网图

3 应用前后的优化效果比较

仓库拣选运输优化对比见表 9.5。

表 9.5　某仓储服务企业仓库拣选运输优化对比

参数	实际值	优化值	变化量	节约率(变化量÷实际值×100%)
节点数/个	523	523	0	0
调用人次数/人次	47	24	−23	48.94%
每波次总数程/km	5884.4	6173.8	289.4	4.92%

虽然总路程略有所增加，但通过优化线路节约了 48.94%的运输人次。通过分析相应的优化结果，可以看到 ACO 算法在优化路径和优化车辆(人员)数量时，应优先优化车辆(人员)数量。这也符合实际应用中车辆(人员)运营成本相对运输里程而言，成本要高得多的现实情况。在标准配置的单台服务器上，优化时间在最长迭代时间 1 min完成。如果进一步扩充服务器数量和可用迭代时间，则可以进一步增加优化可使用的资源和时间，而且优化速度和效果还可以进一步提高。

小　结

本章通过 ACO 改进算法及 Rich VRP 统一应用框架的实际应用，结合实际物流企业的具体应用，并通过实际业务数据进行了智能优化，均获得了比较好的优化效果。优化都是在单台服务器上完成的，优化时间在 10 s 至 1 min 内。现将本章中几个实际项目优化的效果数据汇总在表 9.6 中。

表 9.6　Rich VRP 实际项目优化效果汇总表

项目名称	节点数/次	调用车辆节约率	总路程节约率	备注
ATM 机清机运钞车线路优化项目	59	13.33%	−3.20%	
某汽车生产企业供应链运输优化项目	26	33.33%	11.41%	
某冷链互联网服务平台运输优化项目	69	0	27.40%	已满载，无法节约车辆
某仓储服务企业揽货运输优化项目	45	37.5%	12.20%	
某仓储服务企业仓库拣选逼输优化项目	523	48.94%	−4.92%	

由于这些实际物流问题很复杂，数据来源于不同企业的实际业务，而且涉及 Rich VRP 中的多类约束，解决难度较大，还没有相关论文能提供可用的算法源代码或可执行程序进行这些 Rich VRP 问题的求解。因此，本章主要将基于蚁群优化算法的 Rich VRP 统一应用框架应用后与原有优化结果进行了对比，并取得了较好的优化效果。同时，Rich VRP 统一应用框架能同时支持多种约束，也展现了其强大的适应能力和多种约束的支持能力。

在这些成功应用案例中，包括一些大型企业、跨国企业，其中还有 500 强企业，他们的相关业务涉及较为复杂的 Rich VRP 约束，节点规模在 60 至 500 个点。这些业务现在均为人工完成，但需要他们具有较丰富的业务实践经验及实际操作培训能力，关键调度人员的素质和能力成为业务扩展的瓶颈，同时，高额的运营成本也限制了业务的利润和发展空间，于是企业急需相关智能算法来解决这些业务发展中的重大问题。

本章的 ACO 改进算法和 Rich VRP 统一应用框架的应用及解决方案，对企业有着重要的参考价值和实际指导意义。反之，这些实际应用也为 ACO 算法和 Rich VRP 统一应用框架的进一步完善和改进提供了现实机会和优化的基础。

第 10 章
市场经济优化算法（MEO-Q）

前面介绍了蚁群优化算法的改进算法及以蚁群优化算法为基础的 Rich VRP 统一应用框架及应用效果，本章介绍本书第三个核心主题即市场经济优化算法(MEO-Q)。

市场经济算法是本书笔者独立设计的新算法，其核心思想参照蚁群优化算法及 Ant-Q 算法，并针对蚁群优化算法的核心奖励机制进行了改进，同时额外增加了反垄断机制和风险资金机制，以解决元启发式算法和以 Q-Learning 算法为基础的强化学习算法中容易陷入局部最优解并解决探索与利用困境的问题。

市场经济理论经过多年发展取得了丰硕的理论成果，而元启发式算法原型则来源于自然界单一现象或理论，比如遗传算法、粒子群算法、蚁群优化算法等。市场经济理论中蕴含并融合了人类智慧，因而具有比单纯自然界进化所对应基本进化算法更好的设计和性能。

蚁群优化算法来源于自然界智力和体力都较低的生物——蚂蚁，通过简单的群体协作即可解决复杂的路径问题。4.2 节的内容已详细列明了蚁群优化算法与车辆路径问题之间的联系及使用蚁群优化算法解决车辆路径问题的 6 个优势。

笔者研究蚁群优化算法超过 10 年，认为蚁群优化算法的进一步优化需要跳出原有框架，吸收新的算法思想，因此借鉴市场经济理论，基于其中的价格机制、反垄断机制及风险投资机制，独创了市场经济优化算法。在 TSPLIB 的实验中，该算法能以较低的迭代次数找到已知最优解，这体现了该算法性能的优异。

10.1 组合优化问题中的难点

组合优化问题有以下难点。

(1) 组合优化问题具有“组合爆炸”特性，即随着问题规模的增大，其解空间也在急剧增加，从而使较大规模组合优化问题的求解变得非常困难。因此，解决组合优化问题的算法需要在解的质量及求解速度上都能获得较好的表现，从之前的算法综合分析来看，元启发式算法及不包括神经网络的纯强化学习算法是能保证这种需求的算法。

(2) 组合优化问题是离散问题，其解空间是巨大的离散的非凸空间，如何有效地识别陷入了局部最优并能跳出局部最优较为困难。目前的主要算法中，一般是通过长时间未能找到更优解来判断可能是陷入了局部最优解困境，这种判断标准是模糊的，且是事后的。主要的解决方案一般只是增加一些随机性，比如重置或重启整个环境，这样虽然清除了局部最优的状态，但同时也抹除了之前学习或搜索的成果，降低了搜索的效率。

(3) 组合优化问题，包括强化学习算法都有一个探索与利用困境。探索是指针对未知解空间进行搜索，过于探索，更有可能找到全局最优解，但搜索空间会很大，这样会导致搜索很多无效空间，使搜索效率下降。利用是指针对性地对已知最优解附近进行搜索，充分利用已知最优解的引导信息，从而提高搜索速度，但容易陷入局部最优。因此，如何合理平衡探索与利用，是算法设计中的难点。

10.2 Q-learning 算法及 Ant-Q 算法

4.5 节论述了蚁群优化算法与强化学习算法的结合，特别是 Q-learning 算法的研究方向及意义，这是市场经济优化算法的思想来源和基础。本节介绍基础算法 Q-learning算法和 Ant-Q 算法。

10.2.1 Q-learning 算法

强化学习的目标是学习一个最优策略，即找到一个决定序列使得累积回报最大。

其中的策略就是根据强化学习中的环境信息选择下一步动作，最简单的形式是建立一个表格，在表格中存储每个状态和每个动作的对应关系，使用 Q 代表目标，故该表也称为 Q 表。

以图 10.1 所示的悬崖行走问题为例，我们需要找出一条从起点 S 到终点 G 之间的最短路径，同时还要避免掉下悬崖。图 10.1(a)中，每个空白方格表示可以行走的路径点，灰色为悬崖，图(b)为悬崖行走问题的数据建模。

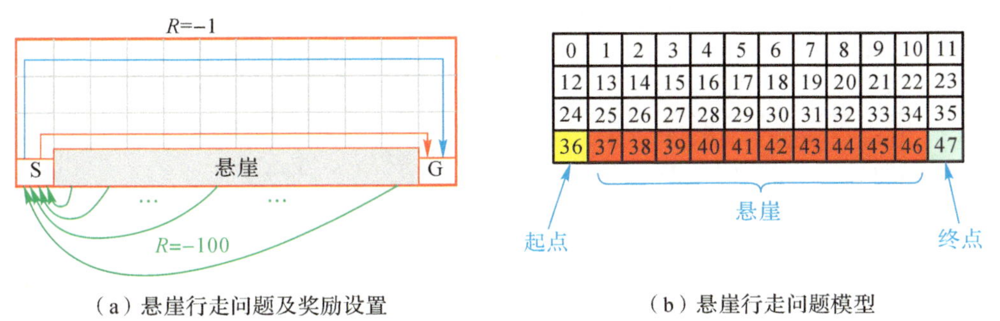

（a）悬崖行走问题及奖励设置　　（b）悬崖行走问题模型

图 10.1　悬崖行走问题及建模

为了解决悬崖行走问题，可以建立一个 Q 表，如图 10.2 所示。对应不同路径点之间的移动选择(只有上、下、左、右四种选择)及对应的奖励数据，初始值为 0，目标是找到行走最短且不会掉下悬崖的路径。假设每行走一步，奖励为−1(避免找到较长的路径)；掉下悬崖，奖励为−100。

状态	上	下	左	右
坐标（1，1）	0	0	0	0
坐标（1，2）	0	0	0	0
坐标（1，3）	0	0	0	0
坐标（1，4）	0	0	0	0
坐标（1，5）	0	0	0	0
坐标（1，6）	0	0	0	0
…	…	…	…	…

图 10.2　悬崖行走问题中的 Q 表

对应的 Q-learning 的算法框架如图 10.3 所示，状态 χ 与动作 A 的关系用 Q 表来表示。Q-learning 算法的核心步骤包括：① 根据状态 χ 找到下一步的动作 A，直到回合结束，即到达终点或掉入悬崖；② 根据回合信息及设定的奖励规则更新 Q 表中的数据。为了提高算法性能，增加了 α 和 γ 两个参数，它们分别对应学习率和折扣率，用于平衡短期奖励与长期奖励之间的折衷，避免过于短视或忽略即时奖励的引导作用。

```
Q-learning: Learn function Q : 𝒳 × 𝒜 → ℝ
Require:
  Sates 𝒳 = {1, ..., n_x}
  Actions 𝒜 = {1, ..., n_a},       A : 𝒳 ⇒ 𝒜
  Reward function R : 𝒳 × 𝒜 → ℝ
  Black-box (probabilistic) transition function T : 𝒳 × 𝒜 → 𝒳
  Learning rate α ∈ [0, 1], typically α = 0.1
  Discounting factor γ ∈ [0, 1]
  procedure QLearning(𝒳, A, R, T, α, γ)
     Initialize Q : 𝒳 × 𝒜 → ℝ arbitrarily
     while Q is not converged do
        Start in state s ∈ 𝒳
        while s is not terminal do
           Calculate π according to Q and exploration strategy (e.g. π(x) ←
  arg max_a Q(x, a))
           a ← π(s)
           r ← R(s, a)                                   ▷ Receive the reward
           s' ← T(s, a)                                  ▷ Receive the new state
           Q(s', a) ← (1 − α) · Q(s, a) + α · (r + γ · max_a' Q(s', a'))
           s ← s'
     return Q
```

图 10.3　Q-learning 算法框架

Q-learning 算法比较简单，但体现了强化学习的核心思想。为了进一步提高 Q-learning算法的性能，可将 Epsilon Greedy 算法取代原有的取最大值的贪心算法，这样能有效解决探索与利用困境。

10.2.2　Ant-Q 算法及其与 Q-Learning 算法的比较

Ant-Q 算法（Gambardella，1995）是 ACO 算法的创建人 Dorigo 与另外一位 ACO 算法的研究者 Gambardella 在合作发表的一篇文章中提出的。Ant-Q 算法基于 ACO

算法，并结合 Q-learning 算法设计，可以认为是将 ACO 算法与强化学习算法的统一。

Ant-Q 算法也可以用于 TSP。Ant-Q 算法与 Q-learning 算法有以下不同之处。

1）Q 表设计

Q-learning 算法中的 Q 表是状态切换与对应行动之间的关系；Ant-Q 算法中的 Q 表是存储当前节点状态与候选节点之间的关系(存储信息素或累积奖励)。

2）策略设计

Q-learning 算法中，策略一般是选择 Q 表中对应最大值的候选动作。改进版本一般是 Epsilon-Greedy 策略，即较大概率选择 Q 表中对应最大值的候选动作，以较小概率平均选择剩余的候选动作。Ant-Q 算法采用了 ACO 的一个改进算法当前的最优——ACS，ACS 来源于 Epsilon-Greedy 的伪随机算法，即较大概率选择当前的最优候选节点，较小概率根据 ACO 算法中的轮盘赌方式选择其他候选节点。

3）奖励设计

Q-learning 算法中的奖励设计是根据对应问题域进行针对性地设计，增加了 α 和 γ 两个参数，分别对应学习率和折扣率；Ant-Q 算法因为要解决 TSP，所以沿用了 ACO 算法中的信息素奖励，即对应路径总长度倒数的奖励机制进行设计，并将 ACO 算法中的参数 ρ(信息素挥发系数)调整为 Q-learning 算法中对应的参数 α 和 γ。从参数的定义和作用机制来看，Q-learning 算法中的 α 与 ACO 算法中的 ρ 是相同的，ACO 算法中没有 γ，说明每个 TSP 可行解中所有子路段的奖励是完全相同的，或者可以说是 $\gamma=1$ 的特殊情形，若将 γ 调整为一个小于 1 但接近于 1 的参数有助于平衡短期奖励与长期奖励之间的选择。

4）可行解的局部优化

Q-learnig 算法因为问题域不太明确，所以没有局部优化的步骤，而在前文中提到增加了 2-Opt 或 3-Opt 的算法后，Ant-Q 算法在性能方面并没有明显改进，故认为这也是 Ant-Q 算法比 ACS 算法更优的依据。但笔者不太认同，原因如下：

(1) Ant-Q 算法实验中涉及的数据集为 TSP，可行解空间连续性较好。

(2) TSP 数据集规模不超过 50，局部优化算法 2-Opt 或 3-Opt 的作用并不明显。

10.2.3 现有算法的不足和市场经济优化算法的改进措施

ACO算法作为一类经典的元启发式算法，在解决各类组合优化问题时取得了较好的成果，众多研究者也提出了各类改进算法，以提高ACO算法的性能。Ant-Q算法则结合了ACO算法和Q-learning算法，拓宽了我们改进ACO算法的思路。

从笔者十多年的ACO算法研究来看，ACO算法具有以下难点和痛点。

① ACO算法的奖励机制

ACO算法中的奖励是信息素，其计算公式为总路径的倒数。蚂蚁种群的生物实验验证了选择路径的蚂蚁数量与信息素浓度或者说是总路径长度的倒数是呈正相关的。信息素的计算公式体现了总路径长度越短，奖励意义越大，总体而言是成功有效的，其实现方式也是结合蚂蚁这一低智力物种在有限的生理条件下只要具备基本的生物钟就能有效实现的特性。然而，基于人工蚂蚁模型的蚁群优化算法是不需要考虑这种基于生物蚂蚁的先天约束条件的，可以尝试采用其他奖励计算公式。这也是本章市场经济算法中基于市场经济之成本利润公式的想法来源。

② ACO算法跳出局部最优的机制

ACO算法的核心机制是一个正反馈机制，即越短的路径奖励越大，奖励越大的路径对于后续蚂蚁的吸引力也越大。毫无疑问，正反馈机制可使得算法不断寻找更优解，这也是这类算法成功的核心机制。不过，正反馈机制也存在一些缺点，比如可能会陷入局部最优，这在基于蚂蚁的生物实验中也能观察得到，即在一个临时堵住最短路径蚁群实验中，在大量蚂蚁都选择了较长的路径后，即使过程中再放开堵住的最短路径，也很少有蚂蚁会重新选择该最短路径。这个实验证明，蚁群优化算法对于新的最优解的探索也是不足的。

因此，在ACO算法中也会增加一些负反馈机制来部分抑制正反馈的副作用，比如信息素的挥发机制，通过挥发信息素减轻之前对最优解的影响，从而增大寻找新的最优解的机会。这些负反馈机制能起到一定的作用，但意义有限，在前述生物蚂蚁的实验中也得到了验证。因为这些负反馈机制是面向全体的，并没有显著的针对性，而且正反馈是主体机制，所以负反馈机制的影响力度相对较小，难以有效改善正反馈的副作用。

本章的市场经济优化算法借鉴了反垄断机制和风险投资机制，可以有针对性地解决上述陷入局部最优及发现更优解时的有效利用，从而改进相关算法的性能。

10.3 市场经济理论对于组合优化问题的意义

当今世界的快速发展，离不开市场经济理论的基础研究及广泛应用，这也体现了市场经济理论强大的基础意义和实践价值。

市场经济理论以数字化货币为基础，这使得以二进制为基础的数字计算机能轻松实现具备市场经济主要特征的强化学习环境。市场经济的巨大成功是本课题中借鉴市场经济中自动优化配置资源的核心机制用于重建高效率的强化学习环境的主要原因。

产业链是市场经济中的一个重要概念，是各个企业之间基于一定的技术经济关联，并依据特定的逻辑关系和时空布局关系客观形成的链条式关联关系形态，产业链中的每个环节都有多种选择。集成电路(Integrated Circuit，简称 IC)芯片行业的产业链组成见图 10.1。

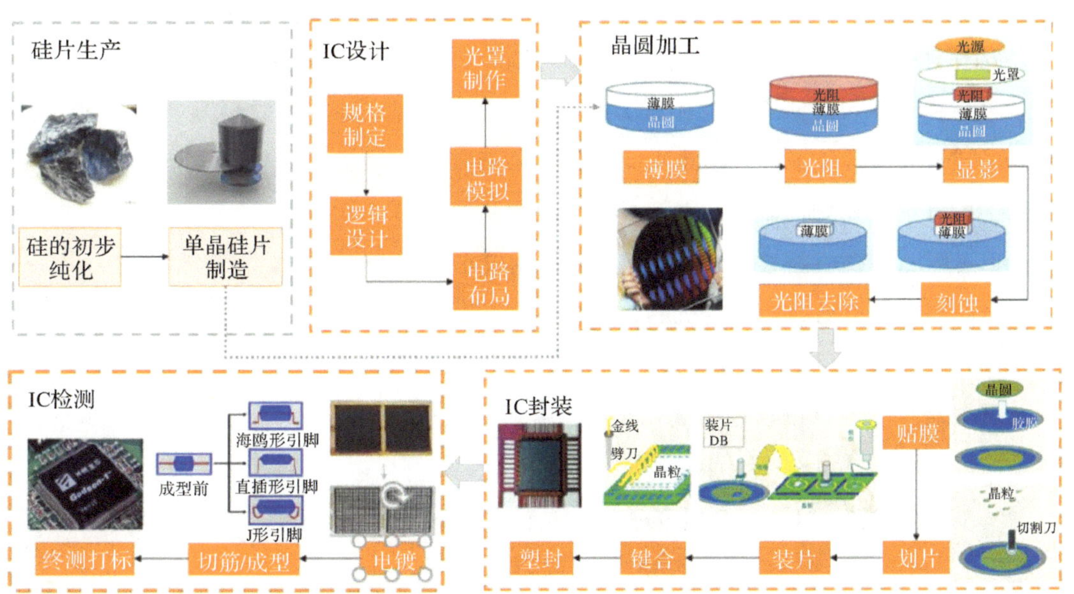

图 10.1　IC 芯片行业的产业链组成

从产业链的角度和强化学习算法的原理来看，市场经济是一个典型的强化学习环境：① 在这个环境中有很多组成产业链的基础企业，这些企业有各自的资金和成本，这构成环境的状态信息；② 产业链相当于理智自私的智能体，企业的资金和成本等状态信息根据符合市场经济优化配置原理的策略，每选择一个合适的企业加入产业链作为动作，即会自行顺序组合成不同的产业链组合；③ 不同的产业链组合有不同的成本，根据“利润＝价格－成本”的公式，不同的产业链组合可计算出相应的奖励，并将其更新到相应的企业中；④ 经过多轮迭代，就能实现市场经济优化配置资源，最终找到一个最优的产业链组合。

另一方面，当路网＋客户对应环境，客户信息对应强化学习中环境的状态，车辆对应智能体，选择并访问下一个客户对应动作，车辆路径(客户的访问序列)对应序列组合，找出最短路径对应累积回报最大，这样车辆路径问题就和强化学习理论也紧密关联起来了。

综上所述，马尔科夫决策过程针对序列决策的特性与组合优化特别是车辆路径问题中的最优序列无疑是较为匹配的，因而强化学习是解决组合优化问题(包括车辆路径问题)较为适合的方法。同时，以产业链为参照目标，吸收市场经济中优化资源配置的核心机制，构建一个高效的强化学习环境，应用于解决具有高度模型相似性的车辆路径问题也就成为了本课题的核心目标。

目前强化学习的研究及应用较为有限，主要在棋类、游戏类的学习应用中取得了辉煌的成就，这得益于游戏场景下完美的模拟环境及有效的分数奖励制度。在非游戏场景下的其他应用则面临较大的困难，主要包括：

(1) 环境建模较困难，合理制定奖励机制较难；

(2) 缺乏跳出局部最优的机制；

(3) 探索与利用困境的解决。

这些难点是本章市场经济优化算法中需要重点解决的核心问题。

10.4 市场经济优化算法的主要内容

针对组合优化问题及强化学习在应用中的难点，市场经济优化算法设计了针对性的不同解决方案，主要包括：

（1）根据市场经济理论中的价格机制和成本利润模型来建立简单完整的强化学习环境。

（2）根据成本利润模型建立强化学习算法的奖励机制。

（3）根据反垄断机制来判断局部最优解，并帮助研究者跳出局部最优解困境。

（4）根据风险投资机制来发掘并强化有潜力的新解，并有针对性地利用它们，使其与反垄断机制共同有效解决探索与利用的困境。

下面逐一进行详细说明。

10.4.1 市场经济优化算法中的价格机制及成本利润模式

市场经济是一个典型的强化学习环境，其中没有中央协调机制来指引其运作，但却能达成自我组织并实现优化配置市场资源，其核心机制之一为价格机制。

在市场经济学中，价格的形成机制较为复杂，但其核心是市场需求方和供给方经过博弈后确定的双方均能接受的价格。考虑到在强化学习算法中需要简化市场经济模型，所以我们将价格定义为总成本最低的 N 个产业链所能提供的最高价格，可记作：

$$\text{Price} = \arg\max(\arg\min_{N}(\text{TotalCost}_i)) \tag{10.1}$$

产业链的总成本公式为

$$\text{TotalCost}_i = \sum_{j=1}^{n}(\text{Cost}_{ij}) \tag{10.2}$$

产业链的盈利计算公式为

$$\text{Profit}_i = \text{Price} - \text{TotalCost}_i \tag{10.3}$$

在式(10.1)中，价格取当前 N 个最小产业链总成本的最大值。在式(10.1)和式(10.2)中，产业链 i 的总成本是整个产业链 i 中所有企业 j 成本的总和，式(10.2)是已知的基础数据，旅行商问题(TSP)中对应已知的点与点之间的距离；式(10.1)是一个累加值，旅行商问题中总路径长度，不同的产业链组合有着不同的总成本。

在式(10.3)中，产业链 i 的利润是价格与总成本之差。在实际市场环境中，产业链中每个企业的利润与其在产业链中的地位或者本身的成本及议价能力等因素有关，为了简化起见，每轮迭代中对应产业链 i 中每个合作企业 j 的利润值均使用整个产业

链 i 在本轮迭代中的利润值，此原理类似于蚁群优化算法中每次迭代单个路径中每个边的信息素增量都相同的情形，此设计可避免针对单个企业的成本和利润的复杂计算。

合作企业的资金量有以下更新公式：

$$\text{Fund}_{i+1} = \text{Fund}_i + \text{Profit}_i \tag{10.4}$$

合作企业的初始资金公式为

$$\text{Fund}_0 = C * \text{Profit}_0 \tag{10.5}$$

在式(10.4)中，每个企业的资金量都是本轮迭代开始时的资金值加上本轮迭代中的利润值(根据式(10.3)计算)；式(10.5)定义了每个企业的初始资金值为固定参数 C 乘以初始的平均利润值(根据式(10.3)计算)。参数 C 过大会使初始资金过大，导致对每轮的利润值影响过小，从而不利于发挥奖励机制的作用；参数 C 过小会使初始资金过小，从而对每轮的利润值尤其是早期的利润值影响过大，导致对初期的扰动影响过大。

在产业链优化中，所有合作企业的 Cost_i 是已知的，我们定义一个初始资金系数 C 及价格参数 N，即可以根据式(10.1)～式(10.5)针对每次迭代生成新的产业链组合计算每次迭代中产业链的总成本、当前迭代的价格、产业链中每个合作企业每个批次的利润及资金量，从而完整实现强化学习算法的环境建模及运行过程。

市场经济中产业链合作企业的选择方式较为复杂，要考虑的因素也较多，很多信息无法收集并应用到模型中。现实中一般选择最优的合作伙伴，但考虑到供应链安全，一般会再增加 2～3 家合作伙伴以分散风险或加以制衡(制衡在理性自私的强化学习环境中是不需要考虑的)。因此，为了简化模型，同时考虑智能体理性自私的设置，我们综合强化学习中的 Epsilon Greedy 及蚁群优化算法中选择候选点的概率公式，市场经济中选择产业链候选合作企业 i 的概率 P_i 为

$$P_i = \begin{cases} \text{argmax}(\text{Fund}), & p \leqslant \varepsilon \\ \dfrac{(\text{Fund}_i)^\alpha\ (\text{Cost}_i)^\beta}{\sum((\text{Fund}_i)^\alpha\ (\text{Cost}_i)^\beta)}, & p > \varepsilon \text{ and } i, j \in \text{allowed} \\ 0, & \text{otherwise} \end{cases} \tag{10.6}$$

其中，参数 ε 是选择概率接近 1 但小于 1 的一个值，当概率小于 ε 时，选择当前最优选

择(即选择资金量最大的优势企业)，否则按概率选择对应的剩余选择；参数 α、β 是合作企业 i 的资金 Fund_i 及成本 Cost_i 的参数，资金量越大或成本越低的合作企业，其被选择到当前产业链中的概率也越高。

通过固定参数 C、N、ε、α、β 及 TSP/VRP 中的基本成本，市场经济优化算法利用式(10.1)～式(10.6)可以建立一个简单且完整的强化学习环境、奖励机制和策略。

10.4.2 市场经济优化算法中的反垄断机制

强化学习和元启发式算法，一般都有一个正反馈机制来保证解的不断优化或者收敛，然而单一的正反馈机制易导致算法陷入局部最优解，难以跳出并找到全局最优解。常见的对冲机制一般是一些随机机制(比如 Epsilon Greedy)、衰减机制或负反馈机制(比如强化学习中奖励的折扣率和蚁群优化算法中的信息素挥发机制)来部分抵消正反馈的副作用。对冲机制是针对全体的普遍措施，无明显针对性，为了不影响主体的正反馈机制，对冲机制的作用会控制在很小的范围内，因此对冲效果也非常有限，难以有效跳出局部最优解环境。

有效解决跳出局部最优解的方法，必须包括两个有效步骤：① 如何准确判定已进入了局部最优；② 如何有针对性地解决或纠正局部最优问题。

基于垄断与局部最优的相似性，在实际的市场经济中，将反垄断认定规则及处罚机制引入本项目，并将此作为有效解决陷入局部最优的方案，它包括：① 市场经济理论中通过市场占有率的公式来判断企业是否陷入垄断状态，本项目是通过设置和计算访问比例(对比市场占有率)来判断是否陷入了局部最优(类似陷入垄断)；② 市场经济理论中通过实施反垄断处罚措施来纠正垄断，本项目设计了类似处罚措施来跳出局部最优环境。下面详细进行阐述。

❶ 反垄断的认定规则

在市场经济理论及实践中，市场经济在没有有效监管的自由竞争中，随着马太效应一定会形成垄断，最终导致抑制竞争的情况，为此，各国相应制定了反垄断法规及相应的处罚措施来保护市场公平竞争(Posner，2009)。在经济学中，垄断的认定一般是根据市场占有率来判定的；如果将车辆路径问题中不同站点的访问次数占总次数的比例视为市场经济中的市场占有率，那么当个别站点的访问次数过于频繁而陷入局部最优解时，由于正反馈机制很难再找到新的更优解，即可视为进入垄断状态。

实际市场经济中，政府判断企业或行业是否进入垄断状态，一般有两种方法：① 集中度(Concentrate Rate，CR)(Bain，1951)；② 赫芬达尔-赫希曼指数(Herfindahl Hirschman Index，HHI)(Rhoades，1993)。

集中度 CR_n 是根据市场占有率排名前 n 位的企业及各企业所占的市场份额 S_i 来进行计算的，其公式为：

$$CR_n = \sum_{i=1}^{n}(S_i) \tag{10.7}$$

一般常用 CR_4(即只统计市场占有率前 4 位的企业)和 CR_8(即只统计市场占有率前 8 位的企业)来衡量。根据美国经济学家贝恩和日本通产省对产业集中度的划分标准，将产业市场结构分为分散竞争型($CR_8<20\%$)、低集中竞争型($20\%\leqslant CR_8<40\%$)、低集中寡占型($40\%\leqslant CR_8<70\%$)和极高寡占型($CR_8\geqslant 70\%$)(垄断状态)(Brozen，1970；Fornell，1983)。

赫芬达尔-赫希曼指数 HHI 表示市场占有率排名前 50 位(当小于 50 家企业时则是全部企业)的企业市场占有率 S_i 的平方和，因为最终数值较小一般乘以 10 000，具体为

$$HHI = \left(\sum_{i=1}^{N}(S_i^2)\right)\times 10000 \tag{10.8}$$

美国司法部将 HHI 指数作为评估某一产业集中度的指标，将产业市场结构分为分散竞争型(HHI<500)、低集中竞争型(500≤HHI<1000)、低集中寡占型(1000≤HHI<1800)和极高寡占型(HHI≥1800)(垄断状态)(Calkins，1983；White，1987)。HHI 指数对头部市场占有率的变化比较敏感，常用于大型企业合并前后的垄断评估标准。

从与反垄断相关的文章来看，CR_n 的机制更适合静态的垄断标准判断，HHI 则更适合动态的垄断标准判断，或者说 CR_n 更适合单一企业的垄断判断，HHI 则适合行业内企业合并前后的垄断判断；有学者论证了 $CR_n=70\%$ 时，HHI 约等于 1800，即两者在定义垄断时的判断标准是相同的。

本算法中的市场经济强化算法相对实际的经济环境要简单一些，综合考虑上述两

种垄断判断方法，CR_n 是一种较为简单且适合的方式：① HHI 指数需要计算市场占有率最大的前 50 个的值，计算量较大，也不太直观，不如 CR_n 的计算简洁清晰；② CR_1 只需要考虑一个头部的选择所占比例，系统中仅需要存储选择的总次数及各动作的单独次数，即可直接计算各自的 CR_1 值；③ 本项目中的市场经济模型相对较简单，不会同时出现多个头部选择的情形，只考虑 CR_1 值就足够，同时，也能简化其计算方式和计算成本，其公式为

$$CR_{ij}=\frac{\text{EdgeVisitCount}_{ij}}{\text{SiteVisitCount}_i}=\frac{\text{EdgeVisitCount}_{ij}}{\sum_{j=1}^{n}\text{EdgeVisitCount}_{ij}} \tag{10.9}$$

其中，i、j 是节点，CR_{ij} 表示起点 i 到终点 j 的集中度，$\text{EdgeVisitCount}_{ij}$ 表示起点 i 到终点 j 之间的访问次数，SiteVisitCount_i 是起点 i 的总访问次数，相当于所有起点为 i 的边的访问次数总和。根据 CR_{ij} 是否超过反垄断阈值(标准为 70%)来判断是否陷入局部最优，见式(10.10)。

$$\text{MonopolyState}_{ij}=\begin{cases}\text{True}, & \text{if } CR_{ij}>70\% \\ \text{False}, & \text{else}\end{cases} \tag{10.10}$$

❷ 反垄断的处罚机制

在市场经济理论及实践中，若判定为反垄断，将会采取相应的处罚措施，常见的处罚措施包括：

(1) **分拆公司**：对于一些巨型垄断企业，一般会根据所属行业将其进行分拆，如果在某一行业仍然过大，则继续分拆成多家公司，比如 AT&T 公司(Grunes，2011)和美孚石油公司的反垄断分拆。通过分拆使得头部企业的市场占有率下降到一个合理水平，退出垄断状态，恢复自由竞争。

(2) **高额罚款**：根据垄断对企业或行业造成的损害进行评估，给垄断企业开具高额罚款，以惩罚垄断企业的垄断行为并防止这类行为的再次发生。

从市场经济强化算法来看，分拆公司这种处罚措施无法找到直接对应的操作方法，垄断罚款难以设定罚款金额。但结合分拆公司和高额罚款的机制及作用，本算法中设计了一种较为简单灵活的处罚机制，当通过前述方法判断某些头部选择进入了垄断状态后，可对这些头部选择进行反垄断处罚，包括：① 将其资金值降到和排名第 2

位的企业同样的水平，见式(10.11)；② 将其访问次数降到和第2位相同的次数，见式(10.12)。前者主要考虑这些头部选择的企业仍然具有较高的竞争优势，需要降低但不能下降得过低，而且下降到第2位的水平是合理的也相对简单的操作；后者则是考虑在实施反垄断处罚后应退出反垄断的认定标准，通过降低访问次数实现访问比例的降低，从而退出垄断状态，避免连续进入反垄断处罚。

$$\text{Fund}_{i+1} = \begin{cases} \text{argmin}(\arg\max_{2}(\text{fund})) + \text{Profit}_i, & \text{if 进入垄断} \\ \text{Fund}_i + \text{Profit}_i, & \text{else} \end{cases} \tag{10.11}$$

$$\text{VisitCount}_{i+1} = \begin{cases} \text{argmin}(\arg\max_{2}(\text{VisitCount})) + 1, & \text{if 进入垄断} \\ \text{VisitCount}_i + 1, & \text{else} \end{cases} \tag{10.12}$$

10.4.3 市场经济优化算法中的风险投资机制

强化学习中的一个难点是探索与利用困境。偏向探索增加了找到全局最优解的能力，但也会增加无效搜索从而导致搜索效率的下降；偏向利用增加了在当前最优解附近的搜索，提升了搜索效率，但容易陷入局部最优困境。除了上一节提到的容易陷入局部最优而针对优势企业进入垄断状态提出的反垄断处罚机制外，还需要进一步解决探索与利用困境的措施是本节的研究内容：风险投资(Venture Capital Investment)机制(Gompers，2001)。

在市场经济中，风险投资的核心机制是找出有潜力的企业，通过向他们注入资金，加快企业的成长并能快速提升竞争力，从而加快整个市场经济的自由竞争和高速成长。如果没有风险投资，即使有潜力的企业或行业也无法快速获得竞争力，甚至在与现有成熟大企业或传统行业的竞争中会逐渐失去优势。纵观当今世界，风险投资在各个领军行业特别是高科技行业扮演了非常重要的支撑作用。

研究和借鉴市场经济中的风险投资机制，市场经济优化算法中的风险投资机制公式为

$$\text{Fund}_{i+1} = \begin{cases} \text{argmax}(\text{Fund}) + \text{Profit}_i, & \text{if 找到新的最优解} \\ \text{Fund}_i + \text{Profit}_i, & \text{else} \end{cases} \tag{10.13}$$

式(10.13)是公式(10.4)的改进版本。其中，Fund_i 表示第 i 轮的资金值；Profit_i 表

示第 i 轮的奖励；argmax(Fund) 表示同一企业相同起点的其他企业的最大资金值；如果新一轮找到新的当前最优解(即比上一轮的最优解更好的新解，同时也表示当前新的最优解有较大潜力，进一步进行搜索和利用，符合风险投资的条件)，则所有新的当前最优解中企业的资金值都可设为相应的资金最大值，如果不是资金最大值，则须更新为资金最大值，相当于获得风险投资注资，这是一个较为简单的操作，从而确保这些新的产业链最优解中各个企业具有足够的吸引力，强化围绕这些企业进行进一步的有效搜索。如果没有风险投资机制，那么当前最优解中较小资金值的企业新增的 Profit_i 并不能足以改变与资金最大值的企业在资金值上的对比，且很快会淹没在后者巨大的选择概率下，从而失去了进一步有效利用的机会。

10.4.4 市场经济优化算法中的总体算法结构

综合上述市场经济优化算法中的核心机制，包括价格机制、成本利润模型、反垄断机制和风险投资机制，算法总体框架见图 10.2。

Algorithm 1 Framework of MEO-Q Algorithm

```
Input: State s /* Company state with cost, fund, visit count. */
Output: Optimal Action Decision Sequence A* /* The optimal industry
  chain */
  Initialize s; /* Initialize company state with fund=0.0, visit count=0 */
  /* Initialize Policy Q for State s and Single Action a follow Formula 10.6
  */
  Initialize Q(s, a);
  Initialize A* as Empty;
  while not meet terminate conditions do
    Initialize Reward r; /* Initialize company profit=0 */
    for all Agent_i in AgentVector do
      /* The algorithm of FormIndustryChain present in Algorithm (2). */
      A_i = Agent_i.FormIndustryChain(s, Q(s, a));
      /* Apply local optimize algorithm 2-Opt. */
      Agent_i.LocalOptimize(s, A_i);
      if A_i is better than A* then
        A* = A_i;
        /* Apply venture capital mechanism with Formula 10.12. */
        r_i = Agent_i.VentrueCapitalInvest(s, A_i);
      else
        r_i = 0;
      end if
    end for
```

```
/* Sort A_i from AgentVector and calculate price with Formula 10.1. */
Price = arg max(arg min_N(TotalCostof A_i));
/* Calculate profit as reward in reinforcement learning. */
for all A_i do
   /* First calculate profit using price and total cost with Formula 10.3.
   */
   r_i = Price - (TotalCost of A_i) + r_i;
end for
for all Company_i in s do
   /* Check monopoly with Formula 10.9 and 10.10. */
   if CheckMonopoly(s, Company_i) == True then
      /* Apply antitrust mechanism with Formula 10.11 and 10.12. */
      AntitrustPenalty(s, r, Company_i);
   end if
end for
/* α is a parameter of the learning rate, similar to it in ACO-Q. */
Q(s,a) ← (1 − α) * Q(s,a) + α * r
end while
return A*
```

图 10.2 市场经济优化算法总体框架

作为市场经济算法中的核心步骤，根据 Q 表中的数据及前述公式(10.6)生成可行解的算法步骤见图 10.3。

Algorithm 2 Function FormIndustryChain in MEO-Q

```
Input: State s, Policy Q(s,a), Parameter ϵ
Output: Action Decision sequence A
  Initialize A as Empty;
  while A is not a complete industry chain do
     for all Company_i in S do
        /* Constrains are need for TSP, VRP or Rich VRP. */
        /* Q(s,a) will set to 0 if not satisfied constrains. */
        Update Q(s,a) with Formula 10.6.
     end for
     Generate a random number rand between 0 and 1;
     /* Select a Company from Q(s,a) in Formula 10.6. */
     a ← Q(s,a), rand, ϵ;
     /* Add the selected Company into the industry chain. */
     Add a into A;
  end while
  return A
```

图 10.3 构造可行解的算法框架

10.4.5 市场经济优化算法中的其他设计

本地搜索算法是提高算法质量非常重要的方法，市场经济优化算法中融合了2-Opt算法。

市场经济优化算法是使用C++语言开发的，考虑到实验作图的需要，相应的数据在C++代码按照Python格式输出到Python源代码中，再调用Python代码得到所需的分析图形。

10.5 市场经济优化算法的实验设置

市场经济优化算法MEO-Q使用C++17开发，结合C++17开始支持的并行执行策略(Parallel Execution Policy)、OpenMP和Intel Thread Building Blocks库实现多核CPU并行。

实验的计算机配置为：Ubuntu 18.04LTS，16核AMD CPU，主频3.56 Hz，内存128 GB，C++编译器为GCC 9.3。

本次实验使用TSPLIB中的30个数据集，按如下规则进行实验：

(1) 每个数据集运行200轮。

(2) 每轮运行最多5000次迭代，若找到已知最优解，则应提前停止运行。

(3) 每个迭代次数运行使用32线程并行，用于提高运行速度，同时也测试市场经济优化算法的并行性能。

(4) 记录每次运行的轮数、迭代次数、当前最优解、当前运行时间等。

(5) 统计并找到200个轮次中已知最优解的迭代次数及其对应的时间信息。

10.6 市场经济优化算法的实验结果

10.6.1 市场经济优化算法实验总体结果

从30个数据集的总体分析来看，结果包括：

(1) 30个数据集都能在5000次最大迭代次数中找到已知最优解，最大迭代次数仅511次，最长时间约332 s，而平均迭代次数为141次，平均时间为97.67 s，见图

10.4 和图 10.5。详细数据列在表 10.1 中。

（2）从实验数据来看，4 个较小的数据集 burma14、ulysses16、ulysses32、berlin52所有 20 轮实验均能在第 1 次迭代找到已知最优解，因此并没有展示相应的收敛分析图片。

（3）从找到已知最优解对应的迭代次数来看，能持续找到已知最优解，没有明显的停滞。具体数据表明，与其他大部分算法不同，市场经济优化算法没有长久地陷入局部最优，因而能有效地跳出局部最优，详见图 10.6～图 10.31。

（4）从图 10.6～图 10.31 中也可以看出，迭代次数与数据集有一定的正相关，但并不是绝对的正相关，应该是和数据集中点之间的分布有关。

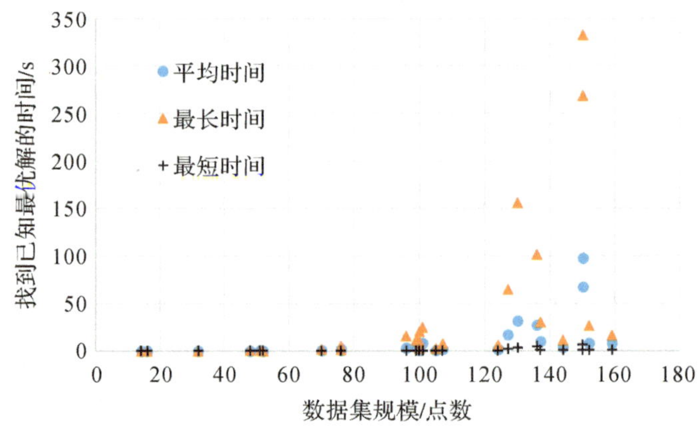

图 10.4　迭代次数与数据集规模的关系

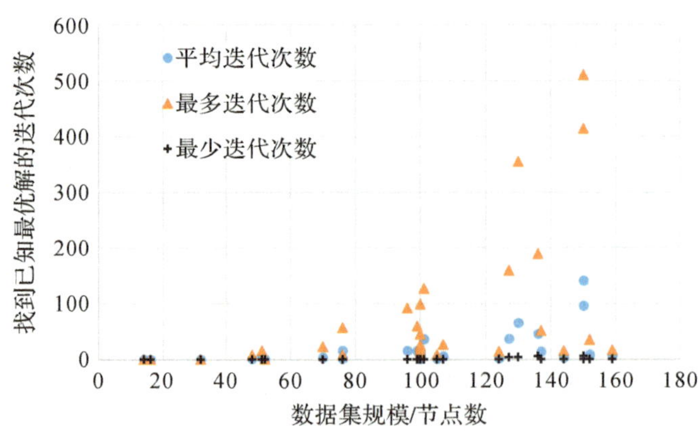

图 10.5　找到已知最优解时的迭代次数与数据集规模的关系

表 10.1　30 个数据集中找到已知最优解的迭代次数、时间数据

数据集	运行时间/s				运行迭代次数			
	平均值	最大值	最小值	方差	平均值	最大值	最小值	方差
burma14	2.44E-3	2.76E-3	2.12E-3	1.23E-4	1	1	1	0
ulysses16	2.69E-3	4.13E-3	2.23E-3	2.04E-4	1	1	1	0
ulysses32	7.21E-3	8.52E-3	6.34E-3	5.19E-4	1	1	1	0
att48	0.114	0.424	5.12E-2	8.87E-2	2.01	9	1	1.662
eil51	0.242	0.761	4.31E-2	0.186	4.77	17	1	3.915
berlin52	5.29E-2	6.13E-2	4.51E-2	3.24E-3	1	1	1	0
st70	0.516	2.018	0.103	0.388	5.025	24	1	4.390
pr76	0.345	1.071	0.140	0.233	2.455	9	1	1.859
eil76	1.677	4.967	0.125	0.878	16.915	58	1	10.121
gr96	3.017	15.718	0.231	2.675	15.99	93	1	15.988
rat99	3.469	11.420	0.265	1.900	16.615	60	1	10.169
rd100	1.791	4.824	0.277	0.675	7.13	22	1	3.166
kroA100	0.777	2.517	0.261	0.591	2.83	11	1	2.345
kroB100	3.748	20.303	0.267	2.965	16.745	99	1	14.752
kroC100	1.209	3.797	0.261	0.781	4.535	16	1	3.293
kroD100	1.825	5.609	0.261	1.053	7.345	26	1	4.801
kroE100	2.771	9.647	0.262	1.549	11.965	46	1	7.634
eil101	7.823	24.314	0.296	4.252	37.59	128	1	22.420
lin105	0.688	2.462	0.286	0.464	2.17	9	1	1.550
pr107	1.988	7.395	0.318	1.137	6.36	27	1	4.130
pr124	1.786	6.171	0.425	1.154	3.715	15	1	2.700
bier127	16.849	64.739	2.383	11.069	38.575	160	4	27.163
ch130	31.153	155.68	3.114	22.980	66.2	355	5	52.038
pr136	26.929	101.31	4.808	14.155	46.975	190	7	26.365
gr137	9.872	29.88	0.722	4.459	15.49	52	1	7.867
pr144	3.704	11.526	0.686	1.954	4.76	16	1	2.797
ch150	67.313	268.49	0.898	47.599	97.295	414	1	72.900

续表

数据集	运行时间/s				运行迭代次数			
	平均值	最大值	最小值	方差	平均值	最大值	最小值	方差
kroA150	97.670	332.08	6.442	70.222	141.13	511	7	106.37
pr152	8.084	26.662	0.817	4.260	9.88	36	1	5.818
u159	7.931	16.200	0.966	3.357	7.815	18	1	3.798

10.6.2 市场经济优化算法实验中具体数据集的详细结果

本节的图是将市场经济优化算法实验中 C＋＋源代码记录实验所需数据，输出成 Python 格式的源代码，再调用 Python 程序运行相应的 Python 代码，最终输出所需的 Matplotlib 图，详见图 10.6～图 10.31。

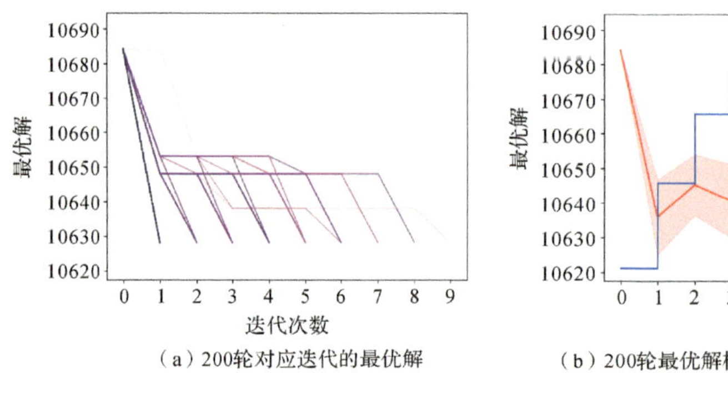

（a）200轮对应迭代的最优解

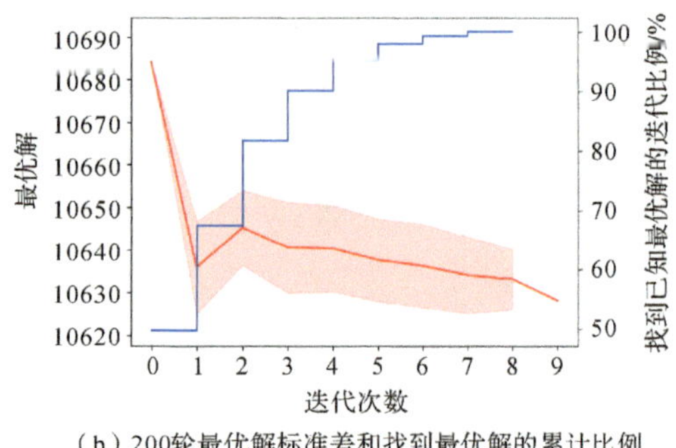

（b）200轮最优解标准差和找到最优解的累计比例

图 10.6　数据集 att48 的实验结果

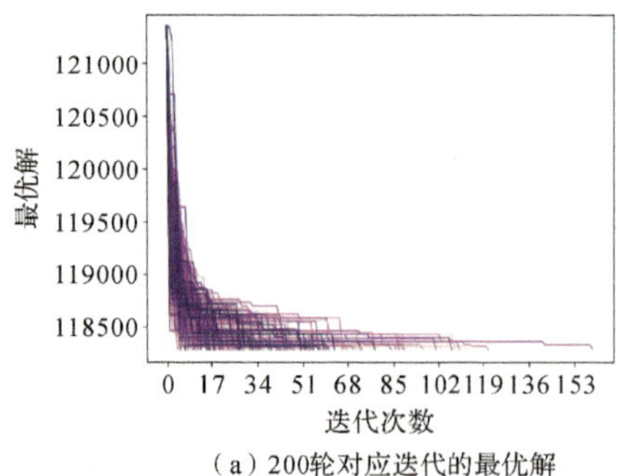

（a）200轮对应迭代的最优解

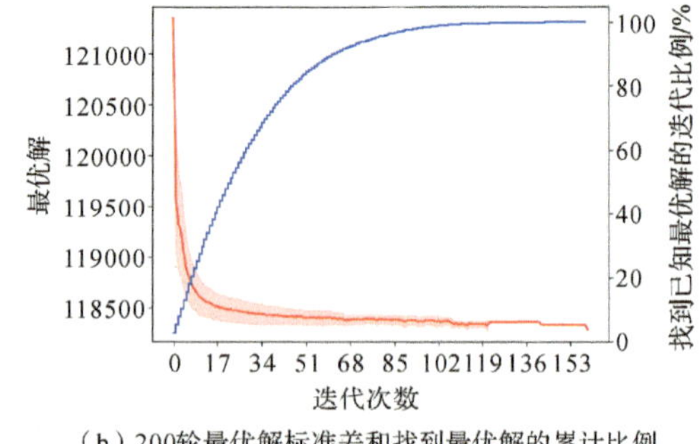

（b）200轮最优解标准差和找到最优解的累计比例

图 10.7　数据集 bier127 的实验结果

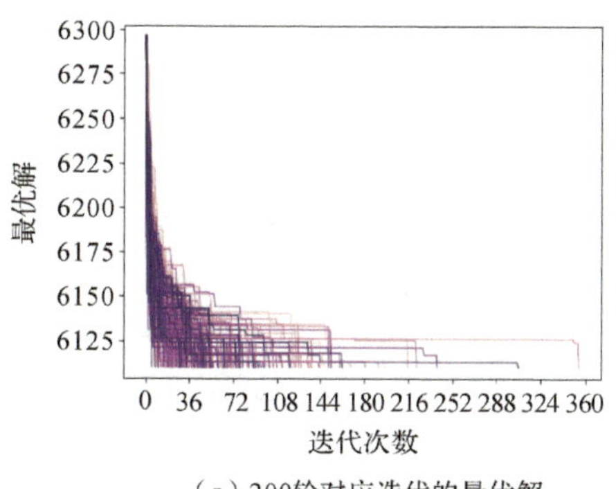

（a）200轮对应迭代的最优解

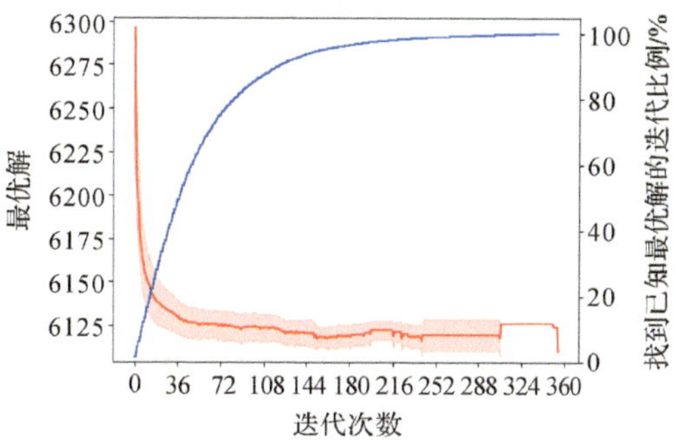

（b）200轮最优解标准差和找到最优解的累计比例

图 10.8　数据集 ch130 的实验结果

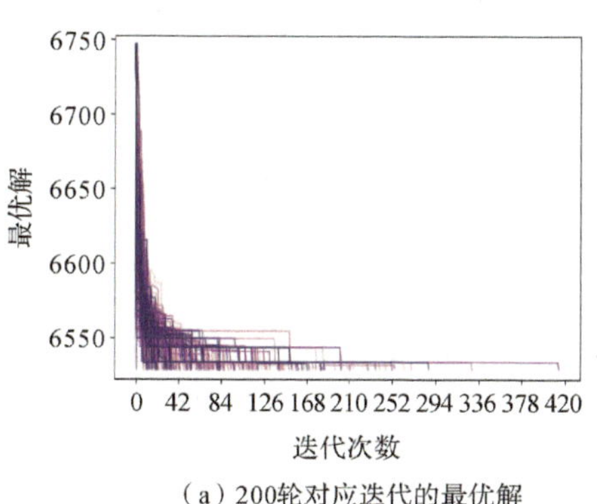

（a）200轮对应迭代的最优解

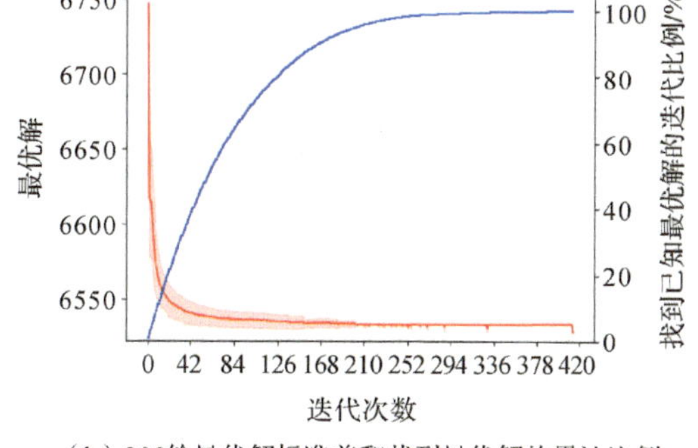

（b）200轮最优解标准差和找到最优解的累计比例

图 10.9　数据集 ch150 的实验结果

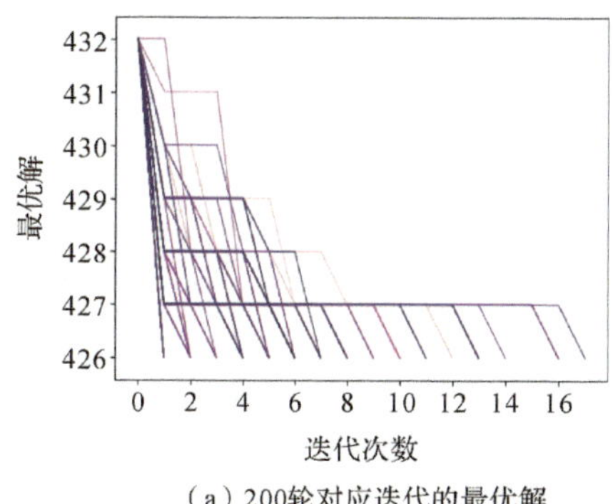

（a）200轮对应迭代的最优解

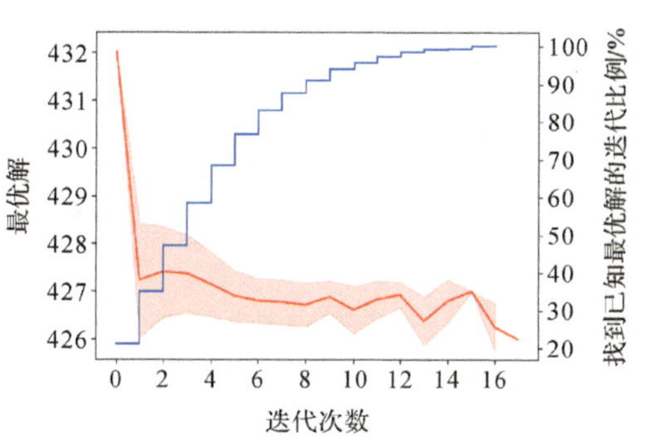

（b）200轮最优解标准差和找到最优解的累计比例

图 10.10　数据集 eil51 的实验结果

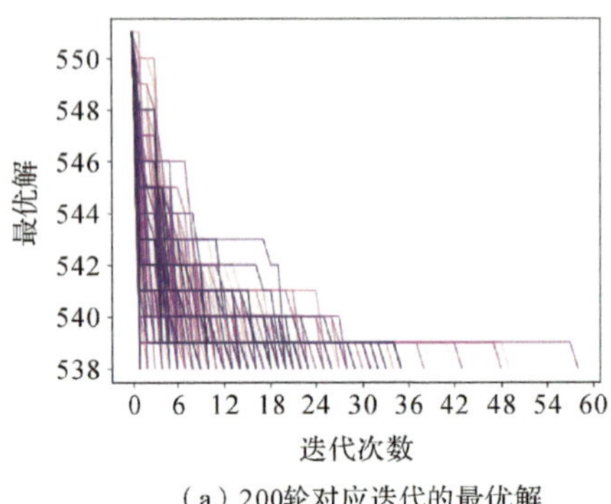

（a）200轮对应迭代的最优解

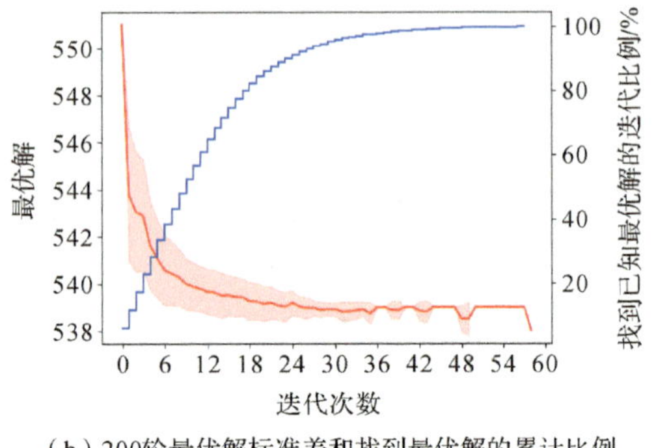

（b）200轮最优解标准差和找到最优解的累计比例

图 10.11　数据集 eil76 的实验结果

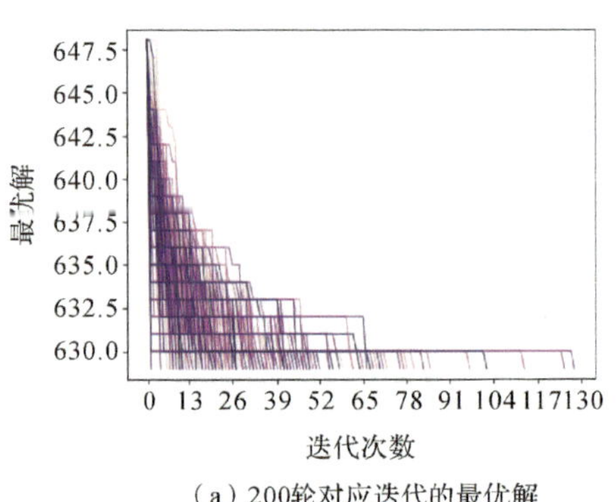

（a）200轮对应迭代的最优解

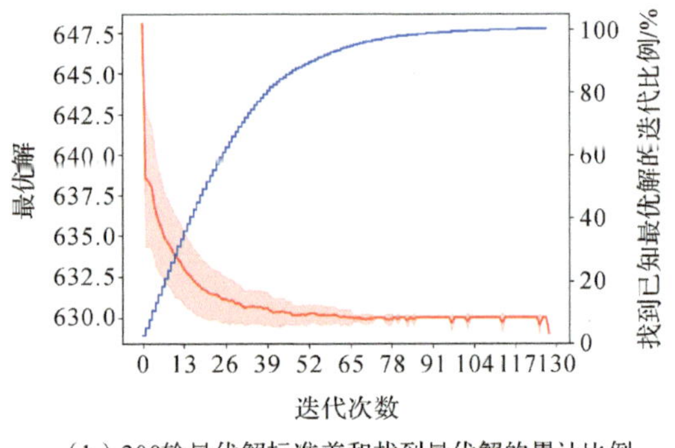

（b）200轮最优解标准差和找到最优解的累计比例

图 10.12　数据集 eil101 的实验结果

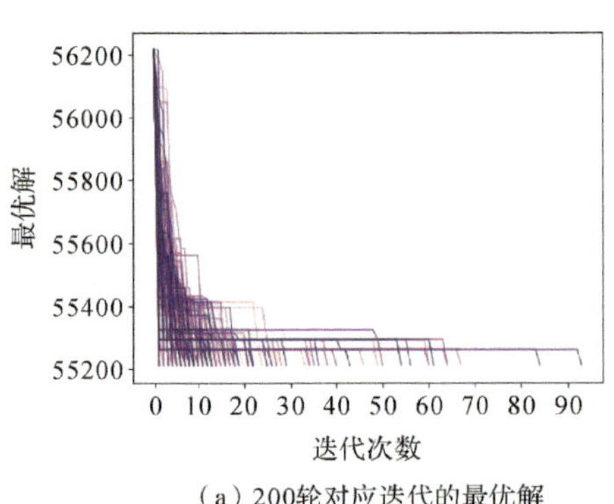

（a）200轮对应迭代的最优解

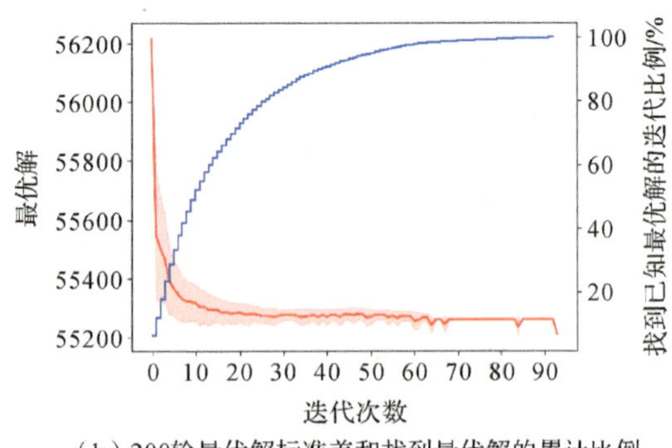

（b）200轮最优解标准差和找到最优解的累计比例

图 10.13　数据集 gr96 的实验结果

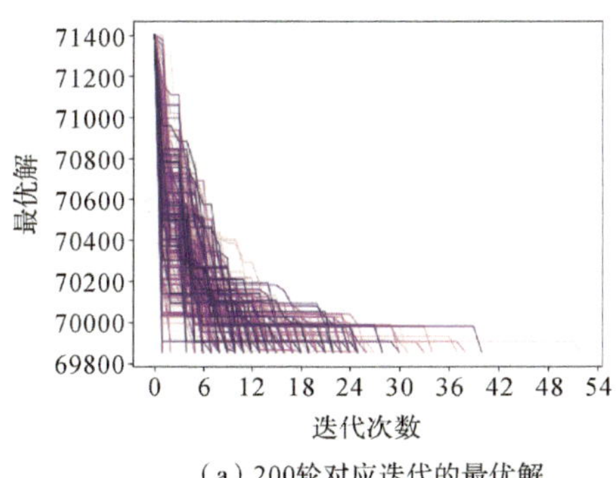

（a）200轮对应迭代的最优解

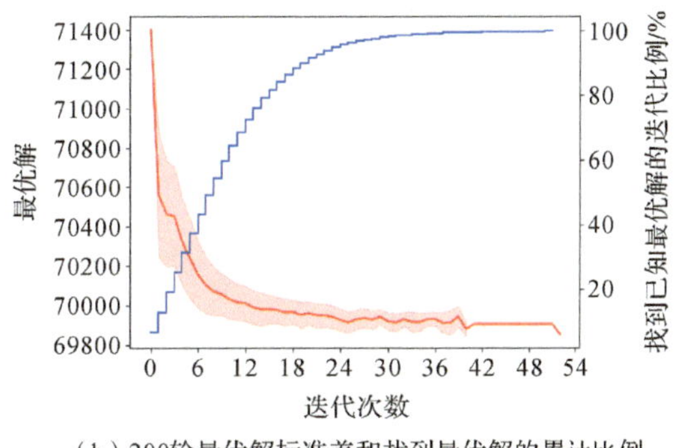

（b）200轮最优解标准差和找到最优解的累计比例

图 10.14　数据集 gr137 的实验结果

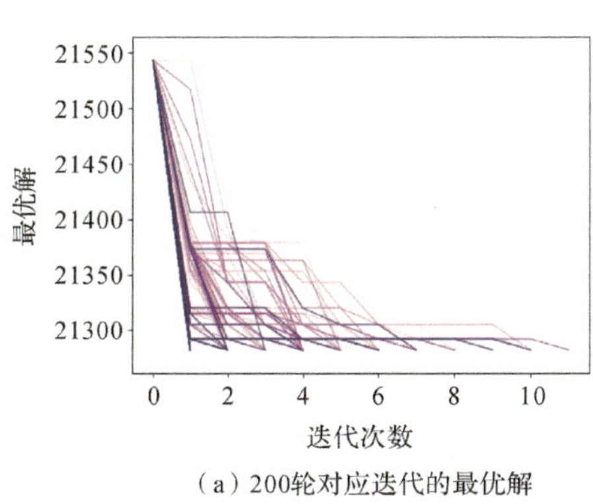

（a）200轮对应迭代的最优解

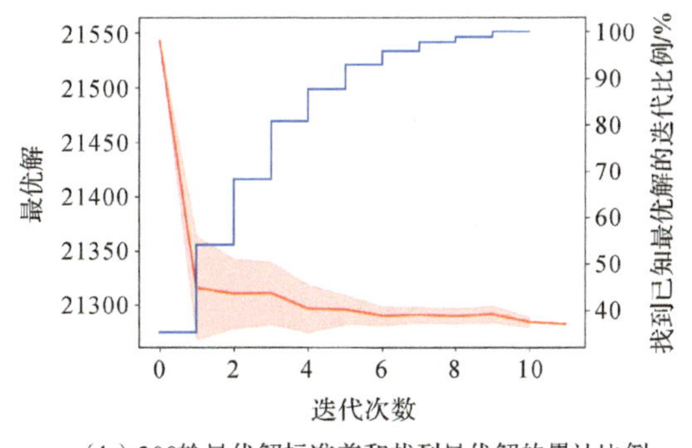

（b）200轮最优解标准差和找到最优解的累计比例

图 10.15　数据集 kroA100 的实验结果

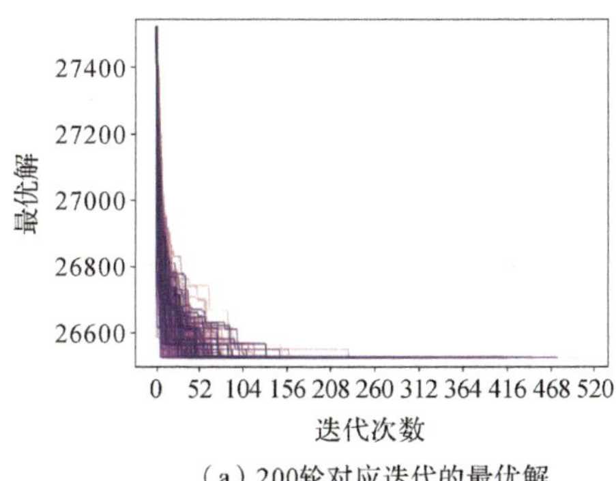

（a）200轮对应迭代的最优解

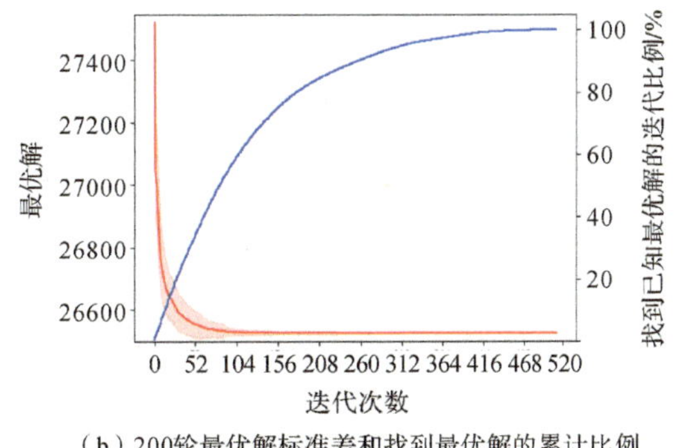

（b）200轮最优解标准差和找到最优解的累计比例

图 10.16　数据集 kroA150 的实验结果

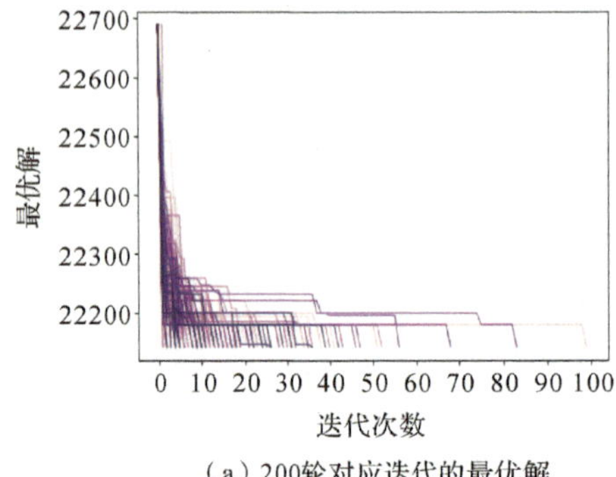

(a) 200轮对应迭代的最优解

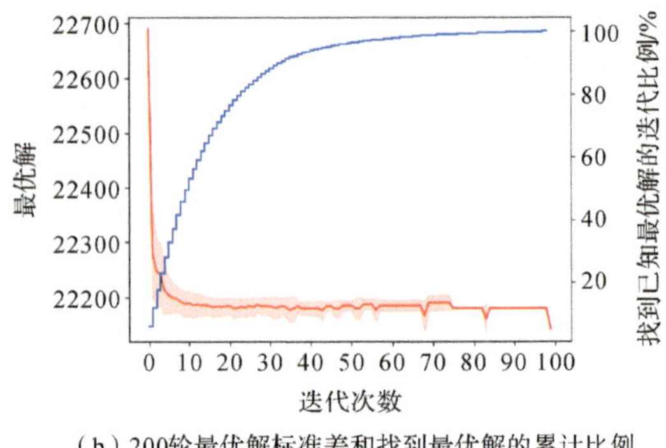

(b) 200轮最优解标准差和找到最优解的累计比例

图 10.17 数据集 kroB100 的实验结果

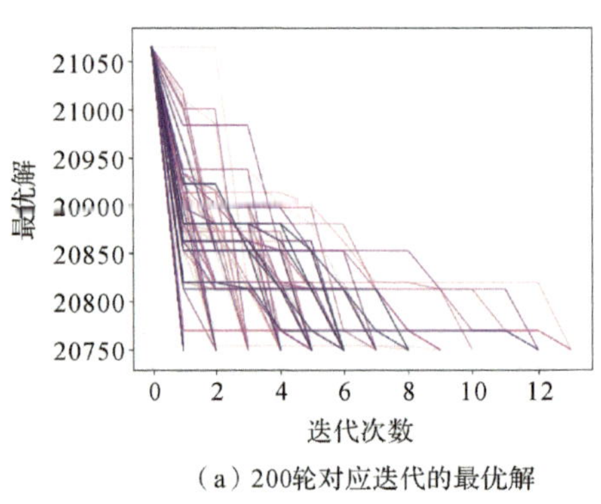

(a) 200轮对应迭代的最优解

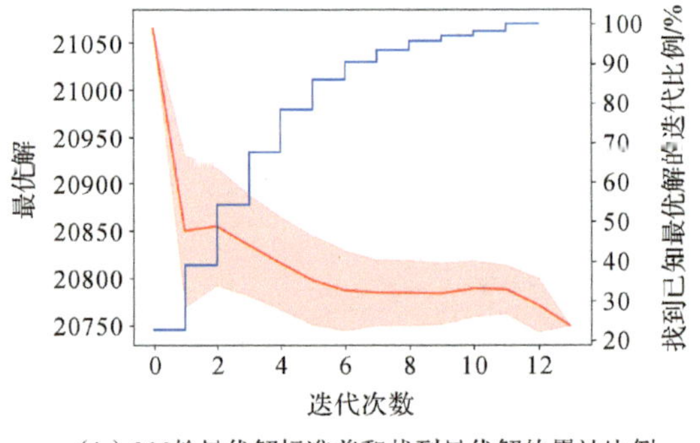

(b) 200轮最优解标准差和找到最优解的累计比例

图 10.18 数据集 kroC100 的实验结果

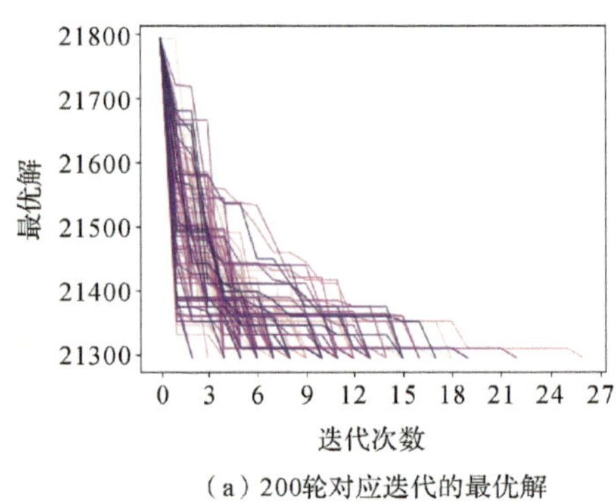

(a) 200轮对应迭代的最优解

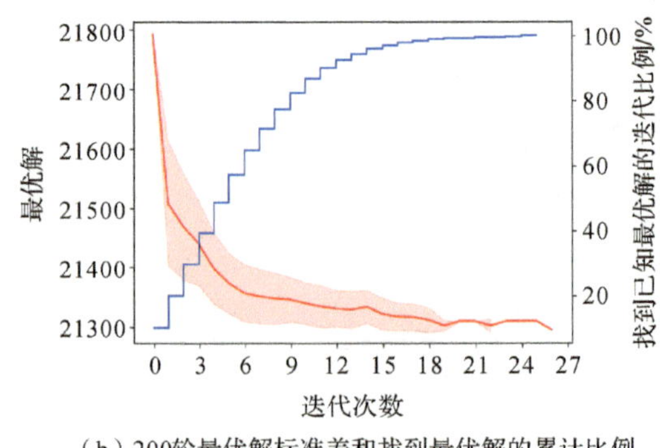

(b) 200轮最优解标准差和找到最优解的累计比例

图 10.19 数据集 kroD100 的实验结果

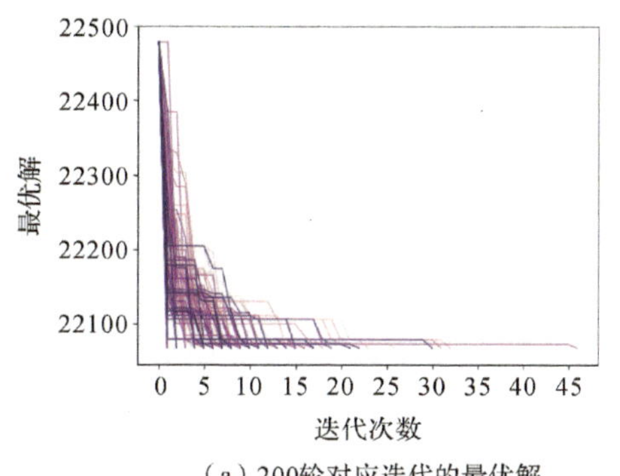

(a) 200轮对应迭代的最优解

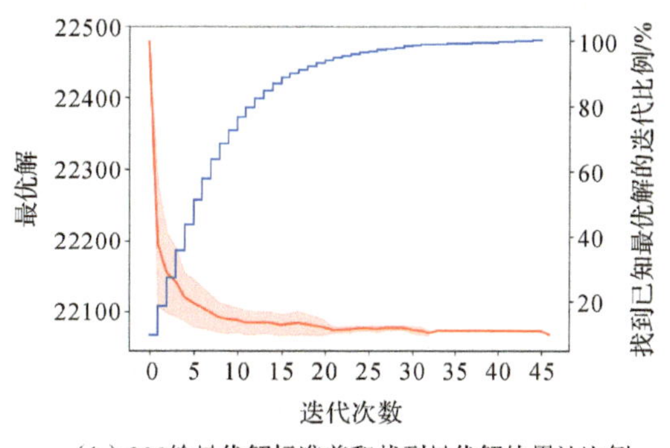

(b) 200轮最优解标准差和找到最优解的累计比例

图 10.20 数据集 kroE100 的实验结果

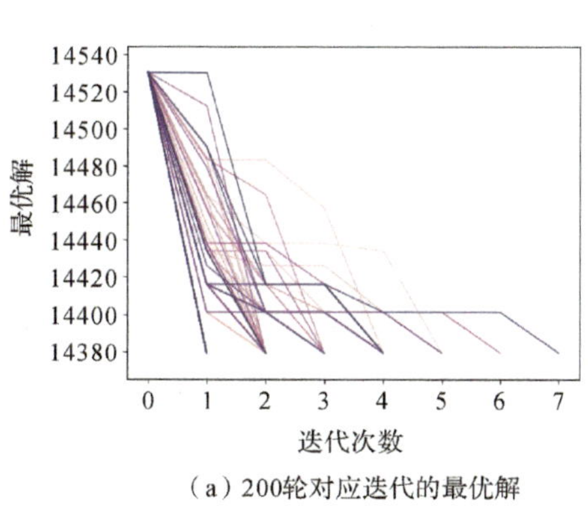

(a) 200轮对应迭代的最优解

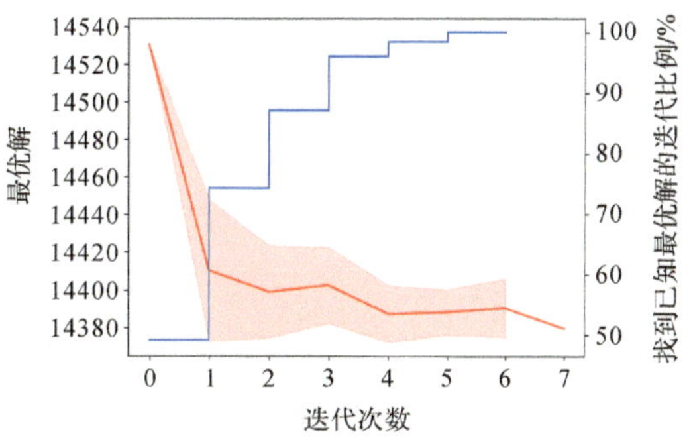

(b) 200轮最优解标准差和找到最优解的累计比例

图 10.21 数据集 lin105 的实验结果

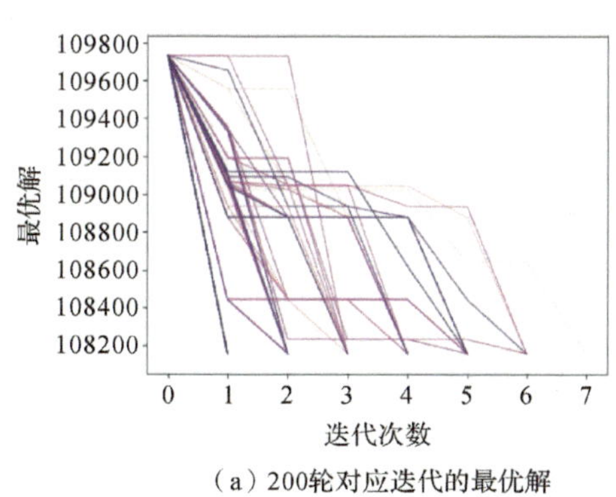

(a) 200轮对应迭代的最优解

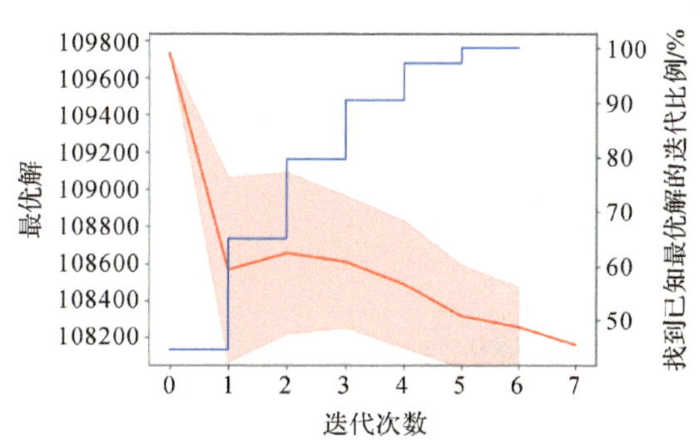

(b) 200轮最优解标准差和找到最优解的累计比例

图 10.22 数据集 pr76 的实验结果

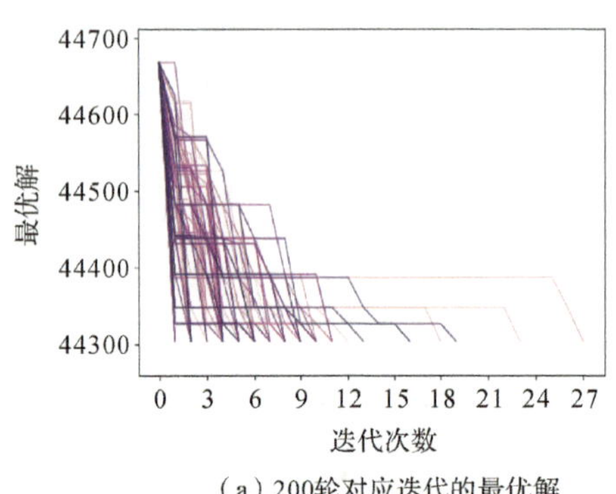

（a）200轮对应迭代的最优解

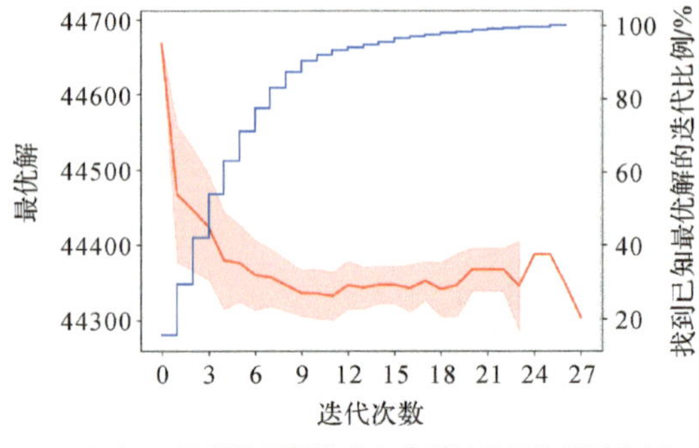

（b）200轮最优解标准差和找到最优解的累计比例

图 10.23　数据集 pr107 的实验结果

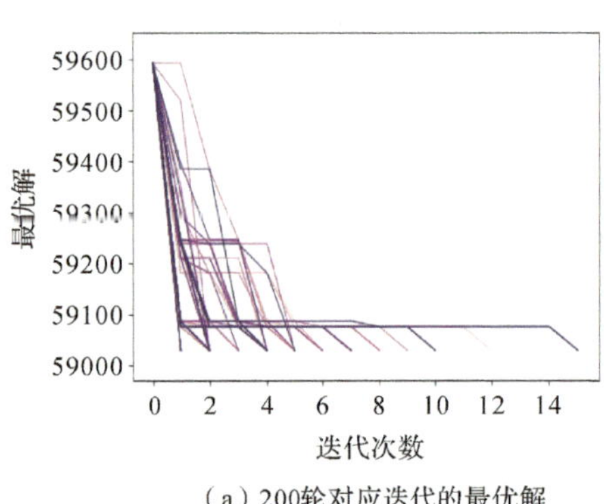

（a）200轮对应迭代的最优解

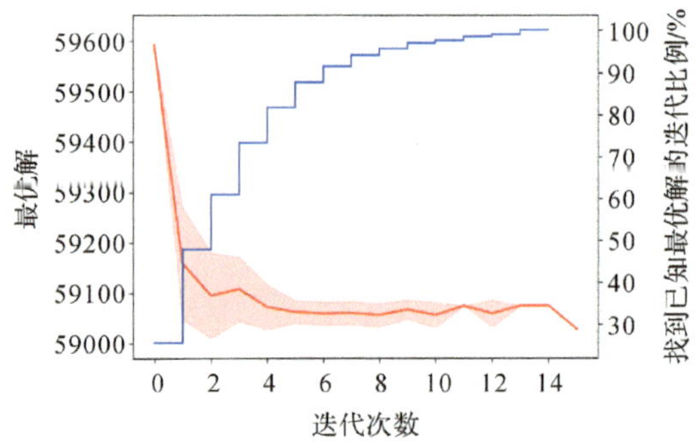

（b）200轮最优解标准差和找到最优解的累计比例

图 10.24　数据集 pr124 的实验结果

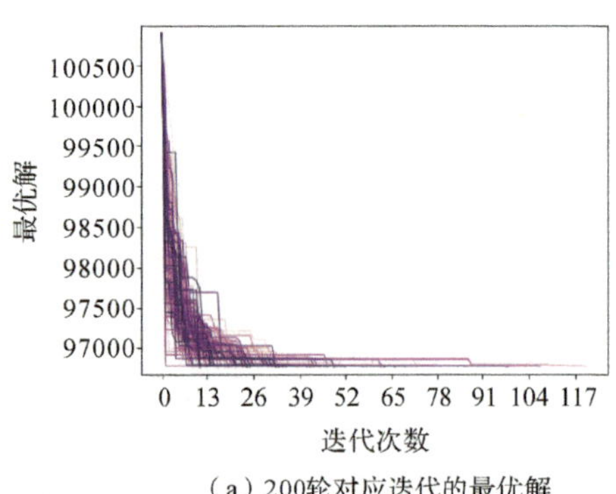

（a）200轮对应迭代的最优解

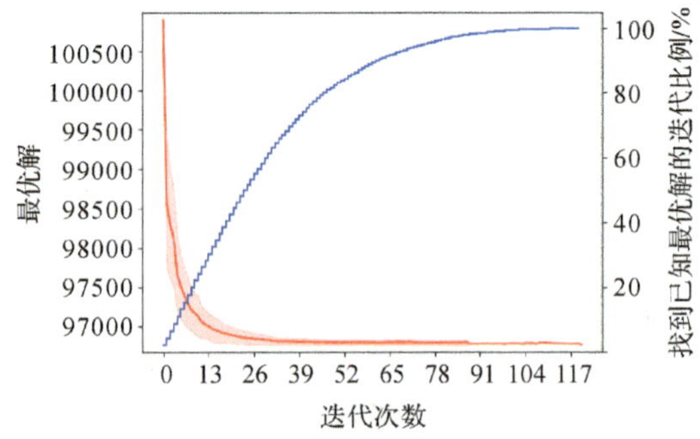

（b）200轮最优解标准差和找到最优解的累计比例

图 10.25　数据集 pr136 的实验结果

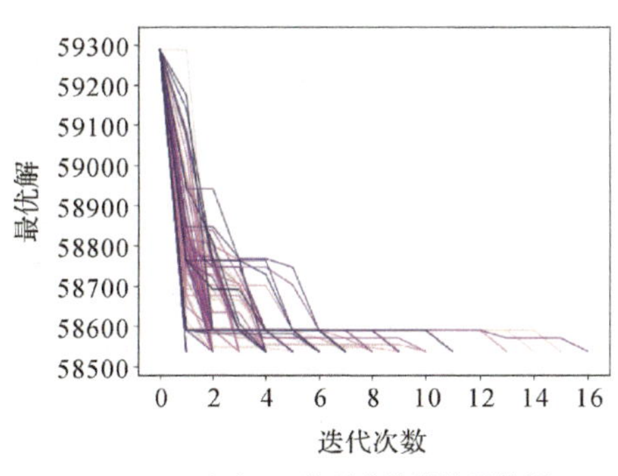

（a）200轮对应迭代的最优解

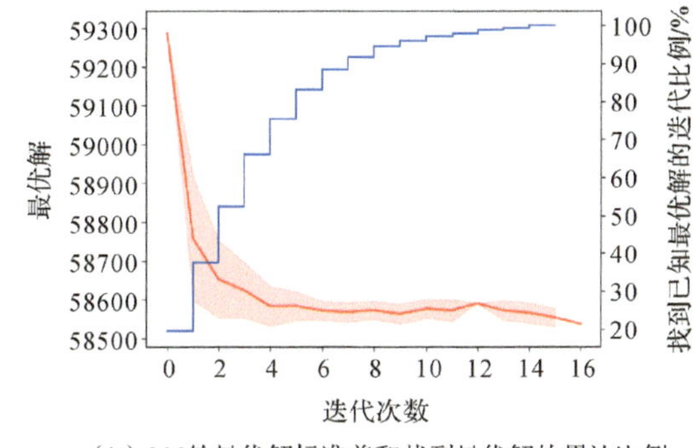

（b）200轮最优解标准差和找到最优解的累计比例

图 10.26　数据集 pr144 的实验结果

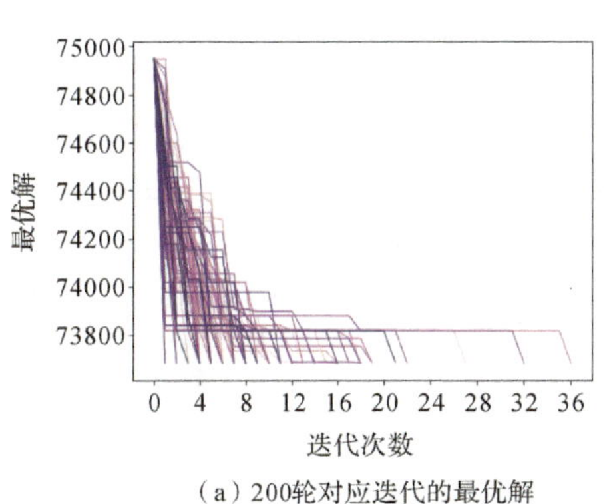

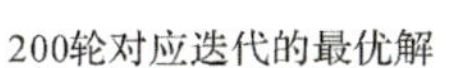
（a）200轮对应迭代的最优解

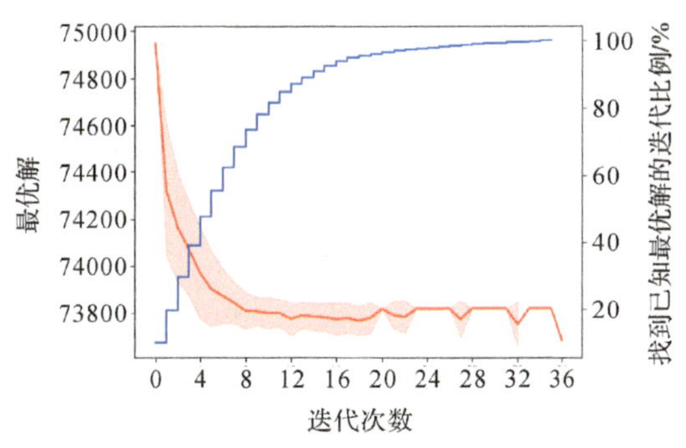

（b）200轮最优解标准差和找到最优解的累计比例

图 10.27　数据集 pr152 的实验结果

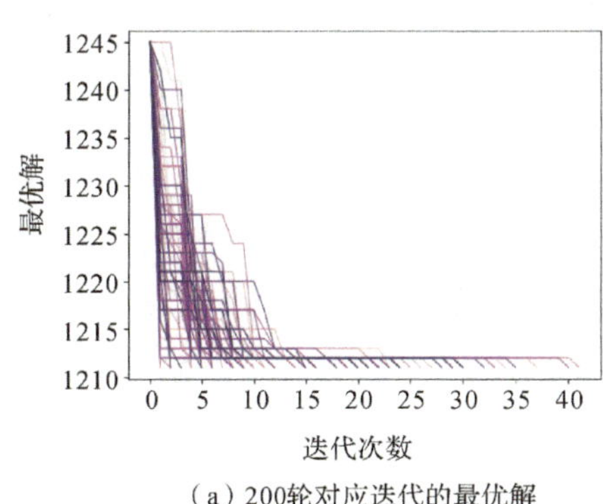

（a）200轮对应迭代的最优解

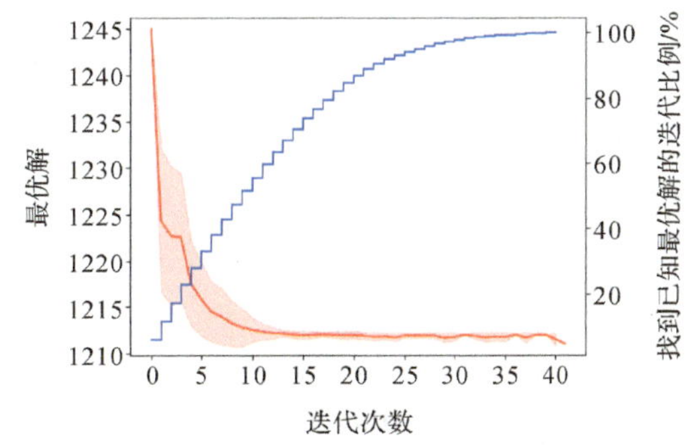

（b）200轮最优解标准差和找到最优解的累计比例

图 10.28　数据集 rat99 的实验结果

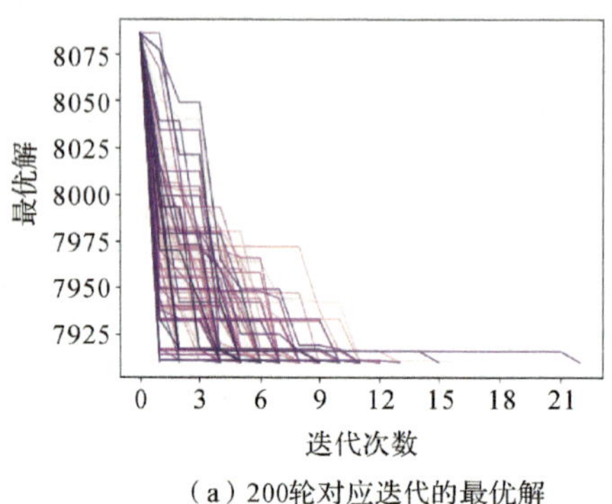

（a）200轮对应迭代的最优解

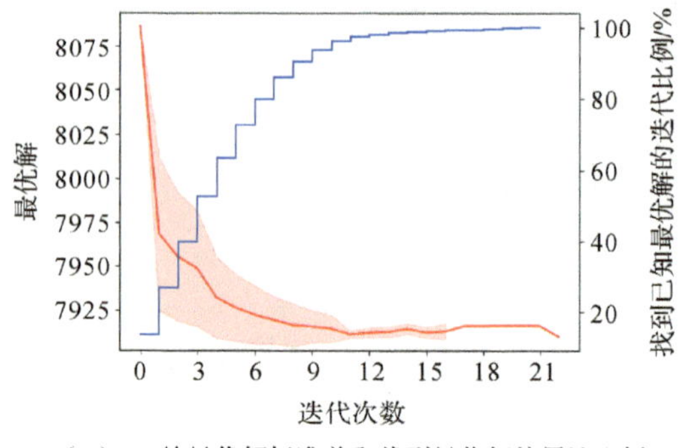

（b）200轮最优解标准差和找到最优解的累计比例

图 10.29 数据集 rd100 的实验结果

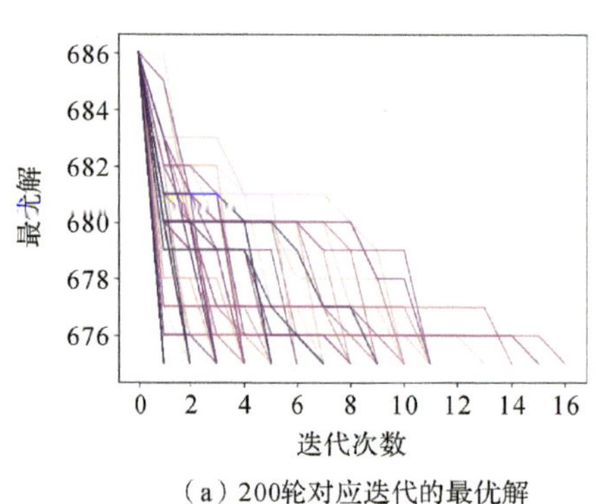

（a）200轮对应迭代的最优解

（b）200轮最优解标准差和找到最优解的累计比例

图 10.30 数据集 st70 的实验结果

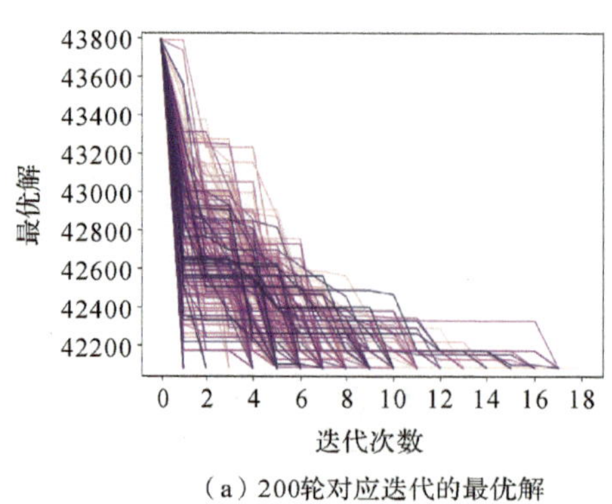

（a）200轮对应迭代的最优解

（b）200轮最优解标准差和找到最优解的累计比例

图 10.31 数据集 u159 的实验结果

10.6.3 市场经济优化算法实验与最新强化学习算法性能的对比

本章中的市场经济优化算法是融合强化学习中的 Q-learning 算法，并结合 2-Opt 算法作为局部优化算法，为了验证算法的性能，我们选取了与之对应的 2-Opt 深度强化学习算法（简称 2-Opt-DRL）（Costa，2021）及 3-Opt 深度强化学习算法（简称 3-Opt-DRL）（Sui，2021）作为对比项，详见表 10.2。

表 10.2 市场经济优化算法(MEO-Q)与其他强化学习算法实验结果对比

数据集	MEO-Q	2-Opt DRL	3-Opt DRL	OR-Tools
eil51	**426**	427	436	439
berlin52	**7542**	7974	7572	7944
st70	**675**	680	N/A	683
pr76	**108 159**	111 085	108 277	110 948
eil76	**538**	552	N/A	548
rat99	**1211**	1388	N/A	1284
rd100	**7910**	7944	8077	8221
kroA100	**21 282**	23 751	N/A	21 960
kroB100	**22 141**	23 790	N/A	22 945
kroC100	**20 749**	22 672	N/A	21 699
kroD100	**21 294**	23 334	N/A	22 439
kroE100	**22 068**	23 253	N/A	22 551
eil101	**629**	635	640	650
lin105	**14 379**	16 156	15 229	15 363
pr107	**44 303**	54 378	N/A	44 573
pr124	**59 030**	59 516	N/A	60 413
bier127	**118 282**	121 122	N/A	121 729
ch130	**6110**	6175	6213	6329
pr144	**58 537**	61 207	60 851	59 286
ch150	**6528**	6597	N/A	6733
kroA150	**26 524**	30 078	N/A	27 503
平均差	**0.00%**	8.1%	9.1%	10.0%

注：(1)“N/A”表明论文中对该数据集没有进行实验。

(2) 表中黑体字为找到的已知最新解。

在表 10.2 中，MEO-Q 算法的最大迭代次数为 511，均能找到已知最优解；2-Opt-DRL算法的最大迭代次数为 2000，均未能找到已知最优解，与已知最优解的平均差值比例为 8.1%；3-Opt-DRL 算法为 300 个 epochs，每个 espside length 为 10，即最大迭代次数大约为 3000 次，均未能找到已知最优解，与已知最优解的平均差值比例为 9.1%。另外，也列出了对应文章中开源工具 Or-Tools 的实验数据。

10.7 市场经济优化算法的后续研究

10.7.1 市场经济优化算法后续改进之一——融合 LKH 算法

目前市场经济优化算法将 2-Opt 作为局部优化算法，且 2-Opt 算法不但有效改进了算法解的质量，而且还提升了 MEO-Q 算法的性能。

从局部优化算法的研究来看，LKH 算法是一类性能较为优异的算法，有 LKH1、LKH2 及 LKH3 三个版本。其中，LKH1 算法来自于 λ-Opt，可以认为是 2-Opt、3-Opt等 K-Opt 的改进版本，K-Opt 可视为广度优先搜索，而 λ-Opt 可视为深度优先搜索。LKH2 则进一步改进了 LKH1 算法，包括在 λ-Opt 搜索中加入了多个限制条件，以提高搜索的有效性。LKH3 为了解决 TSP 以外的多个复杂问题如多个 VRP 变种，在原有 TSP 的基础上对问题进行变换并增加了惩罚函数等。LKH2 可以视为一个局部优化算法，LKH3 则类似于元启发式算法。

从算法的特性来看，使用 LKH2 来替代目前的 2-Opt 是下一步的研究方向。

10.7.2 市场经济优化算法后续改进之二——解的重复性过滤

在市场经济的优化算法中，可以观察到很多算法过程中的解会出现重复。这些重复解不仅因为重复计算浪费了较多的计算资源，而且某些路径由于多次出现放大后导致的多层奖励而影响后续的搜索。

如果直接将这些解的信息保存并进行匹配来找出重复解，则会导致存储空间过大，匹配速度资源消耗也较大。解决方案是使用解的 SHA1 算法。安全散列算法(Secure Hash Algorithm，SHA)，是一种提取一个序列消息摘要的算法，能有效提取序列数据的特征，用于检查数据传输是否异常或是否被篡改。SHA 算法包括 SHA0、SHA1 及 SHA2 算法，算法的安全性与计算成本是呈正比的。综合考虑计算成本和算法的有效性后，确定 SHA1 算法是一个较为合适的选择。

具体方案为：① 增加一个记录——已找到解的 SHA1 散列值的序列，并将其进行排序；② 每找到一个解，须在 SHA1 序列中搜索与之匹配的解，如找到则视为找到重复解，可将其直接放弃不再做后续处理；如未找到，则视为是新解，可在 SHA1 序列中增加相应的值并继续做后续处理。

10.7.3 将市场经济优化算法应用于 Rich VRP 统一应用框架

第 9 章述及的 Rich VRP 统一应用框架是基于 ACO 算法实现的，本章中的市场经济优化算法 MEO-Q 本质是基于 ACO 算法、Q-learning 算法和 ACO-Q 算法进一步改进而来的。因此，原有的 Rich VRP 统一应用框架也能较容易地从 ACO 算法移植到 MEO-Q 算法中。

小　结

本章是作者近期研究的最新成果，针对蚁群优化算法及强化学习算法中遇到的痛点和难点，结合作者在市场经济理论方面的研究成果，将市场经济理论中的有效机制如价格机制、成本利润模型、反垄断机制、风险投资机制等融合蚁群优化算法及 Q-learning算法的框架，设计和实现了市场经济优化算法，并通过 TSPLIB 数据集的实验验证了该算法的性能。

市场经济优化算法有效解决了蚁群优化算法和强化学习算法等在跳出局部最优解和解决探索与利用困境中的良好性能表现，这些机制简单有效，可将其推广到具有相似问题痛点的其他元启发式算法上。

作者在第 8 章介绍的复杂约束车辆路径问题统一应用框架是基于改进蚁群优化算法实现的，后期将会使用市场经济优化算法来实现和改进。

附录　英文缩写说明

TSP	旅行商问题(Traveling Salesman Problem)
VRP	车辆路径问题(Vehehicle Routing Problem)
CVRP	带容量约束的车辆路径问题(Capacitated VRP)
Rich VRP	复杂约束车辆路径问题
TSPLIB	旅行商问题标准数据集，主要用于 TSP 问题的测试数据集
VRPLIB	车辆路径问题标准数据集，主要用于 VRP 问题的测试数据集
ACO	蚁群优化算法(Ant Colony Optimization)
Reinforcement Learning	强化学习，也称增强学习
Q-learning	Q 学习，是强化学习中的一种算法
Exploration/Exploitation	探索与利用，如何平衡探索与利用是强化学习中的一个难点
Max-min ACO	最大/最小蚁群优化算法
Sequence2Sequence	序列到序列的映射，也可简写为 Seq2Seq，主要应用于组合之间的关系模型
Pointer Network	点网络，主要用于 TSP/VRP 中不同节点间的网络关系映射模型
Attention Mechanism	注意力机制，主要是指神经网络中对于目标模型影响较大的部分，应额外加以关注及处理，以提高处理效率
Levy Flight	莱维飞行，是一种有效提升搜索效率的行为方式

Levy ACO	集成了莱维飞行(Levy Flight)机制的改进蚁群优化算法
Epsilon Greedy	是一种平衡探索与利用的常用方式，以 Epsilon 概率选择当前最优选项，以剩余概率选择其他选项
Greedy Levy ACO	集成了 Epsilon Greedy 及莱维飞行(Levy Flight)机制的改进蚁群优化算法
Contribution-based ACO	基于贡献更新奖励的改进蚁群优化算法
MEO-Q	市场经济优化算法，是本书作者在 ACO 算法基础上独创的基于市场经济核心机制的算法，Q 是指 Q-learning 算法
GPU	图形处理单元(Graphic Processing Unit)，是当前并行计算特别是神经网络等提高运算能力的核心处理器
OpenMP	开放并行处理(Open Multi-Processing)，是一个程序开发编译及运行的并行标准，较早的版本主要用于 CPU 并行，从 OpenMP4.5 开始支持 Offloading 机制，以实现 GPU 的并行计算
LKH	全称 Lin-Kernighan Heuristic，是以两个作者名命名的一个邻域搜索算法名称

参考文献

https://www.ndrc.gov.cn/xwdt/ztzl/shwltj/qgsj/202201/t20220129_1314018.html? code=&state=123.

https://cscmp.org/CSCMP/Research/Reports_and_Surveys/State_of_Logistics_Report/CSCMP/Educate/State_of_Logistics_Report.aspx.

https://www.mot.gov.cn/tongjishuju/youzheng/202202/t20220203_3639645.html.

http://www.aco-metaheuristic.org/aco-code/.

http://comopt.ifi.uni-heidelberg.de/software/TSPLIB95/tsp.

https://github.com/akeyliu/levyacotsp.

https://github.com/akeyliu/greedylevyacotsp.

https://github.com/akeyliu/cbacotsp.

http://vrp.atd-lab.inf.puc-rio.br/index.php/en.

http://webhotel4.ruc.dk/～keld/research/LKH-3/.

ADAMO T, GHIANI G, GUERRIERO E. An enhanced lower bound for the Time-Dependent Traveling Salesman Problem[J]. Computers & Operations Research, 2019: 104795.

ADHI A, SANTOSA B, SISWANTO N. A new metaheuristics for solving vehicle routing problem: Partial Comparison Optimization[C]. Jeju Island, South Korea: IOP Conference Series: Materials Science and Engineering. IOP Publishing, 2019, 598(1): 012023.

ALIPOUR M, RAZAVI N, DERAKHSHI M, et al. A hybrid algorithm using a genetic algorithm and multiagent reinforcement learning heuristic to solve the traveling salesman problem[J] Neural Computing and Applications, 2018, 30(9): 2935－2951.

APPLEGATE D, BIXBY R, CHVATAL V, et al. The traveling salesman problem[M]. The

Traveling Salesman Problem. Princeton university press, 2011.

ARABEYRE J, FEARNLEY J, STEIGER F, et al. The airline crew scheduling problem: A survey [J]. Transportation Science, 1969, 3(2): 140-163.

ARIYASINGHA I, FERNANDO T. Performance analysis of the multi-objective ant colony optimization algorithms for the traveling salesman problem [J]. Swarm and Evolutionary Computation, 2015, 23: 11-26.

ARORAS, SINGH S. Butterfly algorithm with levy flights for global optimization[C]. Waknaghat India: 2015 International conference on signal processing, computing and control (ISPCC). IEEE, 2015: 220-224.

AUGERAT P, NADDEF D, BELENGUER J, et al. Computational results with a branch and cut code for the capacitated vehicle routing problem[M]. Grenoble, France: Institut National Polytech-nigu, 1995.

AYDOUGDU I, AKIN A, SAKA M. Design optimization of real world steel space frames using artificial bee colony algorithm with Levy flight distribution[J]. Advances in engineering software, 2016, 92: 1-14.

AZAR D, FAYAD K, DAOUD C. A combined ant colony optimization and simulated annealing algorithm to assess stability and fault-proneness of classes based on internal software quality attributes[J]. Int. J. Artif. Intell, 2016, 14(2): 137-156.

BALAS E, TOTH P. Branch and bound methods for the traveling salesman problem [R]. CARNEGIE-MELLON UNIV PITTSBURGH PA MANAGEMENT SCIENCES RESEARCH GROUP, 1983.

BALDACCI R, BATTARRA M, VIGO D. Routing a heterogeneous fleet of vehicles[M]. Bosion, MA, USA: The vehicle routing problem: latest advances and new challenges. Springer, Boston, MA, 2008: 3-27.

BAKER B, AYECHEW M. A genetic algorithm for the vehicle routing problem[J]. Computers &

Operations Research, 2003, 30(5): 787 - 800.

BAIN J. Relation of profit rate to industry concentration: American manufacturing, 1936-1940[J]. The Quarterly Journal of Economics, 1951, 65(3): 293 - 324.

BEASLEY J. Route first—cluster second methods for vehicle routing[J]. Omega, 1983, 11(4): 403 - 408.

BEHESHTI A, HEJAZI S. A novel hybrid column generation-metaheuristic approach for the vehicle routing problem with general soft time window[J]. Information Sciences, 2015, 316: 598 - 615.

BEKTAS T, DEMIR E, LAPORTE G. Green vehicle routing[J]. Green transportation logistics. Springer, Cham, 2016: 243 - 265.

BELL J, MCMULLEN P. Ant colony optimization techniques for the vehicle routing problem[J]. Advanced engineering informatics, 2004, 18(1): 41 - 48.

BELLO I, PHAM H, LE Q, et al. Neural combinatorial optimization with reinforcement learning[J]. arXiv preprint arXiv:1611.09940, 2016.

BETTINELLI A, CESELLI A, RIGHINI G. A branch-and-cut-and-price algorithm for the multi-depot heterogeneous vehicle routing problem with time windows[J]. Transportation Research Part C: Emerging Technologies, 2011, 19(5): 723 - 740.

BIESINGER B, HU B, RAIDL G. A genetic algorithm in combination with a solution archive for solving the generalized vehicle routing problem with stochastic demands[J]. Transportation Science, 2018, 52(3): 673 - 690.

BOLLES R. Theory of motivation[M]. New York: Harper & Row, 1967.

BRAEKERS K, RAMAEKERS K, NIEUWENHUYSE I. The vehicle routing problem: State of the art classification and review[J]. Computers & Industrial Engineering, 2016, 99: 300 - 313.

BRANDAO J, MERCER A. The multi-trip vehicle routing problem[J]. Journal of the Operational research society, 1998, 49(8): 799 - 805.

BROZEN Y. The antitrust task force deconcentration recommendation[J]. The Journal of Law and

Economics, 1970, 13(2): 279 - 292.

BRÄYSY O, GENDREAU M. Vehicle routing problem with time windows, Part I: Route construction and local search algorithms[J]. Transportation science, 2005, 39(1): 104 - 118.

BULLNHEIMER B, HARTL R, STRAUSS C. A new rank based version of the Ant System. A computational study[J]. Gentral Eur. J. oper. Res. Econ. , 1999, 7: 25 - 38.

BULLNHEIMER B, HARTL R, STRAUSS C. An improved ant System algorithm for the vehicle Routing Problem[J]. Annals of operations research, 1999, 89: 319 - 328.

BUSONIU L, BABUŠKA R, SCHUTTER B. Multi-agent reinforcement learning: An overview[M]. Innovations in multi-agent systems and applications - 1. Springer, Berlin, Heidelberg, 2010: 183 - 221.

CACERES-CRUZ J, ARIAS P, GUIMARANS D, et al. Rich vehicle routing problem: Survey[J]. ACM Computing Surveys (CSUR), 2015, 47(2): 32.

CALKINS S. The new merger guidelines and the Herfindahl-Hirschman Index[J]. Calif. L. Rev. , 1983, 71: 402.

CAPRARA A, TOTH P, VIGO D, et al. Modeling and solving the crew rostering problem[J]. Operations research, 1998, 46(6): 820 - 830.

CATTARUZZA D, ABSI N, FEILLET D, et al. A memetic algorithm for the multi trip vehicle routing problem[J]. European Journal of Operational Research, 2014, 236(3): 833 - 848.

CATTARUZZA D, ABSI N, FEILLET D. The multi-trip vehicle routing problem with time windows and release dates[J]. Transportation Science, 2016, 50(2): 676 - 693.

CHÁVEZ J, ESCOBAR J, ECHEVERRI M. A multi-objective Pareto ant colony algorithm for the Multi-Depot Vehicle Routing problem with Backhauls[J]. International Journal of Industrial Engineering Computations, 2016, 7(1): 35 - 48.

CHEGINI S, BAGHERI A, NAJAFI F. PSOSCALF: A new hybrid PSO based on Sine Cosine Algorithm and Levy flight for solving optimization problems[J]. Applied Soft Computing, 2018,

73: 697 - 726.

CHEN J, WU T. Vehicle routing problem with simultaneous deliveries and pickups[J]. Journal of the Operational Research Society, 2006, 57(5): 579 - 587.

CHOI E, TCHA D. A column generation approach to the heterogeneous fleet vehicle routing problem [J]. Computers & Operations Research, 2007, 34(7): 2080 - 2095.

CLARKE G, WRIGHT J. Scheduling of vehicles from a central depot to a number of delivery points [J]. Operations research, 1964, 12(4): 568 - 581.

CLAUS C, BOUTILIER C. The dynamics of reinforcement learning in cooperative multiagent systems [J]. AAAI/IAAI, 1998, 1998(746 - 752): 2.

[51] CONRAD R, FIGLIOZZI M. The recharging vehicle routing problem[C]. Norcross, GA, USA: Proceedings of the 2011 industrial engineering research conference. IISE Norcross, GA, 2011: 8.

CORDEAU J, LAPORTE G. The dial-a-ride problem: models and algorithms [J]. Annals of operations research, 2007, 153(1): 29 - 46.

COSTA P, RHUGGENAATH J, ZHANG Y, et al. Learning 2-Opt Heuristics for Routing Problems via Deep Reinforcement Learning[J]. SN Computer Science, 2021, 2(5): 1 - 16.

DAI Y, LOU Y, LU X. A task scheduling algorithm based on genetic algorithm and ant colony optimization algorithm with multi-QoS constraints in cloud computing[C]. GuangZhan: 2015 7th International Conference on Intelligent Human-Machine Systems and Cybernetics. IEEE, 2015, 2: 428 - 431.

DALMEIJER K, SPLIET R. A branch-and-cut algorithm for the Time Window Assignment Vehicle Routing Problem[J]. Computers & Operations Research, 2018, 89: 140 - 152.

DANTZIG G, RAMSER J. The truck dispatching problem[J]. Management science, 1959, 6(1): 80 - 91.

DAYAN P, BALLEINE B. Reward, motivation, and reinforcement learning[J]. Neuron, 2002, 36

(2): 285 - 298.

DELLAERT N, DASHTY S, VAN W, et al. Branch-and-Price-Based Algorithms for the Two-Echelon Vehicle Routing Problem with Time Windows[J]. Transportation Science, 2018, 53(2): 463 - 479.

DELL'AMICO M, RIGHINI G, SALANI M. A branch-and-price approach to the vehicle routing problem with simultaneous distribution and collection[J]. Transportation science, 2006, 40(2): 235 - 247.

DEMIREL N C, TOKSARI M D. Optimization of the quadratic assignment problem using an ant colony algorithm[J]. Applied Mathematics and Computation, 2006, 183(1): 427 - 435.

DERIGS U, PULLMANN M, VOGEL U. Truck and trailer routing—problems, heuristics and computational experience[J]. Computers & Operations Research, 2013, 40(2): 536 - 546.

DESAULNIERS, GUY, JACQUES DESROSIERS, et al. Column generation[M]. Berlin, Germang: Vol. 5. Springer Science & Business Media, 2006.

DORIGO M. Optimization, learning and natural algorithms [D]. Milema, Italy: PhD Thesis, Politecnico di Milano, 1992.

DORIGO M, MANIEZZO V, COLORNI A. Ant system: optimization by a colony of cooperating agents[J]. IEEE Transactions on Systems, man, and cybernetics, Part B: Cybernetics, 1996, 26(1): 29 - 41.

DORIGO M, GAMBARDELLA L M. Ant colony system: a cooperative learning approach to the traveling salesman problem[J]. IEEE Transactions on evolutionary computation, 1997, 1(1): 53 -66.

DORIGO M, BIRATTARI M. Swarm intelligence[J]. Scholarpedia, 2007, 2(9): 1462.

DORIGO M, BIRATTARI M. Ant colony optimization [J]. IEEE Computational intelligence magazine, 2006, 1(4): 28 - 39.

DORIGO M, STÜTZLE T. Ant colony optimization: overview and recent advances[M]. Berlin:

Handbook of metaheuristics. Springer, Cham, 2019: 311 - 351.

DOWSLAND K A, DOWSLAND W B. Packing problems[J]. European journal of operational research, 1992, 56(1): 2 - 14.

DRIAS Y, KECHID S, PASI G. A novel framework for medical web information foraging using hybrid ACO and Tabu Search[J]. Journal of medical systems, 2016, 40(1): 5.

DUAN H, QIAO P. Pigeon-inspired optimization: a new swarm intelligence optimizer for air robot path planning[J]. International Journal of Intelligent Computing and Cybernetics, 2014, 7(1): 24 - 37.

EBERHART R, KENNEDY J. A new optimizer using particle swarm theory[C]. Nagoya, Japan: MHS'95. Proceedings of the Sixth International Symposium on Micro Machine and Human Science. Ieee, 1995: 39 - 43.

EILON S, CHRISTOFIDES N. The loading problem[J]. Management Science, 1971, 17(5): 259 - 268.

ERDOĜAN S, MILLER-HOOKS E. A green vehicle routing problem[J]. Transportation Research Part E: Logistics and Transportation Review, 2012, 48(1): 100 - 114.

ESKANDARI L, JAFARIAN A, RAHIMLOO P, et al. A Modified and Enhanced Ant Colony Optimization Algorithm for Traveling Salesman Problem[M]. Berlin: Mathematical Methods in Engineering. Springer, Cham, 2019: 257 - 265.

FAVARETTO D, MORETTI E, PELLEGRINI P. Ant colony system for a VRP with multiple time windows and multiple visits[J]. Journal of Interdisciplinary Mathematics, 2007, 10(2): 263 -284.

FINK M, DESAULNIERS G, FREY M, et al. Column generation for vehicle routing problems with multiple synchronization constraints[J]. European Journal of Operational Research, 2019, 272(2): 699 - 711.

FISHER M L, JAIKUMAR R. A generalized assignment heuristic for vehicle routing[J]. Networks, 1981, 11(2): 109 - 124.

FLOOD M M. The traveling-salesman problem[J]. Operations research, 1956, 4(1): 61 - 75.

FORNELL C, ROBINSON W T. Industrial organization and consumer satisfaction/dissatisfaction[J]. Journal of Consumer Research, 1983, 9(4): 403 - 412.

FRANCIS P M, SMILOWITZ K R, TZUR M. The period vehicle routing problem and its extensions [M]. The vehicle routing problem: latest advances and new challenges. Boston, MA: Springer, 2008: 73 - 102.

FUKASAWA R, LONGO H, LYSGAARD J, et al. Robust branch-and-cut-and-price for the capacitated vehicle routing problem[J]. Mathematical programming, 2006, 106(3): 491 - 511.

FUELLERER G, DOERNER K F, HARTL R F, et al. Ant colony optimization for the two-dimensional loading vehicle routing problem[J]. Computers & Operations Research, 2009, 36(3): 655 - 673.

FUELLERER G, DOERNER K F, HARTL R F, et al. Metaheuristics for vehicle routing problems with three-dimensional loading constraints[J]. European Journal of Operational Research, 2010, 201(3): 751 - 759.

GAMBARDELLA L M, DORIGO M. Ant-Q: A reinforcement learning approach to the traveling salesman problem[M]. Machine Learning Proceedings 1995. Tahoe city: Morgan Kaufmann, 1995: 252 - 260.

GAMBARDELLA L M, DORIGO M. Solving symmetric and asymmetric TSPs by ant colonies[C]. Nagoya: Proceedings of IEEE international conference on evolutionary computation. IEEE, 1996: 622 - 627.

GAMBARDELLA L M, TAILLARDÉD, DORIGO M. Ant colonies for the quadratic assignment problem[J]. Journal of the operational research society, 1999, 50(2): 167 - 176.

GAMBARDELLA L M, TAILLARDÉ, AGAZZI G. Macs-vrptw: A multiple colony system for vehicle routing problems with time windows [M]. Berkshire, United Kingdorn: New ideas in optimization. 1999.

GANDOMI A H, YANG X S, ALAVI A H. Cuckoo search algorithm: a metaheuristic approach to solve structural optimization problems[J]. Engineering with computers, 2013, 29(1): 17 - 35.

GAUVIN C, DESAULNIERS G, GENDREAU M. A branch-cut-and-price algorithm for the vehicle routing problem with stochastic demands[J]. Computers & Operations Research, 2014, 50: 141 - 153.

GENDREAU M, LAPORTE G, VIGO D. Heuristics for the traveling salesman problem with pickup and delivery[J]. Computers & Operations Research, 1999, 26(7): 699 - 714.

GIGRAS Y, CHOUDHARY K, GUPTA K. A hybrid ACO-PSO technique for path planning[C]. New Delhi: 2015 2nd International Conference on Computing for Sustainable Global Development (INDIACom). IEEE, 2015: 1616 - 1621.

GILLETT B E, MILLER L R. A heuristic algorithm for the vehicle dispatch problem[J]. Operations research, 1974, 22(2): 340 - 349.

GILMORE P C, GOMORY R E. A linear programming approach to the cutting-stock problem[J]. Operations research, 1961, 9(6): 849 - 859.

GILMORE P C, GOMORY R E. A linear programming approach to the cutting stock problem—Part II[J]. Operations research, 1963, 11(6): 863 - 888.

GLOVER F. Future paths for integer programming and links to artificial intelligence[J]. Computers & operations research, 1986, 13(5): 533 - 549.

GLOVER F, LAGUNA M. Tabu search[M]. Handbook of combinatorial optimization. Boston: Springer: 1998: 2093 - 2229.

GLOVER F, SÖRENSEN K. Metaheuristics[J]. Scholarpedia journal.-San Diego, CA, 2006, currens, 2015, 10(4): 6532.

GOEL A, GRUHNB V. A General Vehicle Routing Problem[J]. European Journal of Operational Research, 2008, 191(3):650 - 660.

GOEL R, MAINI R. A hybrid of ant colony and firefly algorithms (HAFA) for solving vehicle routing problems[J]. Journal of Computational Science, 2018, 25: 28 - 37.

GOETSCHALCKX M, JACOBS-BLECHA C. The vehicle routing problem with backhauls[J]. European Journal of Operational Research, 1989, 42(1): 39 - 51.

GOMPERS P, LERNER J. The venture capital revolution[J]. Journal of economic perspectives, 2001, 15(2): 145-168.

GRAVES A, WAYNE G, DANIHELKA I. Neural turing machines[J]. arXiv preprint arXiv:1410.5401, 2014.

GRUNES A P, STUCKE M E. Antitrust Review of the AT&T/T-Mobile Transaction[J]. Fed. Comm. LJ, 2011, 64: 47.

GRÖTSCHEL M, HOLLAND O. Solution of large-scale symmetric travelling salesman problems[J]. Mathematical Programming, 1991, 51(1 - 3): 141 - 202.

GÜNDÜZ M, KIRAN M S, ÖZCEYLAN E. A hierarchic approach based on swarm intelligence to solve the traveling salesman problem[J]. Turkish Journal of Electrical Engineering & Computer Sciences, 2015, 23(1): 103 - 117.

GÜLCÜ S, MAHI M, BAYKANÖK, et al. A parallel cooperative hybrid method based on ant colony optimization and 3-Opt algorithm for solving traveling salesman problem[J]. Soft Computing, 2018, 22(5): 1669 - 1685.

GUTIÉRREZ-JARPA G, DESAULNIERS G, LAPORTE G, et al. A branch-and-price algorithm for the vehicle routing problem with deliveries, selective pickups and time windows[J]. European Journal of Operational Research, 2010, 206(2): 341 - 349.

HARIYA Y, KURIHARA T, SHINDO T, et al. Lévy flight PSO[C]. New Delhi: 2015 IEEE Congress on Evolutionary Computation (CEC). IEEE, 2015: 2678 - 2684.

HEINONEN J, PETTERSSON F. Hybrid ant colony optimization and visibility studies applied to a job-shop scheduling problem[J]. Applied Mathematics and Computation, 2007, 187(2): 989 - 998.

HENKE T, SPERANZA M G, WÄSCHER G. A branch-and-cut algorithm for the multi-compartment vehicle routing problem with flexible compartment sizes[J]. Annals of Operations Research, 2019, 275(2): 321 - 338.

HIERMANN G, PUCHINGER J, ROPKE S, et al. The electric fleet size and mix vehicle routing problem with time windows and recharging stations[J]. European Journal of Operational Research, 2016, 252(3): 995 - 1018.

HOKAMA P, MIYAZAWA F K, XAVIER E C. A branch-and-cut approach for the vehicle routing problem with loading constraints[J]. Expert Systems with Applications, 2016, 47: 1 -13.

HOLLAND J H. Adaptation in natural and artificial systems: an intrductory analysis with applications to biology, control and artificial intelligence[M]. Cambridge: MIT Press, 1992.

HUANG G, LONG Y, LI J. Levy flight search patterns in particle swarm optimization[C]. Shanghai: 2011 Seventh International Conference on Natural Computation. IEEE, 2011, 2: 1185 - 1189.

HUANG R H, YANG C L, CHENG W C. Flexible job shop scheduling with due window—a two-pheromone ant colony approach[J]. International Journal of Production Economics, 2013, 141(2): 685 - 697.

HUANG Z C, HU X L, CHEN S D. Dynamic traveling salesman problem based on evolutionary computation[C]. Seoul: Proceedings of the 2001 Congress on Evolutionary Computation (IEEE Cat. No. 01TH8546). IEEE, 2001, 2: 1283 - 1288.

HUBER S, GEIGER M J. Swap body vehicle routing problem: A heuristic solution approach[C]. International Conference on Computational Logistics. Berlin: Springer, Cham, 2014: 16 - 30.

IORI M. An annotated bibliography of combined routing and loading problems[J]. Yugoslav Journal of Operations Research, 2016, 23(3).

ISAAC R G, ZERBE W J, PITT D C. Leadership and motivation: The effective application of expectancy theory[J]. Journal of managerial issues, 2001: 212 - 226.

JANA N D, SIL J. Particle swarm optimization with Lévy flight and adaptive polynomial mutation in gbest particle[M]. Recent advances in intelligent informatics. Springer, Cham, 2014: 275 - 282.

JENSI R, JIJI G W. An enhanced particle swarm optimization with levy flight for global optimization [J]. Applied Soft Computing, 2016, 43: 248 - 261.

JOZEFOWIEZ N, NGUEVEU S U, GLIZE E. Branch-and-price algorithms for the bi-objective vehicle routing problem [C]. Gagliari: 2018 Seventh International Workshop on Freight Tramsportation and Logisics.

JÜNGER M, REINELT G, RINALDI G. The traveling salesman problem [J]. Handbooks in operations research and management science, 1995, 7: 225 - 330.

KALAYCI C B, KAYA C. An ant colony system empowered variable neighborhood search algorithm for the vehicle routing problem with simultaneous pickup and delivery[J]. Expert Systems with Applications, 2016, 66: 163 - 175.

KAPETANAKIS S, KUDENKO D. Reinforcement learning of coordination in cooperative multi-agent systems[J]. AAAI/IAAI, 2002, 2002: 326 - 331.

KARABOGA D, GORKEMLI B. Solving Traveling Salesman Problem by Using Combinatorial Artificial Bee Colony Algorithms[J]. International Journal on Artificial Intelligence Tools, 2019, 28(01): 1950004.

HELSGAUN K. An effective implementation of the Lin-Kernighan traveling salesman heuristic[J]. European journal of operational research, 2000, 126(1): 106 - 130.

HELSGAUN K. An extension of the Lin-Kernighan-Helsgaun TSP solver for constrained traveling salesman and vehicle routing problems[J]. Roskilde: Roskilde University, 2017: 24 - 50.

KENNEDY J. Particle swarm optimization[J]. Encyclopedia of machine learning, 2010: 760 - 766.

KESKIN M, CATAY B. Partial recharge strategies for the electric vehicle routing problem with time windows[J]. Transportation Research Part C: Emerging Technologies, 2016, 65: 111 -127.

KIRKPATRICK S, GELATT C D, VECCHI M P. Optimization by simulated annealing[J]. science, 1983, 220(4598): 671 - 680.

KOHL N, KARISCH S E. Airline crew rostering: Problem types, modeling, and optimization[J]. Annals of Operations Research, 2004, 127(1 - 4): 223 - 257.

KOHONEN T. An introduction to neural computing[J]. Neural networks, 1988, 1(1): 3 - 16.

KOOL W, VAN HOOF H, WELLING M. Attention solves your TSP, approximately[J]. Statistics, 2018, 1050: 22.

LAHYANI R, KHEMAKHEM M, SEMET F. Rich vehicle routing problems: From a taxonomy to a definition[J]. European Journal of Operational Research, 2015, 241(1): 1 - 14.

LAND A H, DOIG A G. An automatic method for solving discrete programming problems[M]. 50 Years of Integer Programming 1958 - 2008. Berlin: Springer, Heidelberg, 2010: 105 -132.

LAPORTE G. The traveling salesman problem: An overview of exact and approximate algorithms[J]. European Journal of Operational Research, 1992, 59(2): 231 - 247.

LAWLER E L, WOOD D E. Branch-and-bound methods: A survey[J]. Operations research, 1966, 14(4): 699 - 719.

LEEUWEN, J. Handbook of theoretical computer science(voL. A)algorithms and complexity [M]. Cambridge: MIT Press, 1991.

LI C, YANG M, KANG L. A new approach to solving dynamic traveling salesman problems[C]. Asia-Pacific Conference on Simulated Evolution and Learning. Springer, Berlin, Heidelberg, 2006: 236 - 243.

LI Y, GONG S. Dynamic ant colony optimisation for TSP[J]. The International Journal of Advanced Manufacturing Technology, 2003, 22(7 - 8): 528 - 533.

LIN C, CHOY K L, HO G T S, et al. Survey of green vehicle routing problem: past and future trends[J]. Expert systems with applications, 2014, 41(4): 1118 - 1138.

LIN J, ZHOU W, WOLFSON O. Electric vehicle routing problem[J]. Transportation Research Procedia, 2016, 12: 508 - 521.

LIN S W, VINCENT F Y, LU C C. A simulated annealing heuristic for the truck and trailer routing problem with time windows[J]. Expert Systems with Applications, 2011, 38(12): 15244 - 15252.

LIU Y, CAO B. Improving Ant Colony Optimization algorithm with Levy Flight[C]. Kuala Lumpur: MISTA 2017 Conference. 2017.

LIU Y, FENG M, SHAHBAZZADE S. The Container Truck Route Optimization Problem by the Hybrid PSO-ACO Algorithm[C]. Liverpool: International Conference on Intelligent Computing. Springer, Cham, 2017: 640 - 648.

LIU Y, CAO B. A novel ant colony optimization algorithm with Levy flight[J]. IEEE Access, 2020, 8: 67205 - 67213.

LIU Y, CAO B, LI H. Improving ant colony optimization algorithm with epsilon greedy and Levy flight[J]. Complex & Intelligent Systems, 2021, 7(4): 1711 - 1722.

LIU S, CAO J, WANG Y, et al. Self-play reinforcement learning with comprehensive critic in computer games[J]. Neurocomputing, 2021, 449: 207 - 213.

LO K M, YI W Y, WONG P K, et al. A genetic algorithm with new local operators for multiple traveling salesman problems[J]. International Journal of Computational Intelligence Systems, 2018, 11(1): 692 - 705.

LÓPEZ-IBÁÑEZ M, STÜTZLE T, DORIGO M. Ant colony optimization: A component-wise overview[J]. Handbook of heuristics, 2016: 1 - 37.

LYSGAARD J, LETCHFORD A N, EGLESE R W. A new branch-and-cut algorithm for the capacitated vehicle routing problem[J]. Mathematical Programming, 2004, 100(2): 423 - 445.

MAHI M, BAYKAN Ö K, KODAZ H. A new hybrid method based on particle swarm optimization, ant colony optimization and 3-Opt algorithms for traveling salesman problem[J]. Applied Soft Computing, 2015, 30: 484 - 490.

MATAI R, SINGH S P, MITTAL M L. Traveling salesman problem: an overview of applications, formulations, and solution approaches[J]. Traveling salesman problem, theory and applications, 2010, 1.

METROPOLIS N, ROSENBLUTH A W, ROSENBLUTH M N, et al. Equation of state calculations by fast computing machines[J]. The journal of chemical physics, 1953, 21(6): 1087 - 1092.

MNIH V, KAVUKCUOGLU K, SILVER D, et al. Playing atari with deep reinforcement learning [J]. arXiv preprint arXiv:1312.5602, 2013.

MOHAMMED M A, GHANI M K A, HAMED R I, et al. Solving vehicle routing problem by using improved genetic algorithm for optimal solution[J]. Journal of computational science, 2017, 21: 255 - 262.

MOHSEN A M. Annealing ant colony optimization with mutation operator for solving TSP[J]. Computational intelligence and neuroscience, 2016, 2016.

MONTOYA A, GUÉRET C, MENDOZA J E, et al. The electric vehicle routing problem with nonlinear charging function[J]. Transportation Research Part B: Methodological, 2017, 103: 87 - 110.

MONTOYA-TORRES J R, FRANCO J L, ISAZA S N, et al. A literature review on the vehicle routing problem with multiple depots[J]. Computers & Industrial Engineering, 2015, 79: 115 - 129.

MOUSSI R, EUCHI J, YASSINE A, et al. A hybrid ant colony and simulated annealing algorithm to solve the container stacking problem at seaport terminal[J]. International Journal of Operational Research, 2015, 24(4): 399 - 422.

MUKHAIREZ H H, MAGHARI A Y A. Performance comparison of simulated annealing, GA and ACO applied to TSP[J]. International Journal of Intelligent Computing Research(IJICR), 6(4).

MUNARI P, MORABITO R. A branch-price-and-cut algorithm for the vehicle routing problem with time windows and multiple deliverymen[J]. Top, 2018, 26(3): 437 - 464.

NARASIMHA K V, KIVELEVITCH E, SHARMA B, et al. An ant colony optimization technique for solving min-max multi-depot vehicle routing problem [J]. Swarm and Evolutionary Computation, 2013, 13: 63 - 73.

NAZARI M, OROOJLOOY A, SNYDER L, et al. Reinforcement learning for solving the vehicle routing problem[C]. Advances in Neural Information Processing Systems. 2018: 9839 - 9849.

NESHAT M, SEPIDNAM G, SARGOLZAEI M, et al. Artificial fish swarm algorithm: a survey of the state-of-the-art, hybridization, combinatorial and indicative applications [J]. Artificial intelligence review, 2014, 42(4): 965 - 997.

OLIVEIRA R A C, DELGADO K V. Capacitated vehicle routing system applying Monte Carlo methods[C]. Proceedings of the annual conference on Brazilian Symposium on Information Systems: Information Systems: A Computer Socio-Technical Perspective-Volume 1. Brazilian Computer Society, 2015: 1.

OSABA E, YANG X S, DIAZ F, et al. An improved discrete bat algorithm for symmetric and asymmetric traveling salesman problems[J]. Engineering Applications of Artificial Intelligence, 2016, 48: 59 - 71.

OSABA E, DEL SER J, SADOLLAH A, et al. A discrete water cycle algorithm for solving the symmetric and asymmetric traveling salesman problem[J]. Applied Soft Computing, 2018, 71: 277 - 290.

OZBAYGIN G, KARASAN O E, SAVELSBERGH M, et al. A branch-and-price algorithm for the vehicle routing problem with roaming delivery locations[J]. Transportation Research Part B: Methodological, 2017, 100: 115 - 137.

PADBERG M, RINALDI G. A branch-and-cut algorithm for the resolution of large-scale symmetric traveling salesman problems[J]. SIAM review, 1991, 33(1): 60 - 100.

PAESSENS H. The savings algorithm for the vehicle routing problem[J]. European Journal of

Operational Research, 1988, 34(3): 336 - 344.

PECIN D, PESSOA A, POGGI M, et al. Improved branch-cut-and-price for capacitated vehicle routing[J]. Mathematical Programming Computation, 2017, 9(1): 61 - 100.

PEKNY J F, MILLER D L. A parallel branch and bound algorithm for solving large asymmetric traveling salesman problems[J]. Mathematical programming, 1992, 55(1 - 3): 17 - 33.

PELLEGRINI P, FAVARETTO D, MORETTI E. Multiple ant colony optimization for a rich vehicle routing problem: a case study[C]. International Conference on Knowledge-Based and Intelligent Information and Engineering Systems. Berlin: Springer, Berlin, Heidelberg, 2007: 627 - 634.

PESSOA A, UCHOA E, POGGI DE ARAGÃO M. A robust branch cut and price algorithm for the heterogeneous fleet vehicle routing problem[J]. Networks: An International Journal, 2009, 54(4): 167 - 177.

PESSOA A, SADYKOV R, UCHOA E. Enhanced Branch-Cut-and-Price algorithm for heterogeneous fleet vehicle routing problems[J]. European Journal of Operational Research, 2018, 270(2): 530 - 543.

POIKONEN S, GOLDEN B, WASIL E A. A branch-and-bound approach to the traveling salesman problem with a drone[J]. INFORMS Journal on Computing, 2019, 31(2): 335 - 346.

POLDI K C, DE ARAUJO S A. Mathematical models and a heuristic method for the multiperiod one-dimensional cutting stock problem[J]. Annals of Operations Research, 2016, 238(1 - 2): 497 - 520.

POSNER R A. Antitrust law[M]. University of Chicago press, 2009.

POTVIN J Y, BENGIO S. The vehicle routing problem with time windows part II: genetic search[J]. INFORMS journal on Computing, 1996, 8(2): 165 - 172.

RAJASEKHAR A, ABRAHAM A, PANT M. Levy mutated artificial bee colony algorithm for global optimization[C]. 2011 IEEE International Conference on Systems, Man, and Cybernetics. IEEE, 2011: 655 - 662.

RAO T S. An Evaluation of ACO and GA TSP in a Supply Chain Network[J]. Materials Today:

Proceedings, 2018, 5(11): 25350 - 25357.

RANDALL m, MONTGOMERY J. Candidate set strategies for ant colony optimisation[C]. International Workshop on Ant Algorithms. Berlin: Springer, Heidelberg, 2002: 243 - 249.

RAYKAR V, AGRAWAL P. Sequential crowdsourced labeling as an epsilon-greedy exploration in a Markov Decision Process[C]. Reykjavik: Artificial intelligence and statistics. 2014: 832-840.

REED M, YIANNAKOU A, EVERING R. An ant colony algorithm for the multi-compartment vehicle routing problem[J]. Applied Soft Computing, 2014, 15: 169 - 176.

REIMANN M, STUMMER M, DOERNER K. A savings based ant system for the vehicle routing problem[C]. Proceedings of the 4th Annual Conference on Genetic and Evolutionary Computation. San Francisco: Morgan Kaufmann Publishers Inc., 2002: 1317 - 1326.

REINELT G. TSPLIB—A traveling salesman problem library[J]. ORSA journal on computing, 1991, 3(4): 376 - 384.

REN Y, DESSOUKY M, ORDÓÑEZ F. The multi-shift vehicle routing problem with overtime[J]. Computers & Operations Research, 2010, 37(11): 1987 - 1998.

RENAUD J, BOCTOR F F, OUENNICHE J. A heuristic for the pickup and delivery traveling salesman problem[J]. Computers & Operations Research, 2000, 27(9): 905 - 916.

RIZZOLI A E, MONTEMANNI R, LUCIBELLO E, et al. Ant colony optimization for real-world vehicle routing problems[J]. Swarm Intelligence, 2007, 1(2): 135 - 151.

RHOADES S A. The herfindahl-hirschman index[J]. Fed. Res. Bull., 1993, 79: 188.

ROEHL B. Maximum-entropy principle approach to the multiple travelling salesman problem and related problems[D]. Urbana: University of Iuinois at Urbana-Champaign, 2012.

ROY S, CHAUDHURI S S. Cuckoo search algorithm using Lévy flight: a review[J]. International Journal of Modern Education and Computer Science, 2013, 5(12): 10.

SAVELSBERGH M W P, SOL M. The general pickup and delivery problem[J]. Transportation science, 1995, 29(1): 17 - 29.

SCHNEIDER M, STENGER A, GOEKE D. The electric vehicle-routing problem with time windows and recharging stations[J]. Transportation Science, 2014, 48(4): 500 - 520.

SCHYNS M. An ant colony system for responsive dynamic vehicle routing[J]. European Journal of Operational Research, 2015, 245(3): 704 - 718.

SENTHILNATH J, DAS V, OMKAR S N, et al. Clustering using levy flight cuckoo search[C]. Gwalior: Proceedings of Seventh International Conference on Bio-Inspired Computing: Theories and Applications (BIC-TA 2012). Springer, India, 2013: 65 - 75.

SHEN W, GUO X, WU C, et al. Forecasting stock indices using radial basis function neural networks optimized by artificial fish swarm algorithm[J]. Knowledge-Based Systems, 2011, 24 (3): 378 - 385.

SHLESINGER M F, KLAFTER J. Lévy walks versus Lévy flights[J]. On growth and form: Fractal and nonfractal Patterns in physics, 1986: 279 - 283.

SHOHAM Y, POWERS R, GRENAGER T. Multi-agent reinforcement learning: a critical survey [R]. Technical report, Stanford, California, Stamforcl university, 2003.

SILVER D, HUBERT T, SCHRITTWIESER J, et al. A general reinforcement learning algorithm that masters chess, shogi, and Go through self-play[J]. Science, 2018, 362(6419): 1140 - 1144.

SOONPRACHA K, MUNGWATTANA A, JANSSENS G K, et al. Heterogeneous VRP review and conceptual framework[C]. Horry krng: Proceedings of the International Multi Conference of Engineers and computer scientists, 2014, 2: 1052 - 1059.

SRIPRIYA J, RAMALINGAM A, RAJESWARI K. A hybrid genetic algorithm for vehicle routing problem with time windows[C]. Tamil NADU: 2015 International Conference on Innovations in Information, Embedded and Communication Systems (ICIIECS). IEEE, 2015: 1 - 4.

STANLEY H E. Levy flight search patterns of wandering albatrosses[J]. Nature, 1996, 381:

413-415.

STOJKOVIĆ M. The operational flight and multi-crew scheduling problem[J]. Yugoslav Journal of Operations Research, 2016, 15(1).

STÜTZLE T, HOOS H H. MAX-MIN ant system[J]. Future generation computer systems, 2000, 16(8): 889-914.

SUBRAMANIAN A, DRUMMOND L M A, BENTES C, et al. A parallel heuristic for the vehicle routing problem with simultaneous pickup and delivery[J]. Computers & Operations Research, 2010, 37(11): 1899-1911.

SUI J, DING S, LIU R, et al. Learning 3-opt heuristics for traveling salesman problem via deep reinforcement learning[C]. Virtual: Asian Conference on Machine Learning. PMLR, 2021: 1301-1316.

SUTSKEVER I, VINYALS O, LE Q V. Sequence to sequence learning with neural networks[C]. Quebec: Advances in neural information processing systems. 2014: 3104-3112.

SUTTON R S, BARTO A G. Reinforcement learning: An introduction [M]. Cambridge: MIT press, 2018.

TALBI E. Metaheuristics: from design to implementation [M]. New York: John Wiley & Sons, 2009.

TA N M. Multi-agent reinforcement learning: Independent vs. cooperative agents[C] Amherst M A: Proceedings of the tenth international conference on machine learning. 1993: 330-337.

TILK C, BIANCHESSI N, DREXL M, et al. Branch-and-price-and-cut for the active-passive vehicle-routing problem[J]. Transportation Science, 2017, 52(2): 300-319.

TIRKOLAEE E, ALINAGHIAN M, HOSSEINABADI A, et al. An improved ant colony optimization for the multi-trip Capacitated Arc Routing Problem[J]. Computers & Electrical Engineering, 2019, 77: 457-470.

TORO O, ELIANA M, ESCOBAR Z, et al. Literature review on the vehicle routing problem in the green transportation context[J]. Luna Azul, 2016 (42): 362 - 387.

TOTH P, VIGO D. The vehicle routing problem[M]. Philadelphia: Society for Industrial and Applied Mathematics, 2002.

TOTH P, VIGO D. Vehicle routing: problems, methods, and applications[M]. Phiadelphia: Society for Industrial and Applied Mathematics, 2014.

VAMPLEW P, DAZELEY R, FOALE C. Softmax exploration strategies for multiobjective reinforcement learning[J]. Neurocomputing, 2017, 263: 74 - 86.

VARGAS-SUAREZ L. A dynamic programming operator for metaheuristics to solve vehicle routing problems with optional visits[D]. Tonlouse: universite de Toulose, 2016.

VASWANI A, SHAZEER N, PARMAR N, et al. Attention is all you need[C]. Long Beach: Advances in neural information processing systems. 2017: 5998 - 6008.

VILLEGAS J, PRINS C, PRODHON C, et al. A matheuristic for the truck and trailer routing problem[J]. European Journal of Operational Research, 2013, 230(2): 231 - 244.

VIGO D. VRPLIB: a vehicle routing problem library[J]. Online. Avaiable: http://www. or. deis. unibo. it/research_pages/ORinstances/VRP LIB/VRPLIB. html, 1999.

VINYALS O, FORTUNATO M, JAITLY N. Pointer networks[C]. Montreal: Advances in Neural Information Processing Systems. 2015: 2692 - 2700.

VISWANATHAN G, AFANASYEV V, BULDYREV S, et al. Lévy flight search patterns of wandering albatrosses[J]. Nature, 1996, 381(6581): 413.

VISWANATHAN G, AFANASYEV V, BULDYREV S, et al. Lévy flights in random searches[J]. Physica A: Statistical Mechanics and its Applications, 2000, 282(1 - 2): 1 - 12.

VISWANATHAN G. Ecology: Fish in Lévy-flight foraging[J]. Nature, 2010, 465(7301): 1018.

WANG F, JIANG M, QIAN C, et al. Residual attention network for image classification[C]. Honolulu: Proceedings of the IEEE Conference on Computer Vision and Pattern Recognition.

2017: 3156－3164.

WANG S, LU Z, WEI L, et al. Fitness-scaling adaptive genetic algorithm with local search for solving the Multiple Depot Vehicle Routing Problem[J]. Simulation, 2016, 92(7): 601－616.

WANG X, GOLDEN B, WASIL E. A Steiner Zone Variable Neighborhood Search Heuristic for the Close-Enough Traveling Salesman Problem[J]. Computers & Operations Research, 2019, 101: 200－219.

WEI L, ZHANG Z, ZHANG D, et al. A simulated annealing algorithm for the capacitated vehicle routing problem with two-dimensional loading constraints[J]. European Journal of Operational Research, 2018, 265(3): 843－859.

WHITE L. Antitrust and merger policy: a review and critique[J]. Journal of Economic Perspectives, 1987, 1(2): 13－22.

WU H, CHEN X, MAO Q, et al. Improved ant colony algorithm based on natural selection strategy for solving TSP problem[J]. Journal of China Institute of Communications, 2013, 34(4): 165－170.

WUNDER M, LITTMAN M, BABES M. Classes of multiagent q-learning dynamics with epsilon-greedy exploration[C]. Madison: Proceedings of the 27th International Conference on Machine Learning (ICML-10). 2010: 1167－1174.

XIAO Y, KONAK A. A genetic algorithm with exact dynamic programming for the green vehicle routing & scheduling problem[J]. Journal of cleaner production, 2017, 167: 1450－1463.

YAN B, ZHAO Z, ZHOU Y, et al. A particle swarm optimization algorithm with random learning mechanism and Levy flight for optimization of atomic clusters [J]. Computer Physics Communications, 2017, 219: 79－86.

YANG X, DEB S. Cuckoo search via Lévy flights[C]. Coimbatore: 2009 World Congress on Nature & Biologically Inspired Computing (NaBIC). IEEE, 2009: 210－214.

YANG X, DEB S. Cuckoo search: recent advances and applications [J]. Neural Computing and

Applications, 2014, 24(1): 169 - 174.

YANG X. Firefly algorithm, Levy flights and global optimization[M]. //Research and development in intelligent systems XXVI. London: Springer: 2010: 209 - 218.

YANG X, DEB S. Cuckoo search: recent advances and applications[J]. Neural Computing and Applications, 2014, 24(1): 169 - 174.

YU B, YANG Z, YAO B. An improved ant colony optimization for vehicle routing problem[J]. European journal of operational research, 2009, 196(1): 171 - 176.

YU Y, WANG S, WANG J, et al. A branch-and-price algorithm for the heterogeneous fleet green vehicle routing problem with time windows[J]. Transportation Research Part B: Methodological, 2019, 122: 511 - 527.

ZACHARIADIS E, TARANTILIS C, KIRANOUDIS C. A guided tabu search for the vehicle routing problem with two-dimensional loading constraints[J]. European Journal of Operational Research, 2009, 195(3): 729 - 743.

ZANGENEH-KHAMOOSHI S, ZABINSKY Z, HEIM J. A multi-shift vehicle routing problem with windows and cycle times[J]. Optimization Letters, 2013, 7(6): 1215 - 1225.

ZAW M, MON E. Web document clustering using cuckoo search clustering algorithm based on levy flight[J]. International Journal of Innovation and Applied Studies, 2013, 4(1): 182 - 188.

ZHANG C, ZHANG F, LI F, et al. Improved artificial fish swarm algorithm[C]. Guangzhou: 2014 9th IEEE Conference on Industrial Electronics and Applications. IEEE, 2014: 748 - 753.

ZHANG J, HU X, TAN X, et al. Implementation of an ant colony optimization technique for job shop scheduling problem[J]. Transactions of the Institute of Measurement and Control, 2006, 28(1): 93 - 108.

ZHANG S, ZHANG W, GAJPAL Y, et al. Ant colony algorithm for routing alternate fuel vehicles in multi-depot vehicle routing problem[M]. //Decision Science in Action. Singapore: Springer, 2019:

251－260.

段海滨．蚁群算法原理及其应用[M]．北京：科学出版社，2005.

马良，朱刚，宁爱兵．蚁群优化算法[M]．北京：科学出版社，2008.

李士勇．蚁群算法及其应用[M]．哈尔滨：哈尔滨工业大学出版社，2004.

柯良军．蚁群智能优化方法及其应用[M]．北京：清华大学出版社，2018.

周志华．机器学习[M]．北京：清华大学出版社，2016.